サステイナブル集合住宅

―オープン・ビルディングに向けて―

STEPHEN KENDALL AND JONATHAN TEICHER 著

村上 心 訳

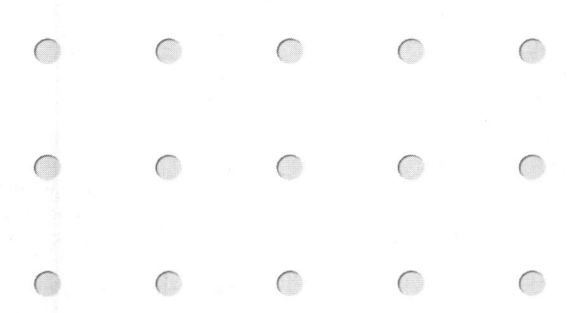

技報堂出版

Residential Open Building :
by Stephen Kendall and Jonathan Teicher
(E & FN Spon, London and New York, 2000, ISBN 0-419-23830-1)

Japanese translation rights arranged with
Stephen Kendall
Jonathan Teicher
Gihodoshuppan.Co.,Ltd.

日本語版に寄せて

N. John Habraken（ジョン・ハブラーケン）
マサチューセッツ工科大学名誉教授

　1960年以降，世界中の国々でオープン・ビルディングの実験が行われてきました。ハウジング・プロジェクトを実行するに当たって，住民が自分達自身の住環境を創り上げるために，発言し，責任を持ち，住戸配置を住民自身で決定すべきである，という考え方が，様々な国の様々な建築家に理解され始めました。例えば，1960年代半ばのオランダでは，建築家研究財団（Foundation for Architect's Research）が，住み手と住戸の直接的なやり取りを可能にするための手段として，建物の基本的な構造部分と住戸内部品を分離すべきだと主張しました。同時に，フランス・ドイツ・イギリスの建築家達が同じような提案を行いました。日本では，これらの動きに平行して，澤田光雄氏の協力を得た巽和夫教授が「二段階供給」を大阪で進めていましたし，1980年代前半には，建設省が，内田祥哉教授に率いられたセンチュリー・ハウジング・システムの研究チームへ資金を提供しました。このシステムは，住宅を構成する様々なサブ・システムと部品を，6つの異なるライフ・サイクルで分類することを提案するものでした。
　異なる国々の様々なグループは，互いに知り合い，情報と経験を交換するようになりました。その後，この非公式のネットワークは，Wim Bakens（ウィム・ベイキンズ）事務局長が率いるCIB（International Council for Research and Innovation in Building and Construction）に基地を見つけました。建築家・澤田誠二氏（訳注：現・明治大学 教授）の主導の下，日本人建築家達によって主催された，1996年の東京会議でワーキング・グループが結成されました。この最初の会合の後には，世界の様々な都市で毎年会議が開催され，ついには，この会議はCIBの正式な委員会となりました。このグループの文脈を理解するために，オープン・ビルディングの手法を用いてこれまで

日本語版に寄せて

に実行されたプロジェクトを評価し，理論と方法論の原則を纏めておく必要があると思っていました。本書の出版は，現在インディアナ(Indiana)州にある Ball State University（ボール州立大学）の建築の未来研究所(the Building Futures Institute)の代表であり CIB ワーキング・グループの創設時からの共同コーディネータである Dr. Stephen Kendall（スティーヴン・ケンドール博士）と，永きに亘るオープン・ビルディングの研究者であり米国建築家協会(the American Institute of Architects)の専門教育コーディネータである建築家・Jonathan Teicher（ジョナサン・ティッシャー）によって着手されました。この仕事にとって非常に適任であるこの2人の著者が共同して，何百という事例を選定し，11ヶ国に跨る25のプロジェクトについての詳細な情報を収集して，世界中のオープン・ビルディング・プロジェクトの集大成を初めてここに纏め上げたのです。1999年に英語版で最初に出版されたこの書籍は，地球規模でのオープン・ビルディングの原則と経験をより深く理解するために大きく寄与するものです。

　この本の読者は，オープン・ビルディングの進歩の過程で日本の建築家達が果たした重要な役割を知ることになるでしょう。特に，大阪ガス株式会社が着手し，内田・巽両教授によって率いられた専門チームが計画した大阪のNext21プロジェクトは，未来へ持続可能(サステイナブル)な住宅構法の優れた戦略としてオープン・ビルディングが有効であることを立証することに大いに貢献しました。この本が今日本語へ翻訳されることは，世界中でのオープン・ビルディングの展開の紹介と共に，特に，日本の貢献を記した内容であるが故に，極めて意味があることであると考えています。

　　　　　　　　Apeldoorn（アーペルドーン）にて，2004年2月20日

日本語版に寄せて

Building Future Institute 代表
Ball State University

　1999年に英語版を出版して以降も，オープン・ビルディングの考え方に基いた住宅の建築と研究開発が世界中で続いています。住宅市場の変化に伴って，大規模な居住地開発には，住み手の様々な要求に応えることができる多様な計画が求められています。毎年のように新しいプロジェクトが発表されています。新しいハード技術と計画・利用技術が，オープン・ビルディングの実現のために開発されています。全体の利益と1人1人の要望との間のバランスをとることを目的とした，コンサルティングやファイナンスのための新しい仕組みが，居住者達を支援するために誕生しています。持続可能（サステイナブル）という概念がプロジェクトを実行する上で不可欠となったことによって，オープン・ビルディングが本来持っている利点がますます深く認識されるようになりました。

　日本では，オープン・ビルディングの実験的な試みが多く行われていますので，非常に多くの先進的な建築研究の実績が残されてきました。ある時代の建築研究者達は，次の世代のために公的・私的な組織と資金を用意するものです。実際に，京都大学および東京大学のオープン・ビルディングの先駆者達によって植えられた種は成長し，花を咲かせました。法律・経済・技術・規則・社会の各分野で，オープン・ビルディングを実行する上で生じる課題を解決しようと努力している人々がいます。民間会社，大学，公的機関がこうした努力を日々続けているのです。

　オープン・ビルディングを実現するための建築研究を進めることによって，ハウジングと建築の分野の質はより向上し，市場と公共利益に対するオープン・ビルディングの利点が，より明らかになってきています。英語や日・英2ヶ国語での研究誌や書籍が増えてゆくにつれて，「S/I」住宅は日本で広く知

られる用語となりました。

　日本におけるオープン・アーキテクチュア（訳注：オープン・ビルディングの考え方に基いた建築）の実現に向かった最も象徴的な変化は，他の国に追いつくように，既存の建築ストックの再生への関心が大きくなっている点でしょう。再生へ目を向けたことによって，オープン・ビルディングの考え方に基いた住宅の普及に結び付く研究開発を更に進めていくための動機が生まれました。ストックの再生とコンバージョン（用途転換）から学習した経験は，今，新しいオープン・ビルディング・プロジェクトの計画と「インフィル」に関する研究へと繋がっています。第2次世界大戦後の「スクラップ・アンド・ビルド」指向は最早サステイナブル（持続可能）ではない，という新しい国民的合意によって，このような日本での展開は過去十年間に大きく促進されました。現在，「ストック活用」という哲学の重要性を人々は受け入れました。オープン・ビルディングは，国民が受け入れた最優先すべきこの考え方を実行するための戦略であると認識されています。

　個人的な話をしますと，オープン・ビルディングを通じたネットワークに入っている日本の仲間達の親切と寛大さを私はこれまで25年にわたって経験してきました。異文化間には無用な競争や軽蔑がしばしば起こりますが，私達が共有するオープン・ビルディング分野での経験と知識の相互交換によって世界は一つになろうとしています。全ての人々にとって，よりオープンで適合性が高い建築環境を築いてゆくために，日本の仲間達が教えてくれた教訓と継続的な努力に対して，感謝しています。

訳者　序

　本書"Residential Open Building"は，集合住宅を中心とした住宅のためのオープン・ビルディングに関する基本的な概念と多数の事例を紹介する名著である。オープン・ビルディングやS/I（サポート／インフィル，またはスケルトン／インフィル）とは何か，あるいは，なぜ今注目を集めているのか，という疑問への回答は，本文中に詳述されているのでここでは触れない。しかしながら，英語圏で発行された本書に，我が日本に関して，オープン・ビルディングの本家オランダと並ぶ程多くのページがなぜ割かれているのか，という疑問に対しては，訳者による多少の愚解を付け加えたい。

　内田・巽らによる工業化とそれに基づく住宅生産を進めるための部品化建築・二段階供給の研究結果として，また，国家レベルでの支援を基にして，日本で数多くのオープン・ビルディング・プロジェクトが行われたからである，という量的な根拠を解答とするのでは不足である。なぜ内田・巽らは研究開発に精力的に取り組んだのか，国家はなぜ支援を行ったのか，という背景にこそ現象の核心は存在するはずである。甚だ乱暴な推論と失礼を許していただけるならば，国家の動機は，偏に都市部を中心に不足していた住宅の供給と第2次産業全体の振興であった。内田と巽らの狙いは少し違った（と訳者は思う）。彼らは，国家の「量」的動機と表面上は手を組みながら，住宅生産と住宅供給のシステムの「質」を向上させることにより，日本の住宅そのものの「質」を世界レベルへと引き上げようとしていた。そこには，第二次世界大戦後の我が国の住宅水準に対する深い悲しみと危機感があった。と同時に，「昔の」日本の住宅の様式と方法に対する尊敬と「世界に伍する質への」自負があったに違いない。実際，内田のオープン・システムに関する考察や，巽の二段階供給の発案は，明治以前の時代における我が国の住宅生産方式と住宅制度にその起源を見出すことができる。オープン・ビルディングという西洋的論理と日本の伝統的建築文化とのこの結合こそが，日本においてオープン・ビルディング・プロジェクトが花開いた理由であろう。

オランダがオープン・ビルディングの概念を国家政策として全国民合意の上で推進しているのに対して，我が国では，プロジェクトが多数実施される一方で，オープン・ビルディング概念の理解者・支持者は徐々に増加しているものの未だ多数派ではなく，むしろ異端として扱われることがあるのも事実である。訳者は，敢えてこの原因を，効率と結果のみを追い求めて我が国の良き伝統文化を忘れてしまった設計主体・施工主体・住み手・公的主体その他の建築に関わる人々の考え方に求めたい。この考え方が，戦後の我が国の住宅を，スクラップ・アンド・ビルドを前提とした短命建築へと導いたのである。実際に，現存する住宅数(ストック：S)を年間住宅着工数(フロー：F)で除した値(S/F)を，「住宅が建て替えられる平均年数(寿命)」を傾向的に示す指標として考えてみると，我が国の住宅の寿命が三十数年であるのに対し，例えば米・英・仏・独の4カ国では七十数年〜百数十年である。こうした我が国のスクラップ・アンド・ビルド型(建て替え型)建築生産体制は，社会背景的には第二次世界大戦後の産業社会構造の転換によって促され，土地問題や税制によって加速されたものである。また，耐震基準などが更新されるたびに，手間のかかる補強工事よりも新規に建て替える手法を選択してきたことも建替えを促進した一因となっている。しかしながら，我が国におけるこの傾向は，歴史的にみるとずっと以前から続いていたのではない。大正時代末期1925年時点でのS/Fは，全壊12万8000棟，全焼44万7000棟という被害をもたらした関東大震災(1923年)の直後の復興期であったにも関わらず，現在の倍近い62という値だった。この事実からも，戦前の日本と戦後の日本では大きく異なる住宅生産の前提条件を持っていることがわかる。オープン・ビルディングを多くの人々が理解することによって，地球環境的視点からの資源の有効利用，良質な住宅ストックの形成といった方向，即ちサステイナブル型の住宅生産へと，再び我が国の住宅を導くことになるであろう。

　訳者とオープン・ビルディングとの出会いは，今から20数年前の大学4年

生時代に遡る。研究室に配属された訳者は，恩師内田祥哉が先輩諸兄を率いてデザインしたGUP(Group Uchida Project)などの先進的プロジェクトの模型や，師の机の横に飾ってあるdφ(内田が提案した建築モデュール)の数字が並ぶプレートなどをみて，胸を躍らせたものである。「都市住宅」誌のSAR・ハブラーケン特集(本文中の参考文献参照)のコンセプト図には当時新鮮な衝撃を感じ，訳者の卒業制作はサポート/インフィルの考え方に基づく地区開発計画を提案する複合施設となった。振り返ると，オープン・ビルディングの考え方は，訳者の研究・教育・設計活動の基礎の一つであった。この翻訳書が，建築の実務専門家や研究者，団地・集合住宅の管理者・住民の方々は勿論のこととして，是非とも多くの若い諸君の目に触れ，その後の人生と活動を方向付ける一助となることを心より願っている。

今我が国の建築に対する考え方は，前述したように，欧米先進諸国に遅れて漸くスクラップ・アンド・ビルド型からサステイナブル型へと転換しようとしている。結果，サステイナブル型建築手法としてのリノベーション(再生)がブームである。訳者は，ここ十余年の間，団地・集合住宅の再生を自らの研究テーマの一つとして取り組んできた(本書文中にも訳者のこのテーマの研究に関する記述がある。ただし，探し出すのが困難な程，極めて若干の記述であるが。)。サステイナブルな概念に基づく，この再生のための手法としてオープン・ビルディングの考え方は非常に有用である。詳述するための紙面は十分ではないので，その一端を簡単に紹介すると，例えば，再生において最も難しい「合意形成」手法の整理には，関係する主体の範囲を定めた「レベル」に関するオープン・ビルディングの概念が役に立つ。次に，「再生工事内容の空間変化レベル」の整理には，CHSで行われたような耐用性によって部品群を分類する考え方が適用できる。また，再生用部品の開発には，包括的インフィル・システムやサブ・システム，及び，部品の独立の考え方が不可欠である。再生という「もつれた糸」を「解く」には，オープン・ビルディング

序

　の考え方が大いに助けになる。この際に，日本型の再生を確立してゆく道筋が，内田・巽の思いとして前述したような日本型のオープン・ビルディングを追求していく歩みと平行しているべきであることは言うまでも無い。

　翻訳にあたっては，細心の注意を払って，原文の意図に忠実に，また，正確に言葉を用いるように留意したが，訳者の思い違い，理解・知識不足による誤訳があれば，是非御指摘・御批判をいただきたい。また，訳者の怠慢により，原書の出版から既に数年が経ってしまった。最新であるべき情報がやや古くなってしまったことを深く御詫びする。

　本書日本語版の原稿作成に際しては，名畑恵，珊瑚康代（アメリカ在住，建築家），皇俊之（都市再生機構），楢原千尋，渡邊いくみ，加藤亜也子，金田亜由美，小崎有好子，内藤由希子，川田早希子，増田芳恵，小島美菜子，小塚百合名，渡辺さや香，の諸君の精力的な御助力と励ましをいただいた。また，原著者である Stephen Kendall 教授と Jonathan Teicher 氏は，御多忙の中，質疑応答や日本語版の出版条件を整えるためのサポートに時間を割いて下さった。山口菜津子，川野紀江，前田幸栄，市川萌，森智枝子他の村上研究室に関係する諸君には，校正・編集作業に御助力いただいた。この場を借りて心から御礼を申し上げたい。

　本書中には，前述したように日本に関する記述が多く含まれている。日本の外から見た日本の建築行為に対する認識のしかたを味わいながら是非読み進めて欲しい。それは翻訳書ならではの醍醐味である。

　最後に，忍耐強く本書の出版を支援して下さった技報堂出版株式会社編集部の石井洋平氏，及び，出版助成金によって資金的援助をしていただいた椙山女学園大学と同大学事務室の北島和徳氏にも厚く御礼申し上げたい。

2006 年 2 月

村上　心

サステイナブル集合住宅 ―オープン・ビルディングに向けて―
Residential Open Building

目　次

日本語版に寄せて
　・N. John Habraken
　・Stephen Kendall
訳者　序

オープン・ビルディングとは何でしょうか？
謝辞

第1編　住宅のためのオープン・ビルディング入門――― 1

1　はじめに……… 3
　1.1　オープン・ビルディングを巡る動向……… 3
　1.2　オープン・ビルディングの方向性……… 4
　1.3　オープン・ビルディングという方法……… 6

2　オープン・ビルディングの誕生……… 9
　2.1　オランダ……… 9
　2.2　日本……… 18

3　オープン・ビルディングの歴史……… 27
　3.1　バナキュラーからオープン・ビルディングへ……… 27
　3.2　マス・ハウジングからオープン・ビルディングへ……… 28
　3.3　オープン・ビルディング・コンセプトの鍵……… 31
　3.4　オープン・アーキテクチャーの定義……… 41
　3.5　オープン・ビルディングの戦略……… 50
　3.6　まとめ……… 60
注……… 61
参考文献……… 62

第2編　歴史に残るオープン・ビルディング・プロジェクト —— 65

4　ケース・スタディ ……… 67

1966	Neuwil ……… 68	
1974	Maison Medicale student housing 'La Mémé' ……… 71	
1976	Dwelling of Tomorrow ……… 75	
1977	Beverwaard Urban District ……… 79	
1977	Sterrenburg Ⅲ ……… 81	
1977	Papendrecht ……… 84	
1979	PSSHAK/Adelaide Road ……… 89	
1979	Hasselderveld ……… 93	
1983	Estate Tsurumaki and Town Estate Tsurumaki（エステート鶴牧とタウンエステート鶴牧）……… 97	
1984	Keyenburg ……… 101	
1985	Free Plan Rental（フリー・プラン賃貸）……… 105	
1987	Support Housing,Wuxi（無錫）……… 108	
1989	Senri Inokodai Housing Estate Two Step Housing（千里ニュータウン猪子谷　二段階供給方式）……… 111	
1990	Patrimoniums Woningen/Voorburg Renovation Project ……… 114	
1991	'Davidsboden' Apartments ……… 117	
1993	Green Village Utsugidai（グリーンビレッジ宇津木台）……… 120	
1994	Banner Building ……… 123	
1994	Next21 ……… 127	
1994	Pipe – Stairwell Adaptable Housing ……… 131	
1995	VVO/Laivalahdenkaari 18 ……… 134	
1996	Gespleten Hendrik Noord ……… 137	
1996	Tsukuba Two Step Housing（つくば方式）……… 141	
1997	Hyogo Century Housing Project（兵庫センチュリー・ハウジング・プロジェクト）……… 145	
1998	Yoshida Next Generation Housing Project（吉田次世代住宅プロジェクト）……… 148	
1998	The Pelgromhof ……… 151	
1998	HUDc KSI 98 Demonstration Project（住宅都市整備公団 KSI 98実験プロジェクト）……… 156	

謝辞(ケーススタディ編)……… 160
参考文献……… 163
オープン・ビルディングと関連のあるプロジェクト(年表)……… 168

第3編　方法と部品 ─────────────── 173

5 　技術的側面……… 175
　　5.1　ネットワーク化された住宅における変化……… 175
　　5.2　オープン・ビルディング・アプローチの比較研究……… 177

6 　レベル概念による方法とシステム……… 186
　　6.1　ティッシュ・レベル……… 186
　　6.2　サポート・レベル……… 186
　　6.3　インフィル・レベル……… 194

7 　インフィルのシステム・部品・組織……… 200
　　7.1　各国の事例
　　　　Matura Infill System(マトゥーラ・インフィル・システム)……… 201
　　　　ERA and Huis in Eigen Hord(ERAと思い通りの家)……… 205
　　　　Interlevel ……… 206
　　　　Esprit ……… 207
　　　　Bruynzeel ……… 210
　　　　Nijhuis ……… 211
　　　　Haseko(長谷工) ……… 213
　　　　Panekyo(パネ協(日本住宅パネル工業協同組合)) ……… 215
　　　　Sashigamoi(差鴨居) ……… 217
　　　　Mansion Industry System (MIS)Infill ……… 219
　　　　KSI Infill ……… 220
　　7.2　フィンランドにおけるインフィル・システムの開発……… 223
　　7.3　中国におけるインフィル・システムの開発……… 224

謝辞……… 225
参考文献……… 227

第4編 経済的側面 ———————————————————— 229

8 オープン・ビルディングの経済学……… 231
    8.1 基本的な経済原理……… 231
    8.2 つくば方式……… 235
    8.3 バイ・レントの考え方……… 237

9 オープン・ビルディングの実現に向けて……… 242
    9.1 組織に関する流れ……… 242
    9.2 まとめ……… 248

謝辞……… 249
参考文献……… 249

第5編 要約と結論 ———————————————————— 251

10 国別のオープン・ビルディング……… 253
    10.1 オランダ……… 253
    10.2 日本……… 259
    10.3 その他の国々……… 264

11 オープン・ビルディングの未来……… 272
    11.1 世界的な傾向……… 272
    11.2 未来の構築……… 277
    11.3 まとめ……… 279

付録A　国別のオープン・ビルディング・プロジェクト……… 281
付録B　SARのティッシュ・メソッド……… 287
付録C　International Council for Research and Innovation in Building and Construction (CIB)……… 291

用語解説……… 295
索引……… 301

オープン・ビルディングとは何でしょうか？

　北米の至る所で，非居住用の建物がオープン・ビルディングの考え方を用いて建設され，徐々に世界中に広がっています。大小様々な規模の，開発業者，設計者や建設会社，役人，貸主，オーナー，テナント，部品製造業者達が，建築プロセスを再編成しつつあります。建築に関係するすべての人々は，途方もなく大きく，加速し続ける環境の変化にそのつど対応しながら，過去数十年にわたって培ってきた原則と方法論に従って日々仕事をしています。

　様式や形や構法に関わらず，業務用の建築は，今，内部空間の配置を工事前に決めることなく建築されています。貸し出す時になって初めて，各々のテナントに合った壁や間仕切りが空間の中に造られます。テナントは，自分のための内部空間を作り上げることができます。つまり，テナントそれぞれの組織レベルや技術レベルからみた必要性に見合った設備とシステムを導入することができるのです。老朽化した業務用建物に再び価値を与えようとするときには，既存の建物外皮は取り除かれます。現状より高性能のファサードと内装システムへと改造されるのです。「最初から入居者を想定した」オフィスビルにおいても，基本的には可能な限り汎用性を考慮して建築されます。テナントが替わる可能性や，将来売却する可能性を含めた要求の変化に対する受容能力を備えておくことによって，長期間でみた建物価値は増大するのです。

　業務用建物分野の建築技術の変化は，今，住宅分野へと移行しつつあります。ヨーロッパやアジアや北米では，住宅に対するオープン・ビルディングの概念が，今や設計・施工両面で同時並行的に住宅の建築プロセスの再編成を促しています。このオープン・ビルディングの原則は，OB(オープン・ビルディング)，S/I(サポート・インフィル)，Skeleton Housing(スケルトン・ハウジング)，Supports and Detachables(サポートと取り外し可能な部品)，Houses that Grow(成長する住宅)などとして広く知られています。オープン・ビルディングの考え方を用いた集合住宅は，多くの事例で，世界中のサ

ステイナブルな歴史的環境に対応することを建築の原則に再び取り戻そうとしています。

　私達は，サステイナブルな環境を再解釈し，最先端の工業製品，進歩し続ける情報技術，輸送手段の改良，価値観の社会的変化や市場構造の転換などの恩恵を利用して環境を更新してきました。

　オープン・ビルディングの考え方を集合住宅に適用することによって，業務併用の集合住宅を含む集合住宅の建築計画，資金・経済的な手法，施工，部品，長期間にわたるマネージメント・プロセスに対して，新しく多面的で理論的なアプローチが可能になります。オープン・ビルディングは，多様で上質でサステイナブルな環境を創造し，一人一人の選択肢とそこに内包される責任を増やすことを目指しているのです。オープン・ビルディングの考え方では，意思決定の責任はいくつかのレベルに分けられます。建築プロセスをより単純にし，矛盾を減少させ，個人の選択の可能性をより大きくし，全体としての環境の統一性を増すことを目指して，「もの」との新しい関係，許認可と検査の新しいプロセスは，サブ・システムのもつれを解くのです。住宅生産へオープン・ビルディングの考え方を用いることは，環境との調和に向かおうという私達の意思を実現するための技術的手段となるのです。

　オープン・ビルディングの考え方を用いた集合住宅プロジェクトが世界中で急速に展開しています。住み手自身が決定するという新しいインフィル・システムが登場し，広く流通するのに伴って，政府・住宅関連企業・金融機関・部品製造業者が，開発者やサステイナビリティの支持者や学者たちと共に，開かれた(オープンな)新しい建築方法に賛同し共に促進しつつあります。意思決定プロセスを改良し，選択肢を増加させ，取替え可能でサステイナブルな複数の建築システム間の関係を標準化することによって，「建築の新しい波」(Proveniers and Fassbinder, n.d.)が広く分け与える恩恵が，世界中で次々に実証されています。

謝　辞

　言語における単語とは，半ば他人によって表現されたものである。語り手が単語に入り込むことによってのみ，「自分自身」のものとなり得る。その侵入の瞬間までは，単語はすべての人に中立であり，語り手の所有物ではなく（つまり，単語は，語り手が使っている辞書の外には出ていないのだ！），他人の口の中や，他人が書いた文章の中で，他人の意思を伝えるために存在している……

　　　　　　　　　　　―― M.M.Bakhtin, *The DIALOGIC IMAGINATION*

　オープン・ビルディングの考え方に基いた居住環境づくりの試みは進歩し続けています。ここですべてを述べるには多過ぎるほどのグループや個人が，世界中に根を下ろしてこの試みへ貢献してきました。オープン・ビルディングの実現のために，プロジェクトを実行し，研究開発へ資金を提供し，文章を書き，教え，そして組織をつくってきたのです。本書は，オープン・ビルディングを実現した世界各国のグループに関する情報を集めて，世界中のオープン・ビルディングの展開を紹介する最初の文献です。この本は，人間中心の開かれた建築（オープン・アーキテクチュア）の実践と建築プロセスの再編成を行うという目的に向かって現在着々と進行しているプロセスに参加しようという呼びかけなのです。

　多くの国の建築と建築関連産業をみると，プロジェクトの企画・計画・実行のプロセスで，また，部品の生産・組み立て・システムの定着のプロセスで，さらに，不動産のマネージメントにおいて，形式的で未熟なオープン・ビルディングが，程度の差はあるものの伝達や実行の主流となってきました。「オープン・ビルディング」という言葉が示しているように，こういった活動の先駆者達や原則の提唱者達は，しばしば世に知られないままになっています。残念なことに，この本では先駆者達のほんの一部を紹介することしかできません。また，実現したプロジェクトの一部を皆さんに説明することしか

謝辞

できません。しかしながら，オープン・ビルディングは，ここでは紹介できなかった無数のティッシュ・レベル（街区レベル）の開発研究努力や実現には至らなかった数多くのプロジェクトのおかげで進歩してきたのです。

　オープン・ビルディングの歴史と原則，世界中のオープン・ビルディング技術の調査結果を紹介するこの本は，CIBのタスク・グループ(TG) 26 OPEN BUILDING IMPLEMENTATION（オープン・ビルディングの実現）グループが結成されて間もない頃のミーティングの具体的な成果です。CIBの事務局，TG26のメンバーとその協力者達の重要な助力なしでは調査は実行できなかったでしょう。私たち二人の著者は，特にCIB事務局長であるWim Bakens(ウィム・ベイケンズ)氏の御努力に感謝いたします。Wim Bakens氏は，オープン・ビルディングの実現に対する長年の熱心な協力者です。この本で述べている内容に関する責任は，偏に著者に帰すものですが，TG26の多くのメンバーがこの入門的な本に対する調査情報を集めるに当たって具体的かつ重要な貢献をしてくれました。彼らの貴重で継続的な貢献は，各章においてそれぞれ具体的に述べると共にここに記して感謝したいと思います。特にUlpu Tiuri(ウルプ・ティウリ)(フィンランド)，Ype Cuperus(イペ・キュペラス)，Karel Dekker(カレル・デッカー)(オランダ)，深尾精一，近角真一，小林秀樹，高田光雄，小畑晴治，鎌田一夫(日本)の各氏には，この本の執筆にあたって欠かすことができない資料や情報の提供をしていただきました。ここに深く感謝いたします。ブックデザイナーのOri Kometani(オリ・コメタニ)と編集助手のJennifer Wrobleski(ジェニファー・ウロブレスキ)，私の家族と出版社，そしてJanet R.White(ジャネット・R・ホワイト)，FAIAの重要な貢献なくしては，この本は出版されることがなかったでしょう。さらに我々著者は，内田祥哉と巽和夫(日本)とAge van Randen(アク・ファン・ランデン)(オランダ)に教育を受けた世界中のオープン・ビルディングの協力者と共に仕事をしています。この3人は，多くの他の先駆者と同様に，オープ

ン・ビルディングの展開プロセスにおけるリーダー達です。

　オープン・ビルディングに対するあらゆる貢献の中で，おそらくここ数十年を通してN.J.Habraken（ハブラーケン）以上の影響を世界の中で与えた者はいないでしょう。ハブラーケンは「*Supports : An Alternative to Mass Housing*（サポート：マス・ハウジングへの選択肢）」(1961)「*Variations : The Systematic Design of supports*（バリエーション：サポートのシステマティックなデザイン）」(1976)「*The Structure of the Ordinary*（普通であるものの構造）」(1998)の著者であり，SAR研究開発財団およびアイントホーフェン大学（オランダ）の建築学部創設時の学部長であり，MIT建築学部の元学部長であり，Infill Systems BV（インフィル・システムズ社）の創立時のCEO（最高経営責任者）であり，Matura（マトゥーラ）インフィル・システムの共同開発者であり，世界中のオープン・ビルディングの非常に多くの支持者たちの助言者であり友人です。

　必然的に，ぬぐい去れないものとして，また，大いなる感謝を込めて，この本にはハブラーケンの深い影響と博愛が響き渡っています。そして本書にハブラーケンという言葉が何度も登場することは，避けられない必然なのです。

第1編

住宅のための
オープン・ビルディング入門

1 はじめに

1.1 オープン・ビルディングを巡る動向

　オープン・ビルディングの考え方を用いた住宅の実現を目指した計画が，広い範囲へとどんどん拡がっています。環境の構築方法に，生産方法と建築方法に，サービス市場と部品市場に，製造技術に，良い住宅に対する要求に，それぞれ変化が起こっています。しかし，世にある多くの新製品や新しい手法と違って，オープン・ビルディングは無から発明されたわけではありません。また，統一された形で発展したのでもありません。オープン・ビルディングは，多国籍企業や政府，団体などによって積極的に市場に出されたり，宣伝をされたわけでもありません。どちらかというと，オープン・ビルディングという存在は，社会・政治・市場の変化へ取り込まれながら，また，住宅建設と部品製造の条件と流行に合致した結果として普及しながら，そして，もっと効果的で有効な手法を必要とするその他多くの要因によって，次第に現れてきたものなのです。

　オープン・ビルディングの考え方を用いた住宅が実現されることによって，住宅以外を用途とする建築の歴史的な転換と同じような劇的な環境や社会の変化が生まれるでしょう。実現に至ったオープン・ビルディング・プロジェクト達は，長期にわたる真剣な研究・開発と，個人・会社・団体・業界・行政機関の活動の成果です。さらに，こういったプロジェクトと研究活動は，消費者の選択や利用者の権利，建築生産の合理化，環境の長期的な保全やサステイ

ナブル(持続可能)な建築に直接つながるものなのです。

　建築に関連する専門家たちの間で，世界の各地域において同時にオープン・ビルディングが出現している傾向がはっきりするのに，数十年を要しました。その後も多くの事例が現れ続けています。オープン・ビルディングの必要性が，今国際的に提唱されています。グループや個人—部品製造業者や不動産デベロッパーや建築業者，賃貸人の権利代弁者や建築家，サステイナビリティ提唱者や政府の法制度担当者—が，同じような問題に直面した結果，全く同じ答えではないものの似たような状態に到達していること，あるいは(しばしば異なった理由のためにですが)プロジェクトを実行するための方法について同じような信念を共有していることに気付くようになりました。共有するに至った内容とは，建築が異なるレベルへの多くの働きかけをしている多くの集団の努力を結集して建てられ維持されているのだ，ということでした。言い換えると，効率性やサステイナビリティ(持続可能性)と空間の受容能力を増やし，建物としての住宅の寿命を飛躍的に延ばして，よりエンドユーザーにとって「いい」建物になるように，部品同士のつながり方や，意思決定を行う者同士の関係を構築するということなのです。

1.2　オープン・ビルディングの方向性

　オープン・ビルディングを実行していく上での専門家達の最も大きい動機と方向性は，変化に対応しやすく，ユーザーが決定できるインフィルの実現です。インフィルは，建物の中で比較的変更しやすい部分です。サポートや躯体などの，空間や形状を決定するインフラストラクチュアとは無関係に，個々の家族やテナントはインフィルを決定したり変更したりすることができます。インフィルは，家具や仕上げよりも耐久性があり，より強く固定されています。しかし躯体ほど長期間の耐久性があるわけではありません。

　大きさ，ルールづくりのプロセス，システムの調整，生産とマネージメントのプロセスに着目すると，プロジェクトの複雑さがどんどん増していく傾向にあることにも注目すべきです。歴史に(おそらく75年程前までは)，住

宅の様式，意思決定，建設と管理の方法は，比較的不変なものでした．今，これらは急速に変化しています．一例としては，エンドユーザーや住民が意思決定に直接的・実質的に参加することが，今では建築プロセスからしばしば省かれています．

対照的に，業務用オフィスビルでは，建物の主要な構成要素と設備サブシステムを選択し，維持するための権利と責任がテナントへと移行しています．大きく異なる制約とビジネスのための設備を備えた不動産を構成するというベース建築のレベルから，エンドユーザー自身の資産になるインフィル・レベルや家具レベルへと投資は着実に移動しています（Ventre, 1982年）．ビル供給業とビル・サービス業は，投資パターンの変化に追いつくために，急速に発展し，分化し，変化しています．

他にも多くの環境上の変化の方向がオープン・ビルディングの開発・発展の方向と一致しています．技術的な面では，多くの高付加価値のサブ・システムが常に建築へと導入されています．ガス灯の配管や屋上アンテナの引き込み線のように，産業界で生まれた技術的な供給システムや製品は，どんどん数を増し，建築現場を引っ掻き回した末に，やがて時代遅れとなり見捨てられます．

資金経済的な面を考えると，既存の建築ストックの再生や維持に対する投資割合は急激に上昇しています．今，修繕・再生工事は，多くの先進国で建設市場の半分以上を占めています．それでもなお，インフィル・システムの変更や採用，ユーザー優先の考え方に対応した建築を実現するという視点からみると，能力は昔に比べて大いに衰えています．新しい建物の平均寿命は，100年からわずか20年〜30年まで急激に減少しました．デベロッパーと建築業者は，もう一つの長期的かつ世界的な傾向 ── 建設資金が，現場中心主義から（利用上の便利さを考えてつくられた）プレファブ部品と（ストックや交換を考慮してつくられた）産業部品のサブ・システムへと移行していること ── に鋭敏に気付いています．

1 はじめに

1.3 オープン・ビルディングという方法

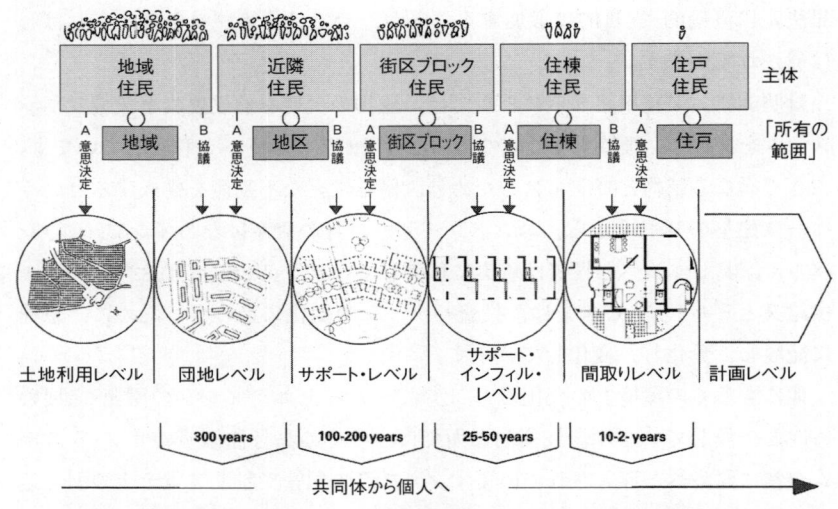

図1.1 オープン・ビルディングの意思決定レベル（Age van Randen による）

オープン・ビルディングは，環境上の意思決定をする上での伝統的で本質的なレベルに対して，構成方法を組織化するための形式を与える一方で，新しい提案や考え方に基づいて，最新の応用的研究に裏付けられたデザイン手法を系統立てて提供します。オープン・ビルディング・プロジェクトは，技術的な決定，美的な決定，金融・社会的な決定方法を一旦解体し，意思決定のための明確なレベルを再構築します。形態と空間，道路配置，駐車場と公共施設のネットワーク，セットバックと「ストリート・ファニチュア」といった都市パターンを構築するためのより広い範囲の公共デザイン領域が，都市レベルの意思決定の対象となります。都市レベルの決定はまた建築ファサードの性格，公共建築物の配置，より持続する都市空間と秩序ある活動（土地利用）のための調整も行っています。

都市構造の内部では，サポート（躯体）レベルに関する決定が，すべての居住者に共通する建物の部位や部品（一世紀，あるいはもっと長期に持続する

部位)を支配することになります。例えば，集合住宅の躯体は，外壁と，建物全体で共有している機械システムや運搬システム，公共スペース，荷重を支える構造で構成されています。個々の居住者による変更は，サポートに影響しないようにしておくことができます(かつするべきでしょう)。

インフィル(fit-out)レベルのシステムと部品は，10－20年周期で変更されます。変更は，居住者の要求や好みの変化によって，また，技術的な進歩によって，あるいは躯体の変化によって行われます。インフィルは典型的な住戸に備えるべき部品をすべて含んでいます。具体的には，間仕切壁，キッチンと浴室の設備と戸棚，暖房・換気・空調システム，エネルギーやコミュニケーションやセキュリティの取り出し口，各住戸につながるすべてのダクトと配管と配線などです。戸建住宅では，オープン・ビルディングは，より耐久性がある構造部や外装と，変更しやすい内部のインフィルとを区別しています。

オープン・アーキテクチャーでは，このインフィル部分は，各居住者ごとに各々独立して順次設置され，改良されます。そのような変更を可能にするためには，躯体は，それほど耐久性のないインフィルとは物理的に異なるものとして存在していなければなりません。インフィルの独立性を確保するためには，部品や決定に関して技術的に1つの「束」として建物をつくることができません。オープン・アーキテクチャーの本質である分離概念は，サポートに付加価値と可能性と永続性を与えます。つまり，より小さなレベルでの変更に対する許容力をサポート構造が担保するのです。インフィル・システムには，建物の一生の間に，何度も必然的な変更が加えられることになるでしょう。したがって，インフィルは，配置の自由，工事，後に行われる変更，最終的な部品の取替えを考慮した上で最適の自由性を確保すべく設計され設置されます。同時に，すべての居住者が共有するシステムと長期的に存在すべき部分(例えば基礎，構造，主要な配管・配線，共用廊下や階段)は，インフィルの変更を邪魔しないように配置されます。

一連の決定の中で，オープン・ビルディングは，建築部品と取り付けのもつれを解くこと，即ち，サブ・システムと，サブ・システムをコントロールす

る主体間の対立とインターフェーイスを最小限にすること，そして，設計，施工，長期的な維持管理の段階で部位・部品の配置替えや交換を可能にすることを実現します。この原則は，環境レベルに対しても適用できます。さらに，住宅と非居住用建築の双方に対応します。住宅・非居住用建築のどちらにとっても，インターフェイスのもつれを解き標準化を行うことによって，消費者が配置・設備・仕上げに関して幅広い選択を行うことができるようになります。住宅用インフィル・システムを利用することによって，住宅の建築方法の再構築が始まったのです。その結果として，新しい市場へのニーズが生まれています。

　最先端のオープン・ビルディングの最近の実行例では，機能的条件，美的条件，経済的条件などの諸条件を考慮した上で，居住者は，インフィルの設計者と共に自分が住む住戸を設計します。入居予定者はまず，壁，キッチン，浴室をどこに配置すべきであるかを決めます。そして，棚，電気製品，造り付け家具，仕上げを選びます。1, 2週間で工事は終わり，法規をクリアした自分のためだけの注文住戸へ引っ越すことができます。居住者が選んだ配置と部品に対応した配管・配線の接続とインターフェイスの1つ1つに対する設置許可手続きを行うのではなく，まとめて製品証明を行うことによって，地方自治体の検査は合理化されました。結果として居住者は，電気，データ，情報の取り出し口を，後で自由に移動することができるようになったのです。このようなほぼ完全な注文住戸，高度なインフィル技術，情報システム，ロジスティクスの実現にあたって，従来の住宅以上にコストをかける必要は全くありません。

　以上のような原則とその実行の結果，伝統的な都市計画・建築・施工のやり方が変化しつつあります。また，建築のサブ・システムと部品を設計・製造・施工するプロセスが作り替えられています。建築における設計者と施工者の新しい業務プロセスがオープン・ビルディングによって実現し，新しい建築技術と材料が，新しいプロセスと形式に適合するように改良されつつあるのです。建築の基準，法規，資金調達，マネージメントが，オープン・ビルディングを実行するために必要な方向へ向かって整備されつつあります。

2 オープン・ビルディングの誕生

2.1 オランダ

2.1.1 John Habraken（ジョン・ハブラーケン）とサポート

　1961年に N.J.Habraken（オランダの若き建築家）は，「*De Dragers en de Mensen：het einde van de massawoningbouw*（人々の運搬人：集合住宅の終末）」を出版しました。これは後に，「*Supports：An Alternative to Mass Housing* (1972)（サポート：マス・ハウジングのための選択肢）」として小冊子に翻訳されました。後者の本中でハブラーケンは，人間と，人間が建設した環境の間にある，古き良き時代の「自然な関係」をマス・ハウジングが壊し始めた，と述べています。マス・ハウジングの野蛮な形態は何とか受け入れられるかもしれませんが，様式よりも大きな問題がありました。住宅生産の再編成過程で，マス・ハウジングは，健全な環境の中では動的な均衡を保つはずの様々な力のバランスを崩壊させ不均衡を引き起こしたのです。隠然としたプロセスが，テーマとバリエーションを展開させながら，何千年にもわたってゆっくりと環境を構築し，維持し，豊かにしてきました。今，このようなプロセスは停止させられようとしています。

　昔の住まいづくりのプロセスでは，家族はそれぞれ住居の世話をするために直接行動する必要がありました。例えば，アムステルダム運河の一角に住む家族を考えてみると，明確で共通したタイポロジー（そして，結果としての高い統一性がある集約的な都市構造）が存在していました。住民や所有者

は，各々個別に自らの住居を管理し改造しました。したがって，すべての玄関，すべてのファサード，すべての窓，すべての部屋配置は，各々異なってはいるものの，広く共有された環境テーマに基づいた生き生きしたバリエーションとなっていました。マス・ハウジングは，住まいづくりのプロセスから住民を完全にふるい落として，個々の家族が責任をもって住まいづくりに参加することを不可能にしたのです。第二次世界大戦後の新しい建築体制では，すべてを専門家が決定し，設計し，管理し，維持管理するようになりました。特徴と個性を具体化しようとする人々による集合的な工芸品として構築された環境は死に絶えようとしていました。ハブラーケンは，住宅というものは製品や工業品としては理解されないことに気付いていました。むしろ住宅は，人間の基本的な営みとしてのプロセスでした。存在していた問題は，美学ではなく，産業でもなく，正確に言えば，社会の構成員に集団的に共有された活動の制度上の調整方法の統一でした。

　ハブラーケンは，人工環境内の自然な関係やプロセスを回復させることができると信じていました。新しく急速に変化する環境条件に立ち向かって，居住地域に健全な環境構造を取り戻すためには，サポートという型が必要になりそうでした。居住者は，居住用の住戸を供給されるのではなく，自分のために自分の責任で居住に関する決定を下すことができる必要がありました（ハブラーケン，1999年）。さらに居住者は，何とかして数を重視した供給シ

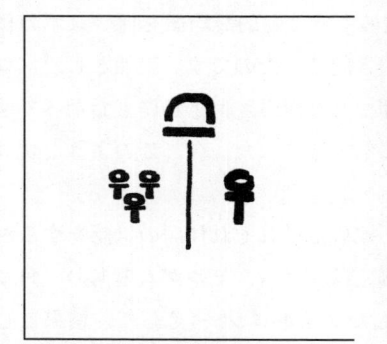

両側の領域で住むという行為が行われている。
住宅は2つの領域を繋いでいる：
住宅は家族のための環境であると同時に公的環境の一部である：
住宅にはインテリア（内部）とエクステリア（外部）が存在している：
公共サービスの終点：
個人の活動の始まり。

図2.1　2つの居住領域（「Three R's for Housing（居住のための3つのR）」，N.J.Habraken）

ステムへ「プラグ・イン(接続)」できるように重層型の集合住居に住む必要がありました。居住者は，三次元の構造の中で心地よく我が身を落ち着けることでしょう。そして，自分達の家を自由に変化させることができるでしょう。住民は，隣人が隣の住戸で始めたリノベーションや取り壊しなどの変更には一切影響されないのです。ハブラーケンは，そのようなサポートを物理的・技術的・組織的な側面を考慮して作り上げようとしました。「サポート」は，各種の自由な住戸計画と，共用の機械システムへのアクセスを提供します。分離可能な住戸ユニットは，建物から構造的に独立して(しかし支えられて)設置されます。

　ハブラーケンのアプローチは，日本のメタボリスト達の提案，フランスの建築家 Yona Friedman(ユナ・フリードマン)の提案，アメリカの Operation Breakthrough の「Townland Project(タウンランド・プロジェクト)」の提案，SITE グループの提案などの同時代の様々な提案と対比されました。実際，J.Trapman(トラップマン)によって提唱された類似した提案が既に存在していました。トラップマンは，オランダの建築家で，「kristalbouwen(ガラスの建築)」あるいは「長方形ブロックの高層建築」の固定され解体可能な構造とフレキシブルな平面計画を提案したのです(トラップマン，1957年)。しかしながら，ハブラーケンは，住戸タイプを徹底的に再構築することには興味を持っていませんでした。ハブラーケンは，伝統的な建築の特質に含まれている地域文化を抽出し，文化と調和するサポートを構築するつもりでした。ハブラーケンの提案の骨子は技術的問題にゆらぐことはありませんでしたが，既に地域に定着した適切な技術を使用することをハブラーケンは強く主張しました。さらにハブラーケンは，同時代の専門家達のプロジェクトと自分の考えを直接結びつけ，プロジェクト自体を自分の考えに何とか引き寄せようとしました。ハブラーケンのビジョンは，形式論であると同時に方法論であったのです。

　ハブラーケンは，共有のサポートと，個々の分離可能なユニット(分離可能にするためには，サポート構造の中に設定されたスペースの範囲内で自由に居住するための技術システムと住宅部品を必要とします)との間の，責任

と意思決定が及ぶ範囲を明確に分離するべきであると主張しました。有機的できめ細かい特質をもつ生き生きとした近隣（マス・ハウジングにおいては見当たらなかったこと）が，時間と共に再生するかもしれない，とハブラーケンは考えていました。

マス・ハウジングは，住宅産業の工業化のための適切なメカニズムを上手く利用していませんでした。ハブラーケンは，サポートと取り外し可能な部品の生産によって，最終的に産業の生産効率が良くなるのだ，と主張しました。各々の世帯ごとに異なる莫大な要求を満たすために，サポートの発展とは異なる形で，居住者のための「インフィル」製品市場が発達するはずです。

2.1.2 理論・方法・実行

数年の内に，ハブラーケンの理論と提案は，発言，記事，独創的なオランダ語文献の無許可の翻訳版「bootleg（密造）」によって，世界中に流布され始めました。10年経ってようやくハブラーケン自身の著書「Support（サポート）」が英語版として正式に公刊されました。その頃までに，サポートの運動は，活動範囲においても水準においても既に国際的になっていました。その展開は，*Plan L'Architecture d'Aujourd'hui*, *AD*, *Architecture Review*, 都市住宅, *Open House*（現在の *Open House International*）などで取り上げられました。サポート・ハウジングの動向の中心には，the Stichting Architecten Review，即ち，SAR（建築研究財団）が存在していました。SARは，オランダの建築系企業の賛同の元にハブラーケンを代表として1965年に設立されました。建築会社，部品メーカーなどの支持を受けたSARの公式の設立目的は「住宅づくりにおける工業化を刺激すること」でした。よりわかり易く言えば，建築業と住宅産業の関係に内在する問題を検討し，建築家が住宅を設計する際の新しい具体的な方向性を示そうとするものでした[1]。

Eindhoven（アイントホーフェン）（ここでハブラーケンは新しい建築学部のリーダーを務めるように頼まれた）を拠点として，*SAR65*（住戸のサイズや配置を先に決めずに，居住のためのサポートを設計する基本的方法）や *SAR73*（アーバン・ティッシュ（街レベル）のデザインのための方法論）など，広範囲

の研究をSARは行いました。SARはさらに，ヨーロッパ全体でのモデュラー・コーディネーションの基準になった10/20cm「タータン(格子縞)」グリッドを提唱しました。

SARの最初の十年間は，サポートの考え方と関連研究のインキュベータ(孵卵器)の時期でした。サポートの考え方はその後世界中へ広まりました。まずドイツで，そしてスウェーデン，スイス，オーストリアでオープン・ビルディングに類似したプロジェクトが実現しました。しかしながら，このような状況はすべて'70年代中頃には風向きが変わったのです。オランダ以外でのプロジェクトが減少していく一方で，オランダではますます多くのサポートが建設され始めました。1番目はHoorn(ホルン)でのVan Wijk(ファン・ビーク)とGelderblom(ゲルデルブロム)による1969年の住宅団地でした。Deventer(デーヴェンタ)での6軒の実験住宅のプロジェクトを手始めとして，Age van Randen(アゲ・ファン・ランデン)とVan Tijen(ファン・ティエン)，Boom(ブーム)，Posno(ポスノ)とファン・ランデンの会社は，続く4年間に別の6つのサポート・プロジェクトを実現しました。J.O.B.ArchitectsのFokke de Jong(フォッケ・デ・ヨング)，Hans van Olphen(ハンス・ファン・オルフェン)，Thijs Bax(ティース・バックス)は，SAR理論に基づいた計画によるまちづくりを提案しました。また，Frans van der Werf(フラン・ファン・デル・ヴェルフ)/Werkgroep KOKON(KOKONワークグループ)は，ファン・デル・ヴェルフの四半世紀にわたって続くオープン・ビルディング活動の最初の住戸群の建設を始めました。

研究と出版で費やされた10年の後，地方自治体と住宅組合によって行われた先駆的なプロトタイプ「サポート」プロジェクトによって，オープン・ビルディングの基礎が築かれました。the Ministry of Housing, Spatial Planning and Environment(住宅・都市計画・環境省)，the Ministry of Economic Affairs(経済省)の両方から大規模な資金提供が得られました。この頃出現した研究グループは，重要な仕事を次々と成し遂げました。これらの研究グループは，IBBC - TNO BouwおよびVereniging van Systeembouwers(システム・ビルダー協会)，VGBouw(Vereniging Grootbedrijf Bouwnijverheid)，アイント

ホーフェン工科大学とデルフト工科大学の建築学部，SBR (Stichting Bouw Research)，KD Consultants BV でした。

SARによって広まった理論は，建築論の主流になろうとしていました。実現されたオープン・ビルディングプロジェクトは，絶賛されました。そして，La Mémé（ラメーム）として世の中によく知られているベルギーのLouvain（ルヴェン）でのLucien Kroll（ルシアン・クロール）によるMaison Médicale 学生住宅もまた，世界の至る所で高い評価を受けました。数十年後の *Architects' Journal* は，ロンドンの Adelaid（アデレード）通りでの Hamdi（ハムディ）と Wilkinson（ウィルキンソン）の第2期 PSSHAK プロジェクトを，70年代の中で最も影響を与えたプロジェクトのうちの一つであると評することでしょう。米国では，オランダのPapendrecht（パペンドレヒト）プロジェクトに関してフラン・ファン・デル・ヴェルフが，*Harvard Architectual Review* の巻頭に取り上げられました。米国ではオープン・ビルディング・プロジェクトは実現していませんでしたが，「住宅計画の推進者」達は *Supports* を読んで意識を高めていましたし，実際にRobert Gutman（ロバート・ガットマン），Kenneth Frampton（ケネス・フランプトン），Christopher Alexander（クリストファー・アレグサンダー）等の理論家達は「サポート理論」について議論していました。

SARの2回目の十年間の始まりの年に，ジョン・ハブラーケンは，アメリカ（彼はMIT建築学部の学部長に迎えられることになっていました）に向けて出発しました。SARの方向と焦点は，そのときから，John Carp（ジョン・カープ）の指揮するところとなりました。SARの方法論を超えて，事態はどんどん変わっていきました。新しく大きな事態が生じていたのです。石油不足という経済ショックと政治情勢の変化と住宅生産の重大な進展でした。サポートの考え方に対するオランダの建築家達の取り組みも発展し，理論に関する議論から次第に建築プロジェクトを実際に行うようになって，実行時に生じる新しい課題が対象となってきました。

SARの内部では，サポート，アーバン・ティッシュ，設計方法，その他の関連分野に本質的な学術性を加えるために，研究プロジェクトが続けられて

いました。しかしSARが超えることができない壁として，インフィル・システムが不完全なためにサポート理論の完全な実行を簡単に行うことができないという問題が存在し続けました。完璧なサポート理論とSARによる実践的な方法論というツールが残された一方で，サポートが拠り立つ基盤は怪しくなっていきました。SARが努力を続けている間に，政府と住宅建築の専門家達のリーダーシップと投資は一時ピークに達しましたが，それ以降は急速に縮小してしまいました。縮小していく中でも，オランダの住宅建設に対するSARの影響は大きく，研究や議論が続けられていました。サポートを構築する現実的問題に議論はますます集中しました。サポートの実現の動きに関わる一部の建築家は，これ以上サポートを実行することはできないかもしれないとまで思い始めました。幾人かは，住宅建設関連の社会的組織構成，住宅市場，政治的状況の根本的な変化を考えると，理論が時代遅れになってきていると感じていました。

　1974年から1982年の間に，オランダ以外でのプロジェクト数は減少しました。しかしながらオランダではますます多くのプロジェクトが実行され続けました。1970年から1982年までに，20件のオープン・ビルディング住宅プロジェクトが実現しました。1970年代の10年間に建設された16件のプロジェクトの内，13件はオープン・ビルディング活動の開拓者であるファン・ランデン，デ・ヨング，ファン・デル・ヴェルフ/ベルクグループKOKONによって行われたものでした。

　20年間に，西側先進国で40件，日本で10件(1980年から1984年の間に実行されました)，計50件のプロジェクトが実現されました。その後，日本ではサポート・インフィル住宅の生産が急速に拡大する一方で，ヨーロッパではサポート・プロジェクトが減少しました。10年の後には，ドイツ，オーストリア，スイス，スウェーデンでは，ほとんどサポート住宅がつくられなくなったのです。オランダが孤立する危険性があるようにも思われました。1982年から1989年の間に，オランダではファン・デル・ヴェルフ/ベルクグループKOKONによって3つのサポート・プロジェクトが実行されました。

　実現されたサポート・プロジェクトに深く関わった中心的な建築家には，以

下のような共通した認識がありました。サポートの方法論と原則が広範囲で成功するとしたら，技術上・手続き上のもつれに関連した問題が解決されなくてはいけない，という認識です。先進的な建築家，建築業者，クライアント達は，実際にサポート構造を実現するための障害を克服できることを実証しました。Karel Dekker（カレル・デッカー）と仲間達による分析は，サポートが実現性がある経済モデルとなり得ることを示しました。しかし，Bruynzeel（ブルインゼール）と Nijhuis（ニューハイス）などの企業による貴重な基礎研究と製品開発の結果，サポート建設業者は，サポートに取り付けるための経済的に成立可能なインフィル・システムは今のところ存在しないことを悟りました。

多くのオランダ人によって明確な新しい方向性が示されました。西側先進国での他の形式による住宅建設の方法と同様に，第二次世界大戦後の生産方式と組織的・社会的・技術的・概念的な緩慢さによって OB プロジェクトは発展を妨げられました。オープン・ビルディングの大規模な実践モデルとして示すべき先進的な住宅プロジェクトは未だ存在しませんでした。業務用建築の不動産市場で既に開発されていたインフィル技術は明らかに成功していました。しかし，業務用インフィルは住宅用の市場と未だ互換性をもっていなかったのです。

建築産業と住宅産業の改革のために政府は積極的に資金を提供し続け，研究は続きました。サポートの研究は，インフィルの生産，法規の改正，サポート自体の建築技術へと向かうようになりました。石油危機の影響が去っていくにつれて，不動産開発と住宅需要が再び活気付き始めました。一部の「支持者」は，回復伸長傾向の住宅市場に参入しようとしている企業との活発な連携を作り上げました。ファン・ランデンのグループは，応用的なオープン・アーキテクチャー研究を 1975 年からデルフト工科大学で積極的に行い始めました。新しい名前と新しい活動を基にしたオープン・ビルディングが出現したのです。SAR を部分的に受け継いだデルフト工科大学の OBOM（Open Bouwen Ontwikkelings Model（オープン・ビルディング・シミュレーション・モデル））研究グループが，ファン・ランデンをリーダーとして 1984 年に結成

されました。

　SAR委員会は，オープン・ビルディングを実行していく対象を変え，1984年までに，海外へ活動の中心を移しました。SARの方法論と研究に対する海外からの関心は，北欧諸国では後退していましたが，中米・アジアなどの地域では大きな関心が生じていました。SARには，海外からそのドアをたたく者や，ロッテルダムのBouwcentrumでの講習に参加する国外からの多くの訪問者がいました。1985年には，SARのリーダーであるジョン・カープがオランダ外でのSARの活動を拡張するためのネットワーク(International Foundation For Local Housing and Design Research)を立ち上げるために指導的立場を発揮しました。初期の一連の国際会議とメキシコシティでのパイロット・プロジェクト実行チームの設立には，大きな可能性があるように思えました。しかし最終的には，世界的なネットワークを維持することができませんでした。SARが1987年にその幕を閉じるまでに，数件のプロジェクト[2]，2つの出版物，教育プログラム，などの仕事が続けられました。

　OBOMはその間，より広くより多くの完全なプロジェクトの実現へ向けてオープン・ビルディングを動かし始めました。重要な第一歩は，インフィルとサポートの分離をさらに明確にすることでした。プレハブ化された住宅のインフィル技術が完全な形で発展し実行されるためには，より多くのハードウェア，ノウハウと法規の改革が必要でした。OBOMの設立から数年の間に，包括的なインフィル・システムがオランダで開発されました。OBOMは，現在に至るまで，オープン・ビルディングに関連する重要な課題を調査し続け，オープン・ビルディングの情報を世界的に流し続けています。

　SARが設立される前に，業務用のオープン・ビルディングは，何のセレモニーもなしに自然に拡大し始めました。SARがそのドアを閉じるときまでに，オープン・ビルディングは，非住宅分野では普通に行われるようになりました。先進国では，業務上の環境，制度上の環境に後戻りできないほどの変化が起こりました。そのような状況の中で，ハブラーケンの言う，可変性インフィル・レベル，即ちユーザーと建築の自然な関係を回復するレベルという，社会の不変性と個々の自由の可変性を両立させたすばらしい歴史的な

バランスが実現したのです。しかし，住宅建築にはこの変化は未だ反映していませんでした。

2.2 日本

2.2.1 戦後の工業化住宅

西側諸国よりやや遅れて展開された，日本の建築に関する工業技術に注目することはとても重要です。高度に発達した伝統的技術に基づいて，建物は木造軸組構法で何世紀もの間造られていました。建物はまた，シェル/インフィル，即ち「2段階の」原則に基いていました。昔の大工達は，サポートを建てた後でスペースを区分するための畳・障子などのインフィルを組み込んで住宅を完成させました。その頃中高層の集合住宅は殆んど存在しませんでした。

第二次世界大戦後，急速な都市化と人口移動が起こりました。その結果，集合住宅は日本の風景における主要な新しい住宅様式となりました。同時に，集合住宅には，賃貸という所有形態が主としてあてがわれました。日本では集合住宅には短い歴史しかありません。集合住宅は，1955年の日本住宅公団（後の住宅都市整備公団・都市再生機構）の設立以来，広い範囲へ急速に普及しました。

西洋からの新しい住宅様式の導入の結果，コンクリート，鉄，ガラスを材料として部品化し規格部品を組み立てることによって，建築産業の技術的能力は増し，日本全国へと普及しました。1950年代及び60年代には，建設省の澤田光英，東京大学の内田祥哉教授などの多くの主だった建築家と政府役人達が，住宅用・非住宅用に共通したオープン市場と工業的に標準化されたサブ・システムを同時に発達させるべきだと提唱し始めました。彼らは建築産業全体を変えるために，力を合わせて多くのプロジェクトを開始したのです。この一連の活動によって，ライフスタイル・経済・土地利用・サービス・建築プロセス・技術が劇的に変化しました。

次の十数年間には，大学・行政機関・企業の研究者が，実験と研究を通じて

住宅のための新しい構成要素システム・供給ライン・生産方法を開発し続けました。その結果は，新しい住宅様式と伝統的な木造軸組技術の両方へ影響を与えました。別々に実行されたにも関わらず相互関係があるプロジェクトが次第に行われるようになりました。以下の項目がその内容でした。

- 伝統的木造住宅構法の変化
- プレハブ住宅の開発
- アメリカスタイルの木造枠組住宅の開発
- 再生市場の出現
- 鉄，コンクリート，複合材料による中高層住宅の技術開発

　これらのからみあった状況の中で，木造軸組住宅と商業化されたプレハブ住宅が互いに競合していました。まず，技術システムと手法に関する情報が，両者の間で少し交換されました。その後，上記のその他の開発間での技術的方法論の貴重な交流が行われ，住宅生産の向上に寄与しました。

　耐震と防火上の必要条件を考慮しながら，住宅の構造方式が急速に発展しました。更に，外壁システム，機械設備システム，ユニットバスなどのインテリア部品，造り付け家具，仕上げに関して重要な開発が行われました。こういった部品開発の多くは，建設省によって認可された独立組織であるベターリビング（BL）によって積極的に支援され，最終的には建設省が開発部品の殆んどを公式に認定しました。

　30年間という短い期間に，プレハブ生産技術と建築部品の生産に目を見張る発達が起こりました。こういった日本での活動は，世界でも極めて洗練されたレベルの住宅産業の確立，という結果として実りました。この間，日本の人々は環境を築き，社会システムは大きく変化しました。西欧の工業先進国でも先例のない程急速な日本の変化は，官民一致協力した行動の結果でした。方法とシステムが大きく変化し，新しい建築の方法が導入される一方で，伝統的な木造軸組建築物が未だ強く大きな影響力を保っていました。しかしその後，伝統的大工と伝統的住宅は急速に減少していきました。

1972年には，1年間に建設される住戸数は約200万戸に達しました。この頃が日本のマス・ハウジングの絶頂期でした。この時代には，深刻な住宅不足に対応するために住戸供給数を最大限にすることが至上命題となっていました。結果として，巨大な住棟に押し込められた，狭くて，時に品質が悪い大規模な住宅ストックが形成されました。加えて，第二次世界大戦直後に建てられた住宅の耐久性が，1980年代には国家的問題として取り上げられるようになりました。水廻り機器と浴室の性能向上や分譲マンション・賃貸集合住宅の床と壁に埋め込まれている配管・配線の修繕と取り換えは，大きなハードルでした。建築を巡る社会構造も問題でした。例えば，町内会などの伝統的な近隣組織は，階が違うともう隣人とは言えない状態へと変化しました。集合住宅に住むことは，住宅双六の中での過渡的な段階なのだと一般的に考えられていました。多くの家族は戸建住宅という独立した住宅の中で子供達を育てることを望んでいたのです。

　日本住宅公団は，集合住宅における住民参加の役割を再編成し，強化しようとしました。数十年後，住民による運営協力活動が東京と大阪の両方で芽生え始めました。この活動は，住民自身の要望を実現するために集合住宅に住む個々の家族を支援することを目的としていました。1978年，日本住宅協会が設立されました。その後，1980年代には大阪で多くの共同プロジェクトが実現されました。

　新しい住宅用部品，建設方法，住宅の供給方法の開発へ向けた動きが日本で起こりました。莫大な援助と投資は戸建住宅に焦点を当て始めていました。新しい構造システム，外装部品，インテリア部品，居住者の好みを考慮した計画・設計手法などの集合住宅用の部品や方法開発の動きも平行して生じていました。

　同時に，日本の大都市では土地や家がとても高額であることから，戸建住宅の所有者や分譲マンションの所有者が別の家へ引っ越すことはどんどん難しくなっていました。子供を育てようとしている夫婦は皆，できるだけ早い戸建住宅への引越しを心から望みますが，その望みはかなわないのだと諦めました。人々は，戦後間もない頃に造られた，均一な間取りの，とても狭い

住戸に，非常に長い期間住まざるを得なかったのです。住宅ストックの不足と上昇し続ける住宅取得価格は，急激に増加する老齢家庭にとっても大きな問題となりました。

　日本におけるオープン・ビルディングの複雑にからみあった成立過程を分析する上で，日本の建築文化をオランダの文化と比較してみることは重要です。両国共に，住宅が密集する低層の建物配置を特徴としていました。また両国共に建築文化がゆっくりと何百年もかけて発展していきました。日本では木造軸組の利用，そして，オランダでは石と木の混用が，材料上の特徴として挙げられます。両国共に，洗練された住宅建築職人組合の長年の伝統を持っていました。両国の建築は高度に組織化され，モジュール化されていました。日本の建築は，約1.8mを意味する単位である『間』によって方法がコーディネートされていました。オランダは，れんがのモジュールをドアと窓の寸法基準にしました。両国はよく知られている建築タイポロジーを確立しました。六畳間のプロポーションとアムステルダムの *voorkamer*(*front room*)のプロポーションがしっかりと各々の国に根付いたのです。

　両国の文化を比較して鍵となるのは，オランダとは異なり日本には個人主義と市場の独立性という歴史がないという事実です。また，政府と民間の明確な分離もありません。オランダとは違うやり方で，強大な権限をもつ日本の通商産業省と建設省は，国家的規模で，多くの産業に対して何度も強力な主導権を発揮し，後押しをし，基盤をつくり，管理してきました。こういった関与の際には，いわゆる第三セクター(公私の混合的)組織が頻繁に使われています。利害を一致させながら，関心を持った人々や組織が複数のプロジェクトの中で様々な役割を果たすのです。日本と比較すると，オランダではSARやOBOMのような民間組織が政府の資金提供に敏感に反応します。そしてインフィル関連会社の設立・研究・開発は小さい規模でしか起こりません。オランダでのオープン・ビルディングの発注者は，つい最近まで小規模な地方のハウジング・アソシエーションや地元のディベロッパーや弱小の建築業者でした。

　日本では，援助や補助の多くは，住宅産業全体を対象としています。基本

的には政府に主導権があり，大規模建築業者，大手住宅会社，大手デベロッパー，部品関連の大企業などの共同参加や賛同によって着手されます。通産省はインフィル・レベルに特に注目しました。建設省は，建物のレベル，インストラクチュア，建築法規に関する研究と資金供給に絞って活動を行いました。

2.2.2 オープン・ビルディングに対する最初の関心

　SARにとって日本での最初の「ミッション」である，西欧のサポート理論の日本への普及は，1970年代に行われました。1970年代前半に日本人の建築研究者がオランダのSARを訪れました。欧米のオープン・ビルディングに対する広範囲にわたる興味が，日本建築センターの金子勇次郎と澤田誠二によって，日本へ紹介され始めました。それ以降，SARやOBOMなどのSARの流れを汲む組織へさらに多くの訪問が行われるようになりました。1972年9月と，1979年1月には，「都市住宅」誌がサポート/インフィルの概念，建築の方法論，有名なヨーロッパのサポート・プロジェクトについての詳細な報告を記事にしました。CLASP(イギリス)，SEF(カナダ)，SCSD(アメリカ)などの欧米におけるその他の『システムズ・ビルディング』の実験もまた，この間数年の詳細な調査研究の対象となっていました。

　学校建築(例えば，GSK)や他の建築用途(例えば，GODプロジェクト)に関する幾つもの重要な実験的プロジェクトが，日本市場における『システムズ・ビルディング』を普及し，発展させるための，デモンストレーション・プロジェクトとして実行されました。1980年には，最初のオープン・ビルディング・プロジェクトが日本で実施されました。1982年には次の3つが続きました。その後，小さな実験住戸から何十棟規模の集合住宅団地まで様々な規模の3ダース以上のオープン・ビルディング・プロジェクトが日本で実行されました。それらのプロジェクトの内の多くがオープン・ビルディングに向けた明確な目的意識と技術を実現したものでした。

　第3章と第4章で分析しているように，オープン・ビルディングへの基本的なアプローチ方法の若干の相違が，ヨーロッパとアジアの開発過程を各々

特徴づけています。アジアの中でも中国と日本ではオープン・ビルディング・アプローチには重要な相違点があります。西ヨーロッパやスカンジナビア半島におけるオープン・ビルディングの発展が広範囲かつ多様であるのに対し，日本のオープン・ビルディングは独特です。アプローチの多様性，オープン・ビルディングに関する研究の規模，長い期間に様々な場所で実施されたオープン・ビルディング・プロジェクトに関係する組織や人の数，そして生み出されたプロジェクトや住戸の数の多さが他ではみられない特徴なのです。

2.2.3 住宅都市整備公団(現：都市再生機構)/Kodan Experimental Project(KEP)

　日本におけるオープン・ビルディングの主要なパイオニアの中で，最も初期の，そして最も粘り強い貢献者は住宅都市整備公団でした。住宅に対するシステムズ・アプローチの開発を進めるために，住宅都市整備公団は1974年にKEPと呼ばれる3段階6年間のプロジェクトを行いました。本来オープンである日本の伝統的建築を基盤としたKEPは，日本のオープン・ビルディングとしては恐らく最初に認められた専門的プロジェクトでした。プロジェクトの副産物として，KEPの実行者たちは，ハード面の実験を行うことに加えて，新しいアプローチに基づく新しい世代の研究者が将来のために必要であるということに気付きました。KEPプロジェクト・チームは，構造，外周壁と屋根，内部仕上げ，配管・配線と水廻り，空調装置の5つのサブ・システムに建物を分けました。それぞれのサブ・システムには性能仕様書が用意され，部品メーカーは仕様を満たした新しい部品の開発を始めました。300mmグリッドとインターフェイス・ルールが部品の変換可能性を担保するために採用されました。これらの成果は部品カタログとなり，デザイン用ツールとして整備されました。

　最初の実験建築が，東京・八王子の住宅都市整備公団技術研究所で建設されました。コストの削減・建設の合理化・居住者の選択肢の拡大を目標とした多くのプロジェクトと企画構想がその後行われました。実現した主要な計画としては，フリー・スペース・サポート・システム(1983)，フリー・プラン賃貸

プロジェクト(1985)，グリーン・ビレッジ宇津木台プロジェクト(1993)「You‐Make(ユーメイク)」コスト削減モデル住宅(1995-7)[3]とKSI実験プロジェクト(1998-9)があります。これらの特筆すべきプロジェクトは，様々なケーススタディを解説した第2編で紹介します。

2.2.4 二段階供給方式とセンチュリー・ハウジング・システム(CHS)

オープン・ビルディングに向けたもう一つの重要な日本における開発が二段階住宅供給の実行でした。

巽和夫と高田光雄(京都大学)は，まず都市型住宅の現状を調査しました。その結果，日本の都市居住においては，「公」と「私」，「分譲」と「賃貸」の間に引かれる境界は，有効に機能しているわけでもなく明確でもないことを示したのです。入り組んだ日本の住宅生産プロセスの特性に合致した新しい区分が必要でした。研究者達の共同研究によって，優れた日本の伝統的な生産システムであるシェル/インフィル・システムに基づく二段階供給方式が生み出されました。第1段階では，高品質・長寿命の共有のサポートが社会資本によって供給されます。第2段階で，地域の小規模工務店によってインフィルが取り付けられます[4]。このアイディアは，建築を合理化するというよりもむしろ住宅供給の社会的な役割分担を整理するものでした。

最初の二段階供給方式のプロジェクトは，大阪の泉北ニュータウンで1982年に実現しました。このプロジェクトでは，浴室とキッチンの位置は固定されていましたが，他の部品については居住者が自由に配置することができました。ユーザー参加のために間取り計画用シートが用意されました。1989年には千里猪子谷二段階供給プロジェクト(これも大阪)が実施されました。このプロジェクトでは，水廻りの配置にバリエーションをもたせるために，各住戸の中央にユーティリティ用の溝が用意されました。住戸内の残りの部分には自由な配置が可能でした。この千里猪子谷プロジェクトは，内田祥哉を委員長とした建設省の委員会で提案されたセンチュリー・ハウジング・システム(CHS)の考え方を利用しています。その後に行われた兵庫のCHSと吉田次世代都市住宅プロジェクトは，二段階供給とCHS双方のコンセプトを結

合しました。当時行われた他の幾つかのプロジェクトと同様に，構造システムとして逆梁床システムを採用していました(ケンドール，1987)。

CHSは，新しく建設される住宅ストックの寿命を物理的・機能的に延ばすために，建設省の支援を受けて5年間の計画期間を認定して1980年に始まりました。内田教授を委員長とするプロジェクト委員会は，モデュラー・コーディネーションと，部品ごとの耐用年数に着目した建築部品システムを採用しました。モデュラー・コーディネーションの考え方は，既に伝統的木造住宅を対象とした部品市場で十分に確立されていました。CHSチームは，伝統的木造建築と近代的鉄筋コンクリート建築の両方に適用できるルールとなるようにシステムを構築することを目指しました。

CHSのアプローチにおける第一の原則は，異なる2つの部品群のインターフェイスと取り付け順序です。寿命が比較的短い部品は，より長い寿命を想定された部品より後に取り付けられなくてはなりません。例えば配管や配線は，固まったコンクリートや構造部品に埋められてはなりません。結果として二重床を採用することになったのです。

1980年から1982年にかけて研究が行われました。住宅都市整備公団は，東京の北にある筑波で1985年に開催された国際科学博覧会で働く外国人のために5階建の住棟数棟を1984年に建設しました。典型的な日本のライフスタイルに合わせるために，後に159戸すべての住戸のインフィルが完全に入れ替えられました。1985年の東京の分譲マンションのプロジェクトでは，住戸内部の水平配管のためにあらかじめ溝が用意されました。CHSの考え方に従って1986年に東京で建設された263戸の分譲マンションの後を追うようにそのすぐ近くに別の分譲マンションが翌年建設されました。1989年には大阪の千里猪子谷で二段階供給方式のプロジェクトが実施されました。

1997年には，二段階供給方式とCHSを統合した別のプロジェクトが大阪府近くの兵庫県で，実行されました。CHSの建物では，床と梁の位置は逆転し，住戸の天井は平滑で上階住戸の二重床の中に逆梁が納まっています。その中で簡単に配管配線を行えるのです。戸建住宅・賃貸集合住宅・分譲マンションを問わず数多くのCHSプロジェクトが実施されました。今までで最

も特筆すべき日本のオープン・ビルディング・プロジェクトは，大阪ガスをスポンサーとして実施されたNext21プロジェクト(1994)です。このプロジェクトは二段階供給方式とCHSを組み合わせたもので，エネルギーの削減・リサイクル・都市緑化などの重要なサステイナビリティの提案を組み込んだ優れた建築システムを提案しています。このプロジェクトはまた，1人の建築家がサポートを設計し，他の複数の建築家が個々の住戸を設計した最初のオープン・ビルディング・プロジェクトでした。

2.2.5 つくば方式

開発に伴う「利用権」関連法規上の多くの問題に対応するために，つくば方式に基づく一連のプロジェクトが1995年に実行され始めました。筑波にある建設省建築研究所の小林秀樹がこのプロジェクトのリーダーでした。このプロジェクトの目的は，二段階供給方式のアプローチを用いた，土地所有権と住戸に対する新しい概念を実行することでした。最初のプロジェクトは，15世帯分で，続いて4住戸，更に11住戸を供給しました。他に6件のプロジェクトが民間企業により実施され，数多くのプロジェクトが計画されました。つくば方式は，この時点で行政の支援を離れ，（非常に重要なことですが）民間市場に受け入れられ自立するに至ったのです。土地の有効活用とコストという課題に取り組むことによって，また，標準的なサイクルで引越しを行う代わりに一つの場所に住み続けるというテーマにその課題をつなげることによって，つくば方式は日本のオープン・ビルディングの実現のために重要な貢献をしたのです。

3 オープン・ビルディングの歴史

3.1 バナキュラーからオープン・ビルディングへ

　前章で説明したように，伝統的でバナキュラーな構法の一部分を解釈し直しながらオープン・ビルディングは発展してきました。主体が関与する範囲を明確に定めるオープン・ビルディングのプロセスや戦略は，環境自体と同じだけ古くから存在していた伝統的なやり方を拡大したものです。同様に，インテリア工事より前に構造を施工し，構造体とインフィルを分離することは，特に厳しい風土の中では現実的な意味をもちます。ほとんどのバナキュラーな建築は誕生してから寿命を全うする間に様々な機能で利用されることから，建築業者は構造性能やビルディング・タイプという概念に含まれる基本的な共通認識に妥協せずに，インフィル・レベルを独立させ，変更可能なものとして，短寿命を前提にインフィルをつくることをはるか昔からの教訓としていました。

　このような理由で，伝統的な日本建築では，取り外しと移動が可能なスクリーンと着脱可能な畳の床が，構造部である柱と柱の間に設置されました。オランダの運河沿いに建てられる伝統的な住宅は，ファサード・屋根・窓割りをまず最初につくり，その後で窓に合わせて部屋が配置されました。石の建築であるギリシャの住宅に，木製のスクリーンをもつ2階建の木造軸組インフィル・パッケージが内部空間に造られるように，倉庫建築は，独立した木軸フレームのインフィルをもちロング・スパンの木造の屋根構造を支える直方体のレンガ造建築とみなすことができます。どんな場合でも，住み手は常に空間の型の可能性を解釈し利用するものなのです(ハブラーケン，1998)。

都市スケールでみると，道路沿いの連続した壁面を形成している建物群は，伝統的にファサードに直交した独立の壁を各々持っています。この壁は，屋根の重みを地面に伝えるという役割もありますが，隣の建物や都市景観に影響を与えることなく，ある建物を壊したり建て替えたりするというもっと重要な役割があります。隣接した軒続きの建物が耐力壁を共有していることが常識である文化では，共有の構造要素に対する責任と管理を規定するための法律に関する緻密な社会的合意を必要とします。

高層住宅の場合には，技術的・概念的・社会的・組織的な理由で配置・アクセス・管理・意見・責任の複雑さが増大します。従来の建築の方法では，このような複雑さが邪魔をして，各々の住戸の内部プランや外面ファサードの決定に住民の決定が大きく関わることを概して良しとしません。

前に述べたとおり，ここ1～2世紀の間に前例がない程急激な環境の変化が起こりました。その変化とは，配管・配線，資源の節約，エネルギーとデータの伝達方法に関する広範囲にわたる技術変革，様々なレベルでの輸送ネットワークの変化などでした。これらの変化は，環境の規模・組織・目的・法規の変化へと波及しました。昔から社会に定着してきた手づくりの部品から，多様で次々と新製品が生み出される工業部品へと，建築は長い時間をかけてシステムを変化させました。この変化は，建物レベルからインフィル・レベルへと多くの部品を移行させるきっかけとなりました。所有権と管理と責任が，建物の持ち主から借り手へと移行しつつあります。急激な移行は建築システムに現場の混乱をもたらしました。このような環境変化の波が，もつれというその次の時代，即ち，オープン・ビルディングに向かう現状の背景となっているのです。

3.2 マス・ハウジングからオープン・ビルディングへ

政府は，歴史を通じて都市のデザインに常に介入し統制してきました。具体的には，植民地の都市化，都市の要塞化，公共事業，輸送システムなどを行ってきたのです。このような歴史は，何千年も続きました。1901年のオラ

ンダの住宅法を手始めとして（日本や中国では第2次世界大戦後に，オランダ以外のヨーロッパ諸国ではオランダのすぐ後に），政府は，住民の健康・安全・福利・不動産価値を守るために以下に述べる2つの圧力に対する責任を果たし始めました。

　第一には，どんどん増加して行く富の分配の方法を変更することによって可能となった，個人と社会の権利に対する新しい公的責任の果たし方が出現したことでした。第二には，工業化・都市化と，複雑で潜在的に危険を内包する新しい環境技術・経済基盤・通信環境が，危険に対する意識の拡大と結びついて，以前は私的な活動であったものに公共の監督を必要とするようになったのです[5]。ヨーロッパ・北アメリカ・アジアの多くの国々の政府は，環境基準を定義し，規則として定め，法規を施行し始めました。多くの政府が同じ時期にマス・ハウジングを開始しました。マス・ハウジング現象は，標準化された無数の住戸，新しい高密度の住宅様式，供給・消費サイクル・輸送の新しいネットワーク，中央集権化された政府の意思決定と管理とを生み出しました。

　政府と官僚政治によって推進されたマス・ハウジングは，第1次・第2次世界大戦間の期間と第2次大戦後に，資本主義社会・社会主義社会の両方に広がっていきました。都市構造の基本ブロックである住区は，非常に均一化された住戸によって構成される荒削りの高層住宅ブロックに取って代わられました。マス・ハウジングにおける「トップ・ダウン」式の専門家の介在方法では，住民参加は許されませんでした。均一であるというマス・ハウジングの特性は，急激に同時進行していた他分野での様々な開発を取り入れた結果として生じました。例えば，戦時中に軍によってつくられた仮設住宅の生産手法が民間で利用されました。工業組織と組み立てラインといったテイラー理論に沿った科学的な管理技術と製造技術は，建築部品のプレハブ化へとつながりました。同時に，環境管理に関する強大な権限をもった新しい官僚政治の拡大によって，集権的な意思決定手法が巨大なスケールで実行に移されました。

　合理的な科学技術を用いることは，認識された「住宅危機」を「解決」するためのわかりやすいやり方のように現代文明では感じられたのです。価値工学

を用いて衛生状態・住宅関連法規・施工効率を改良しながら大規模な生産性の改善を行うことが，政府機関や専門家達がマス・ハウジングを実行して行く上での唯一絶対の目的となりました。標準化された建物配置やファサード，均一な住戸計画は，合理的なプレファブ生産にとって必要なものであるとして受け入れられました。実際，このような住宅供給状態は意思決定とコントロールの変化の結果であり，また，責任が分散していた方式から，多くの環境レベルを対象として同時に行われる集中的な管理運営への変化の結果でした。

1950年代頃には，世界中のマス・ハウジング（わずか10年しか経っていませんでしたが）で，都市構造の悲劇的な粗雑さ，中央主権的コントロール，個人の自由・参加・責任の喪失などの建築環境の壊滅的な結末が生じ始めました。技術と社会の変化が加速し続けたことから，この数年後には，マス・ハウジングはフレキシブルではなく，社会・経済・技術の変化に順応する能力がないことが分かりました。増加し続ける莫大なプレキャスト・コンクリートを用いたマス・ハウジング住宅は，時代遅れで居住に適さないものとなりつつありました。マス・ハウジングの結果，大規模な経済上・社会上・環境上の影響が生じました。サステイナビリティと選択の問題，住宅用サブ・システムの工業化，新築からリノベーションへの移行，インフィル・レベルを中心とした方向への建築サブ・システムの変更，消費者のための住宅と住宅用インフィル・システムの出現，といった，速過ぎて予期できなかったマス・ハウジングの衰退と課題を解決するために，オープン・ビルディングはその支持者の数をどんどん増やしながら近年広がっています。

30年以上の間に幾つかの大規模集合住宅団地を含む130を超える住宅プロジェクトでサポート・インフィルの原則が適用されました。その他無数のプロジェクトが，住民参加や居住者選択を行ったり，サブ・システム変更のフレキシビリティを確保したり，システムのもつれを解いてレベルごとの意思決定プロセスを実行するためのインフィル技術を採用したりすることによって，オープン・ビルディングの考え方をプロジェクトへ取り入れる動きが始まっています。

3.3 オープン・ビルディング・コンセプトの鍵

3.3.1 レベル概念

　約40年間の研究の結果として，環境レベルと意思決定レベルに関する知識・理論・応用研究の実績が積み上げられました。そのすべての実績の背景には，ジョン・ハブラーケンによる本能的で比較的単純な最初の思い付きがあります。その思い付きとは，環境をつくり出した物質的要素は常に人間の行動と直接結び付いている，物質的要素と人間の行動は複雑にからみ合っている，住宅を独立した物体や製品であるという考え方は到底受け入れ難い考えである，ということです。このハブラーケンの思い付きは，後に，形が長い時間にわたって変化する間の変化を観察することによってコントロールのパターンが明らかになる，という別の考えにハブラーケンを最終的に導きました。見捨てられたしっくい天井や組み込まれたドアや窓をみるとき，あるいは古代の石の壁をみるときでも，我々はその変化を観察することによってコントロール範囲の階層性に気付くのです。

　十分に居住者が満足し，変化に対応する長寿命住宅を確立するためには，誰が形式をコントロールしているのかを理解する必要があるのだということをハブラーケンは指摘しました。環境の専門家達が環境要因を扱う基本的なデザイン尺度として，誰が何をいつコントロールするのかということを認識することが，レベル概念を用いることによって可能となります。各々の個人・グループ・組織が，自らがコントロールすべき場所と対象を区別することを，レベルの考え方は可能にするのです。レベルの理論はまた，設計・施工・維持管理といった建物の一生の各段階でコントロールしている集団は変化するものだ，という事実も考慮に入れています。

　レベルは，それ自体変化したり，時や場所によっては時折見失ってしまうかもしれませんが，レベルは建築の中に常に存在しています。レベルは普遍的なのです。物質としての部品とスペースとの任意の組み合わせが，秩序ある循環の中で変化していく状態を観察することができるところでは，レベルの概念が定義できます。レベルは，建築と建築の境界，社会的組織と領域が

他の組織や領域と出合う場所に自然発生的に存在するのです。レベルは，コントロールの繋ぎ目としての働きをします。即ち，自己生成し絶え間なく変化する建築環境が，固苦しい建築構造や固定された管理構造の中で，閉ざされた状態となり全体を混乱させないようにすることによっレベルは意味をもつのです。

環境レベルの秩序ある階層構造的概念は日常的経験を反映しています。レベル階層の中のグルーピングは，専門家と同じ位普通の居住者が体験的によく知っています。通りや将来道路が予定されている場所などがあるのだから，個人がどこにでも家を建てることができるわけではないのだ，ということが，西洋では広く一般に理解されています。一般的には，自分の好みの家具を配置してから間仕切壁を造ったり動かしたりするのではなく，家具は特定の部屋に合うように購入されて置くべき場所を決められます。レベルは，都市計画(ティッシュ)，建築(サポート)，インテリア・デザイン(インフィル)，家具というように環境の専門家の仕事と専門家が関わるべき仕事の範囲を定義します。

整然とした方法で環境との折り合いの舵を切るための基本的概念として，オープン・ビルディングにおけるレベルという明確な記述方法を用いることは，建築に関わる専門家達の仕事のやり方を根本的に変更することを意味しているのです[6]。

3.3.2 サポート

高速道路の車線が様々な種類の車の大きさを考慮して造られるように，様々なインフィルが設置可能なようにサポートは建築されなければならない，という点にサポート概念の最も基本的な原則があります。しかしながら，住宅やオフィスなどを考えてみると，個々の利用者の部屋の配置や大きさは前もって決めることができません。サポートとは，利用者が占有するためのスペースを提供するための永続的で共有された建物の部分です。不動産と所有権という視点からみると，他の用途の建物と同様，一集合住宅の建築構造は垂直方向に積み上げられた不動産として機能しています。集合住宅には，公

共の通路(階段，エレベータ，廊下や回廊)，共用室(洗濯室，コミュニティ・ルーム，共用ロビーなど)があります。スペースを細分化することにより，サービスの分配が必要となります。公共インフラストラクチャが道路や歩道の下に埋まった本管から各住戸へ供給されるように，集合住宅における公共サービスは，共用スペースからそれぞれの住戸に供給されることになります。サポートにはどんな技術システムでも用いることができますし，どんな材料でも耐久性さえあればサポートに使用することができます。サポートはその一生の間ずっと，多様で変化し続けるニーズを満たすための可能性と受容能力を提供し続けます。サポートは，新しく建築されるか，または，既存の建築ストックを利用して造られます。

サポート・レベルの範囲には，すべての公共サービスのための配線・配管が含まれ，各住戸の入り口や戸境壁まで上手くサービスが供給されるように造られます。典型的なサポートの要素としては，構造部，ファサード，玄関，階段，廊下，エレベータ，電気・通信・水道・ガス・排水のための配線・配管が挙げられます。一般的には住戸内の冷暖房設備はサポートには含まれません。これは，技術的・社会的なもつれ，公共インフラストラクテュアが専用部を通過すること，レベル・コントロールに関する予期せぬ混乱の発生などを避けるためです。

サポートは，建築市場・建築様式・気候・建築法規と土地利用規制・投資条件などの地域条件に大きく影響されます。サポートは，社会や技術といった様々な地域独特の条件を背景として，その地域に見合った設計・計画・施工方法によって建築されるのです。

建物の一生の間には，社会的変化・技術的変化・人口構成の変化・市場の変化などを原因とした建物の使われ方の転換(コンバージョン)が行われます。住宅としてずっと利用され続けられる建物でさえ，建設当初の住戸の大きさや配置は，賃貸入居者の収入・家族構成・用途上の必要性などが時期によって変化することに適応できなくなります。生活環境の変化を受け入れ，居住者が自らの選択の独立性を保ちながらインフィルを変更していくことに対応することによって，長期に亘ってその寿命を全うできるようにサポートは設計

されます。サポートは，社会とデベロッパーによる価値観と優先すべき条件の採用結果を具体的に表現しているものなのです。

　サポートは単なる骨組みではありません。サポートは単なる「もの」ではなく，建築が建築であることを可能にする道具なのです。人工環境の中に存在する快適で環境的に守られた特別な場所なのです。サポートとは，できるだけ少ない仕事量が要求されながらも，できるだけ制約がない住宅を建築するための空間と可能性をもたらすことができる物理的装置なのです。利用規制や建物配置・規模制限がある敷地の中の公共サービスが通過する地面もサポートの一部です。また，サポートの考え方を適用した住宅は後に倉庫・学校・オフィスなどにコンバージョンが可能ですし，住戸を個別に売ったり，他の用途から再び住宅へと改造したりすることもできるのです。住居内部を自分の好みに合わせて注文できますよ，と買い手にデベロッパーが薦めている長屋建住宅の新規開発にも一種のサポートの考え方がみられます。

　一旦建物が完成してしまうと，サポートは外からは見えなくなってしまいます。公共サービスが開通し，現場は掃除され，周辺道路の混雑も終わります。一見，現場では建物全体が完成したようにみえます。しかし入居者が住み始めるためにはインフィルが必要です。

図3.1　サポートは単なる骨組みではない。（図：N.J. Habraken）

3.3.3 インフィル

　技術的・組織的な見地からみて，20世紀における最も重要なストーリーはインフィルの進歩です。インフィルは配管・配線・通気管に関する諸問題から建築を解き放ちました。オープン・ビルディングを実現していく中で，技術的・組織的問題の大部分は急速に下流フェーズのインフィルへと移行しました。インフィル・アプローチを用いることによって，建築家とコンサルタントの役割は大きく変わります。専門家の仕事は，建物の中で比較的耐久性がある共用部分について考えることが中心になります。共用部分と明確に区別することによって，住戸内のインフィルには独立性が生じます。分譲か賃貸かには関わりなく，居住者のコントロール下に置かれるのです。

　インフィル・システムはオフィスの分野ではもう既に存在しています。例えばアメリカを基盤とする「Steelcase」，共同経営の「Haworth」，「Herman Miller」，「Interface」，「Tate, Armstrong」や，家具やインテリア製品を扱う大手業者などは，着脱が自由な部品を始めとして床から天井までのインフィル・システムまでの幅広い範囲の製品市場を形成しています。上記の企業は，場合によっては空間デザインを請負うこともあります。住宅用インフィル・システムは，考え方自体はオフィス用システムと余り変わりませんが少し複雑になります。住宅の場合は空調その他の供給システムの納まりが，よりコンパクトにならなくてはいけません。消費者を重視した製品としては，様々な種類の建物と多様な居住者ニーズに対応するように考えられていなければならないのです。

　伝統的な建築の方法を用いても，住戸スペースをサポートの中に収めることはもちろん可能です。また，インフィル部材が工業製品である必要はありません。現時点の新築工事や再生工事でも伝統的なやり方でインフィルが設置されています。但し，伝統なやり方にはシステマティックな秩序はありません。秩序という視点から現場で造られた間仕切壁を考えると，もし居住者が壁の位置を変更できたり他の住戸やサポートに影響を与えることなしに取り換えることができるならば，その壁はインフィルであるということができ

ます。しかしながら、賃貸契約が一切の壁を動かすことを禁止しているのならば、技術的には動かすことが可能であってもサポートの一部としてしか捉えることができません。このように、インフィルの中身は技術的な条件と共に社会的基準を含めて定義されるべきものなのです。

インフィル・システムでは、部品が別々に現場に運ばれたり、一つ一つ職人によって加工されたり取り付けられたりはしません。逆に、しっかりと梱包された1セットの製品として住宅ごとに現場以外の場所でまとめられ、組み立てられ、現場ではただ設置されるだけです。インフィル・システムを理解することによって、完璧なまでに住み易い居住スペースをつくるための間仕切壁・設備システム・ドア・照明・棚・仕上げなどの部品設置が可能になるのです。インフィル・システムとインフィル部品は必ずしも工業製品である必要はありませんが、建物本体と分離して独立性を保つためには、インターフェイス、物流、品質管理、情報管理などの知恵に関しては、工業化技術と消費者志向の他分野の成果を借りる必要があります。

現在、世界中のオープン・ビルディング・プロジェクトは、複数の会社が提供する未完成のインフィル・システムを採用しています。工事は住戸ごとに上手く管理されていますが、物流プロセスは従来のやり方のままです。インフィルが選択された後に、個々の住戸のための部品が生産され、組み立てられ、時に他社から購入されます。2つの部品を接続する部材は現場に運ばれる前に調整され、現場では最小限の部材カットと設置の作業しか必要ありません。従来と同じゼネコンに管理された個々の下請工事業者が取り付けるための部品は、別々に現場に到着します。

3.3.4 意思決定の自由

現在の殆どの集合住宅プロジェクトでは、住戸は1つのまとまった建築請負契約の一部に過ぎません。部品は建物全体でまとめて注文され、各階ごとに順番に取り付けられていきます。北米方式の木造建築工事では、順序さえばらばらです。設備システムが住戸内に設置されるようになって以来住宅生産に生じたもつれを、これまではシステム化された設計や工業生産の進歩に

図3.2　もつれた建築システム（撮影：Stephan Kendall）

よって解決しようとはしてきませんでした。プロジェクトがどんどん大規模になり，部品数と意思決定すべき対象が増大しても尚，20世紀の建築家と専門家達は，環境と建築があるべき方向性を無視し続け，多くの意思決定を秩序立てて1つの「まとまり」にしようとはしなかったのです。

　技術的・物流的にはっきりと区分された2つの束である「サポート」と「インフィル」に建物を区分し，各々の領域を明確にすることによって，サポート・インフィルそれぞれの「技術の束」と最適な部品生産が可能となり生産効率が向上します。

　秩序ある建築方法の実現に成功した例は，比較的小規模のプロジェクトか，完全に集中管理を行ったプロジェクトでしかみられませんでした。計画プロセス・工事・ファシリティマネージメントなどを例にとっても，建築プロセスの秩序ある総合化を成し遂げる難しさは，社会的・技術的な複雑さがからんで正に悪夢のようです。対立と解きほぐすのが困難なもつれた状況の結果として，将来の改造は極めて限定され，工事が難しいものとなってしまっています。

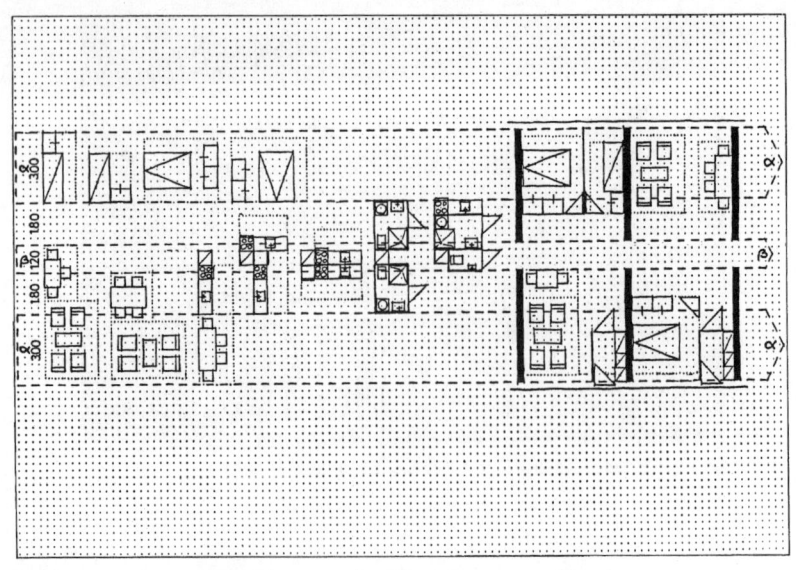

図 3.3 Keyenburg の受容能力のスタディ（図：Frans van der Warf）

3.3.5 受容能力

　伝統的な知恵を表現する言葉として，設計は「問題を定義すること」から始まるというものがあります。「建築のためのプログラムを正しく解くこと」は「デザインによる解決」に繋がります。オープン・ビルディングでは，受容能力はデザイン初期のプログラムと機能特性の設定で決まります。受容能力を分析するには，オープン・ビルディングのコアのつくり方に着目する必要があります。コアのつくり方は2つの考え方に基づいています。1)開放性と可変性を確保したデザインであること，2)時を経ても2つ以上の「機能プログラム」に常に対応できる受容能力を維持できるように空間と形態をデザインすること，です。設計者と施主に共通するイメージの評価を行うこと，言い換えると，プログラムの選択肢をなるべく多く持てるように考えることをまず第一に行うべきであるとオープン・ビルディングの方法論は提案していま

す。事前に決められた一つの機能を固定するのではなく、将来の可能性を考慮して形態が決められます。このことは、レベルの概念にも共通しています。例えば、建物本体の形態は、(例えば別の使い方や別の内部プランといった)下位レベルの形態の自由性を受け入れる受容能力を備えていなければなりません。部屋は様々な家具配置や利用のしかたに対応することができる受容能力を有し、アーバン・ティッシュ(街レベル)は多種多様な建築種別と建築様式を包み込む受容能力を持つべきなのです。

　サポート・デザインは次の3点を考慮して理想的な受容能力を具体化します。第一に、サポートの中に設置される各住戸は様々な間取りに対応できなければいけません。次に、建物内の住戸境界を変更したり増築したりするといった床面積の変更が可能でなければいけません。第三に、サポートとサポート部品は、住宅以外の機能を含めたあらゆる使われ方に適応できなければいけません。どんな与条件でも受け入れることができるサポートは、プロジェクトの経済的機能、敷地条件、利害関係者の様々な要望などに対応できます。機能とコストの関係は、そのサポートが持ち得る基本的な間取りのバリエーションを図面化にすることによって確実に見極めることができます。

　サポートを設計する際の受容能力の検討には、システマティックなアプローチが必要です。まず最初にあり得る利用目的を検討しなければなりません。この検討時には、数多くの間取りパターンを比較するという複雑な作業が必要です。通常は、スケッチ・デザインから始まり、技術的デザインがその後に行われます。建物本体とインフィルの取り合いに関しては十分に吟味しなければいけません。適応可能性はサポートが持つべき非常に重要な特徴ですので、変更が簡単にできなくてはいけません。インフィル・システムがどこに取り付けられるかを決めることなしに製造されるように、サポートはどのインフィル製品やインフィル・システムが使われるかを具体的に決める前に設計されるのです。しかし、用途変更の可能性を最大限にするために形態を単純にする必要はありません。完全に「フレキシブルな」多目的スペース—柱、壁、断面の変化、光の変化がないスペース—は、住宅という建築に必要な条件を満たすことはできないのです[7]。

3.3.6 サステイナビリティ（持続可能性）

　マス・ハウジング絶頂期の数十年間には，日本から西側諸国までの至る所で，技術的基準や構造基準，空間基準を最低限に設定した建設ラッシュが続きました。「一体化」した集合住宅の住棟に押し込められた住戸は，ライフスタイルの急激な変化や技術の進歩に全く適応できないことが次第にわかってきました。数十年を経た現在では，「住宅危機」の名残り。「スクラップ・アンド・ビルド」の考え方。短期的視点を基にした開発計画は，「ストック活用」への価値観の転換に伴って支持を失いつつあります。今では，変化を前提とした建築を目的としていない場合でも，サステイナブルの考え方や維持管理と再生への視点が最優先されるようになりました。

　再利用可能な部品を研究開発するという方向で，オープン・ビルディングとサステイナビリティとは一致してきました。建物の変化に対する長期的な受容能力を持つことによって付加価値を与えられた建築方法は，不動産で行われている短期的な損益に基づく投資インセンティブと査定に対して現実的な選択肢を提示します。変更可能なインフィル製品を利用することによって，建物全体の急激な旧式化を妨ぐことができます。100年の耐久性をもつ建築部品とそれ程長くはもたない部品とを分類することによって，オープン・ビルディングは物質上・手続上の区分をつくります。結果として，建物寿命を正確に計算し，サステイナブルなデザイン原則を守る責任を果たすことが可能になりました。

　オープン・ビルディングがサステイナビリティに貢献するもう1つの理由としては，施工業者やエンド・ユーザーが様々な企業の製品を「つなげて動かす（plug-and-play）」ことを可能にする技術的インターフェイスを実現している点が挙げられます。オフィス市場の建築システムのメーカーは，標準化されたインターフェイスを採用した数多くの製品を生み出しています。しかし，このオフィス用の製品でさえも，他社の製品とは併用できず，状況が変わると再利用できません。と言っても，ある一連のシリーズ製品の中では高い互換性を有している点では再利用価値を高く評価できます。対して，全く無秩

序な従来の内装部品は，建物はそのまま建っていたとしても，少し利用のしかたが変わっただけで捨てなければならなくなります。再利用ができなかったり用途の変更に対応できない製品は，現場から廃棄物として運ばれていくのです。以上のことから，オープン・ビルディングのインフィルは，「カチッと嵌める」だけの部品群となるべきだという基本的方針に従って設計・製造を進めていく方向へと向かいつつあります。

　技術的な問題の他に，社会と個人の選択と価値判断に関わるサステイナビリティの問題があります。建築環境の複雑化に伴って物理的なもつれが増大するにつれて，グループと個人の間の領域と責任のバランスを取ることがますます必要になってきています。何が公共的であるべきなのか，がサステイナビリティの重要な基準になっています。公共という概念への把え方が，コミュニティの価値と利益と自らのために行動する実行力を示しているのです。実際に誰がどの部分に責任を持つのかが明確でなければ，コミュニティが共通に持つべき目的を集約することは殆ど不可能です。公共領域と個人の居住領域との区別がつかなければ，共有の秩序が維持できるわけがありません。それ故に，サステイナブルな建築環境を築いていくために，もつれは障害となるのです。

3.4　オープン・アーキテクチャーの定義

3.4.1　オープン・ビルディングによって生じる専門分野

　様々な国の様々な条件の下で，専門家達がオープン・ビルディングを様々な環境レベルへと適用しようとしています。オープン・ビルディングは異なる主体・方法・プロセス・視点・結果をもつものだ，という原則の通り，オープン・ビルディングに関連する様々なコンセプト・製品・方法・成功例が，世界中で出現しています。次節以下では，なぜ専門家はオープン・ビルディングの考え方を受け入れるのか，という理由について簡単に述べていきたいと思います。

(a) 都市計画

都市レベルでのオープン・ビルディングの方法論には明確な計画技術があります。ニュー・アーバニズム(訳注:ヨーロッパでは一般にコンパクト・シティと呼ばれる)が提唱するように,オープン・ビルディングもまた,関連する主体間のコミュニケーションを明確にするために,文書化された要求性能を絵や図で表現し直します。コントロールが分散しがちな大規模プロジェクトでは,オープン・ビルディングの方法は調整の難しさを解消するのに役立ちます。

(b) 建築

時間の経過が全く考慮されていないたった一つのプログラムを採用するという伝統的なやり方に対して,オープン・ビルディングは優れた対策を提示します。即ち,設備システム・構造システムと機能とを,将来を予測した上でしっかりと結びつけるのです。さらに,オープン・ビルディングは,利害関係者全員が決定を受け入れるための方法を,設計・施工を通じたすべてのレベルで提案しています。住戸内空間の構成と公共サービスに関する決定を,建物躯体に関する決定から開放することによって,設計・生産・長期間の維持管理すべての段階において,オープン・ビルディングはプロジェクト関係者間の摩擦を減少させるのです。

(c) インテリア・デザイン

「サポート」と「インフィル」を分離することによって,インテリア・デザインとインテリア関連の部品産業へ明確な方向性を示すことができます。新製品の開発と新しい生産方法へと誘導するのです。

(d) 部品の設計と生産

オープン・ビルディングの発展は,カスタム化され,現場加工が不要な部品が生産される場所を,プレハブ工場(利用を中心に考えられた部品が生産される場所)と部品メーカーの施設(販売のために製造される部品が生産され

る場所)などの現場以外の場所へと移動させました。部品の設計と生産を行う際に,その部品が用いられるレベルを考慮することによって,現場工事をより合理化することが可能となります。

(e) 契約と施工管理

オープン・ビルディング・プロジェクトの機械設備システムにまつわる複雑さの大半は,建物本体からインフィルにその対象を移しました。結果として,建物本体の工事とインフィル取り付け作業双方の効率が共に上昇しました。建物本体は,変化への受容能力を維持したまま,厳しく品質管理され,素早く簡単に建設されるようになりました。作業間の調整が減ったことによって大幅な管理経費の削減に繋がりました。

(f) ファイナンスと開発

オープン・ビルディングは,建物の一生の間のライフ・サイクル・コストをコントロールし,現場工事と現場外での生産との有効な組み合わせを実現しました。ファイナンスと開発を考える際に,時間条件を計算に入れ,投資をより正確に検討し評価することによって,オープン・ビルディングは,どんどん複雑になる条件を処理しながらコストの積算を行うことを可能にしました。

(g) 公的住宅供給機関

個々の世帯の収入と好みに応じた住宅を住宅供給機関が供給するために,オープン・ビルディングの考え方が役立ちます。オープン・ビルディングによる住宅供給が行われると,各世帯の経済力に応じて個々の住戸が整備されるようになります。その波及効果として,社会的財産(建物本体)を健全に保つことにも役立ち,また,地域全体に良い影響が及びます。

(h) ファシリティ・マネージメント

例えば一つの賃貸住戸に変更を加える場合,必然的に他の住戸にも混乱が及ぶように,典型的な集合住宅のシステムは大きくもつれあっています。法

的に最も縛られている分譲マンションという所有形式では，新築の設計・施工時よりも，アップグレード時や間取りの変更時に，より複雑さが表面化します。オープン・ビルディングの考え方を用いることによって，対立しがちな共有部品を無くしたり数を大幅に減少させることによって，ファシリティ・マネージメントが非常に簡単になります。

(i) サステイナビリティ

建物や近隣のデザインや工事を行う際のサステイナビリティの原則（明日を考慮して今日の行動を考えること）は，オープン・アーキテクチュアの2つの必要条件と重なっています。第一に，建築された環境の変化が可能で，そのための独立性を保持していること。第二に，ある部品を交換したり撤去したりするために他の部品を壊す必要がない―少なくとも二次的な破壊を減らすべく設計・施工を行う―ようにサブ・システムのもつれを解くこと，です。オープン・ビルディングのキー・コンセプトと方法論は，サステイナビリティの基本的な方向性と確実に一致しています。

3.4.2 オープン・ビルディングに共通する特徴

様々な目的を持つ広い範囲のプレイヤー（関係者）が，各々異なる結果を得ようとして，オープン・ビルディングの考え方に基いたプロジェクトに参加します。それ故に，「open-endedness（開かれ方）」(Rappaport（ラッパポート))に関する厳しい基準が広く採用されることはありませんでした。しかしながら，住宅用のオープン・ビルディングは，個々の住戸・間取り・設備に関する高いレベルの独立性を基本的条件としています。オープン・ビルディングの考え方に基づいた住宅で暮らす住み手は，住戸内部の間取りや住戸のファサードを決めたり変更したりするコントロールを行います。住戸を市場が求める条件に合わせるために，他の住戸に影響を与えることなく行われる変更を建物所有者がコントロールすることもあります。どの場合にも，すべての住戸は共有部から物理的に分離されています。

オープンな住宅建築と伝統的な住宅建築の間にははっきりとした境界線は

3.4 オープン・アーキテクチャーの定義

意思決定者としての住み手	VVO/Laivalahdenkaari 18-95	Villa Paavola -95	Laivahdenportti 3 -96	Tammistonpiika -96	Lounaispuisto -96	Myllypelto -97	Merit?hti -97	Laivalahdenkaari 9 -97	Linnanrakentajanpuisto -98	Rastipuisto	Tervasviita
A1 インフィルと間取りに関する居住者の決定	○										
A2 サポート・レベルへの住民参加	○										
B1 最初に入居する住み手のための間取りのオプション			●	●				●		●	●
B2 可変性を伴わない住民参加		○					●				
オープン・ビルディングの空間構造											
A3 住戸配置のルール			○		○		●	●			○
A4 自由なプランニング	○	○	○		●	○	●	●	●	●	○
サポートとインフィルの分離											
A5 オープンな骨組み構造	○	○	○		●	●	●	○	●	○	●
A6 各住戸への公共サービスの独立した供給		●	○		●		○	●	●	●	
A7 二重床またはサービス(設備)・ゾーン			○		●			●	●	●	
A8 サービス(設備)インフィル・システム	○	○	○		○			○	○	○	○
A9 間仕切りインフィル・システム	●					●	●				○
A10 ファサード・インフィル・システム	●		○								○
オープン・ビルディングのプロセス											
A11 サポートとインフィルの分離	○			○							○
A12 住民参加の手順	●	○					●				
A13 機能的・技術的デザインの区分	○		○						○		
A14 住民ごとのインフィルの決定				●							

●実施　○部分的に実施

図3.4　フィンランドの Ulpu Tiuri が提示したオープン・ビルディングの特徴
　　　　（図：Ulpu Tiuri）

ありませんし、また、どのようなプロジェクトも完全に「オープン」ではあり得ません。オープン・ビルディング・プロジェクトの実現という事実自体がオープン・ビルディングの方向性を提示しているだけなのです。では、オープン・アーキテクチャーの定義はどのようなものでしょうか？何がオープン・ビルディングとしての住宅を構成する考え方の定義となるのでしょうか？その答えは、時代や建築文化によって異なります。オープン・ビルディング・プロジェクトを一緒に行っているグループ内でさえ一致するとは限りません。しかしながら、オープン・アーキテクチャーの専門的な長期間の実践の結果、アプローチに関する具体的な項を提示できるようになってきました（Tiuri, 1997・Beisi, 1998）。その内容とは、

1. 環境レベルに応じた仕事を認識し実行すること
2. 意思決定の分配
3. サポート・レベル、インフィル・レベル、その他の環境レベルの物理的な分離
4. サブ・システムのもつれを解くこと
5. 居住者による選択を支援する専門家組織
6. オープン・ビルディングの方法論に基づくツールの利用
7. インフィル・システムと結びついたサポート技術の利用
8. インフィル技術の利用
9. 特定のオープン・ビルディングに対応したファイナンス手法の利用

1　レベルの認識

　異なるレベルのグループが行う住まいづくりのための仕事を整理するために、そして技術的なインターフェイスを再整理するために開発された専門的なツールと方法論を利用すること。例えば、オランダのSARやOBOM、日本の建築研究所や住宅都市整備公団（訳注：現在の都市再生機構）などで開発されたツールなど。

2 意思決定の分配

各環境レベルのコントロールをそのレベルの意思決定主体へ任せること。
- 個々の居住者が間取りを設計・修正し，住戸内の設備を決定するための，法律上・契約上・作業上の手順を確立すること。
- グループと個人の意思決定領域を明確に区別し，個々の住戸に関する決定と共用スペース・インフラストラクテュアに関する決定とを分離すること。
- サポートとインフィルを，部品調達と工事に関して分離すること。インフィルは，居住者が入居する直前に住戸ごとに設計され取り付けられます。
- どのような場合でもレベルを跨る意思決定を避けること。例えば，大規模プロジェクトでは，一つのグループが地区・ファサード・建物・住宅・家具などのすべてを上手く計画することはできません。小規模の集合住宅プロジェクトですら，一つの主体が，様々なレベルのデザイン・コントロールを行うべきではないと，長期的な環境の多様性と健全性を重視する人々は主張しています。

3 物理的に分離された環境レベル

- インフラストラクテュアを相応しい公共領域に整備し，必要に応じて住み手がアクセスできるようにすること。
- サポートとインフィルを分離すること。
  - サポートとインフィルをはっきりと区分された別のフェーズで工事すること。
  - インフィル・レベルの住戸のすべての部品を居住者が直接コントロールして設置すること。
  - サポートとインフィル間の設備システムの接続を合理化し，インフィル・レベルの設計自由度が最大限になるように，建物の構造部と，共用の設備システムのインフラストラクテュア(サポート・レベルの配線・サービス供給や排水のためのダクトや配管など)とを配置すること。

4 サブ・システムの調整

- 将来の変更を考慮してサブ・システムを整理すること。その結果，他の住

戸やサブ・システムに影響することなしに，独立して調節や交換を行えるようになります。例えばSARによる10/20cmグリッドや大阪のNext21プロジェクトの複合グリッドのような配置ルールと寸法ルールを用いること。
- 標準化された技術インターフェイスをもち，寸法・配置を考慮した「オープンな」システムを採用すること。結果として，サブ・システムを決める際に，工業技術の利点を存分に享受できる自由度が得られます。単に機能的に適合するだけではなく，デザイン・品質・サービス・経済的要因などを考慮した幅広い選択ができます。

5 居住者による選択と意思決定

- 自らが望む居住空間を実現しようとする居住者を手助けする専門家の役割を再構築すること。
- 居住者自らが決めたデザインを，その場で居住者が簡単に理解することができる管理ツールを用いること。例えば，インフィル・パッケージの取付けを検討する際に，最終的な価格を見ながら器具・システム・仕上げをビジュアルに表示するソフトウェアを利用すること。
- 居住者による自由な空間配置を補助し実現させること。
- 賃貸住戸においては，賃貸している空間のインフィルを居住者が所有したり変更したりすることを許可すること。

6 オープン・ビルディングのデザイン手法

- インフラストラクチュア整備コストや様々な街並みモデルと密度水準のスタディをするためにSAR73のテッシュ・メソッドを用いること。
- *Variations*：*The Systematic Design of Suppurts*（サポートのシステマティックなデザイン）(N.J. Habraken *et al*., 1976)などの文献を参考にしてサポートをデザインすること。

7 インフィル・システムを「サポート」するサポート技術の利用

- 後述するような多くのシステムがあります。例えば，situサポートのトン

ネル・フォーム;床スラブの溝;フラット・ビーム・スケルトン;逆梁床構造;Z梁構造;配管用階段室などです。

8 住宅用インフィル技術の利用

- Matura(マトューラ), Interlevel(インターレベル), ERA, KSIインフィル・システムなどの住宅用インフィル・システムの部分的・包括的採用。
- 日本住宅パネル工業共同組合の製品, IKEAの製品, Bruynzeelキッチンなどの, 高い再利用可能性を有するRTA(ready-to-assemble(組み立てるだけ))のインテリア・システム, 間仕切り, ドア, 棚などのシステムや製品の利用。
- 1ヶ所あたり10分以内で取り付けができるようなドア・フレームとドアの採用。
- 部品の切れ端などの廃棄物が出ない上に, 現場で素早く簡単に取り付け可能な間仕切システムの指定。
- 住戸ごとに独立した二重床を構造床の上に設けること。
- 居住者が, 電源と情報配線を簡単かつ安全に取り付け, 位置を変更し, 素早く接続できる器具とケーブルの使用。
- Wieland(ウィーランド), Woertz(ウォーツ), パナソニックの製品のように接続部がセットされたケーブルの使用。
- サンヨーの分配器, 東京ガスの床暖房システム, Esprit(エスプリ)インフィル・システムの換気システムのように, 高い冷暖房効率, 簡単な設置, 省エネ, 容易なメンテナンスを考慮してデザインされた冷暖房設備と換気設備の使用。
- Delta-Plast(デルタ・プラスト)やHepworth(ヘップワース)の押込み取付(溶接不要)・圧力排水方式の排水管や浸透式の水洗便所といった先進的な配管システムを使用すること。圧力排水方式を用いると, 固体を重力で流すための排水管の傾斜が不要となる上に小径管の利用が可能となります。

9 オープン・ビルディングのための経済・融資手法

例えば,オランダのバイ・レントによるインフィルの購入システムや,日本のつくば方式の所有方式など。

ここまでに述べたような方法・プロセス・製品は,オープン・ビルディングを実現するために不可欠な要素です。物理的なインターフェイスの数を最小化にし,設計・施工・維持管理に携わる主体間の対立と紛争を減らします。サブ・システムが各々自律することによって工事の効率が良くなります。建築産業と建築基準のグローバリゼーションに対応しながら,産業全体の革新と新しい製品を生み出すのです。

3.5 オープン・ビルディングの戦略

3.5.1 戦略の概要

建築は,技術の成果である製品と居住者のニーズ・行動とを複雑な方法で織り込みます。技術的な条件と個人の好みが多様化するにつれて,増大した多様性を総合化するためにできるだけマネージメントを行える手法が求められます。オープン・ビルディングを実現していくための基本的なシステムズ・アプローチは,サブ・システム間のインターフェイスと,サブ・システムをコントロールする主体間のインターフェイスを最小限にすることを目的とした,様々な規模のサブ・システムを秩序付け結びつける原則を確認し,つくり上げ,利用するというアプローチなのです。

(a) バランス

組織的な面からみると,オープン・ビルディングは,地域社会全体の意志と,個人の自由との間の良いバランスを,各々のプロジェクトごとに決定するための責任配分の手段を専門家へ提供します。オープン・ビルディングは,利害関係者がそれぞれ関係すべき場所とレベルを明確に定義し,短期的な個人の要望と,長期的な公共の価値とのバランスを具体化し調整します。

(b) 効率性と多様性の実現

オープン・ビルディングは，効率的な作業プロセスと，建築の物理的・組織的パターンの多様性とを同時に実現します。自動車や人形などの生産では既に行われている「マス・カスタマイゼーション」の考え方である，どうやって効率性と多様性を繋ぎ合わせるのか，という命題に対して，住宅建築においては，長い間，相反する概念を両立させるのは不可能であると思われていました。効率的でシステマティックな生産と，建物のファサード・屋根・構造システムの最適化によって，オープン・ビルディングは，住宅を思い通りのカスタマイズと変更を可能にします。

(c) 秩序

デザイン作業・工事間のインターフェイス・許認可を再編成するための専門的な技術と方法をオープン・ビルディングは用いています。レベルの原則と管理手法に従って工業化部品を用います。例えばインフィル・システムの認識が代表的な例です。「秩序の原則」(3次元の配置ルール)を組み合わせ，利用することによって，効率性が担保されます。秩序の原則によって，サブ・システム間の衝突は最小限となり，インターフェイスは簡略化され，分担は明確になります。結果として，オープン・ビルディングは，一つの部品の交換の影響が全体へ波及するのを防ぎます。歴史上の建築が行われた環境において，影響を取り除くという原則が，多くの方法とレベルで実際に実行されていたことが確認できます。

- 都市においては，空間や形の秩序を無理に調整することなく，敷地ごとに建物の改造や建て替えが可能です。このことにより都市構造の安定性と継続性が担保されます。
- 建築物の中でも，長期間の物理的・文化的・社会的要求条件を見越してデザインされる部分は，比較的変わらない状態で維持することができますが，個々の居住者に直接関わる内部空間・設備などの部分は頻繁に変更が行われます。パリ様式の中二階は，生産上・消費上の要求の変化に応じて，中

庭・入り口・コンシュルジュの詰め所・隣の住戸・上階住戸に影響することなく，簡単に拡張したり取り壊したりすることができます。同様に，組積構造ではないファサード・システム(例えばカーテン・ウォール)を用いることによって，建物本体の構造的な安全性を脅かすことなくファサード部品の修繕や交換が可能になります。

(d) 変換可能性

オープン・ビルディングの変換可能性への取り組みは，レベルの概念に基づいています。例えば，標準化された様々なメーカーのメモリーチップをほとんどのコンピュータに取り付けることが可能なように，冷暖房装置などのサブ・システムの個々の部品を様々な製造業者の同等品と交換することができます。サブ・システム全体をそっくり交換する必要はありません。

3.5.2 技術的戦略

(a) サポート，インフィル，サブ・システムの分離

オープン・ビルディングの第一の技術的戦略は，20世紀の建築研究・建築技術・建築政策・建築思想を特徴づけている，建築システム全体の調和と集約的なデザイン・コントロールとは逆への方向へ向かっています。サブ・システムのもつれを解き，レベルごとに統合しようとしても，コンクリートに埋め込まれた配管・固定されたプレファブ生産の壁パネル・束になって壁に押し込まれた電気配線が，システムデザイン・工事・アップグレードを妨げているのだ，とオープンビルディングは主張します。単に技術の適用を考えてみても，レベルを跨って集約的にコントロールすることによる副作用として，住戸レベルの判断が建物レベルの判断と同時に行われます。従来の建築プロセスでは，そのような場合にはより高いレベルの意思決定が優先されることになっています。

オープン・ビルディングの専門家は，集合住宅における仕事と責任の範囲，システムのデザインと配置に際してコントロールすべき部品を区分します。区分は，様々なレベルの集合体(都市，近隣，集合住宅の所有者，分譲マン

ションの管理組合や共同組合など)と，個人レベルの居住者に対して行われます。

サポートとインフィルは，共に，非常に多くの技術的サブ・システムから成り立っています。例えば，サポートにおける外壁は，部品と材料の独立した集合体であり，高度なレベルで計画された「部品キット」(これまで存在しているもので言えばプレファブ・サン・ルームやカーテン・ウォール・システムなど)であるといえるでしょう。将来的にニーズや要求を満たすための変更が必要になった場合でも，技術的に優れたサブ・システムを採用していれば，中央集権的にコントロールされた従来の「一体的」建物よりも，住民に対する影響がより少ない中でサポートの機能を高めることができます。同様に，インフィル・システムにおいても，迅速な設置と交換ができるように上手く計画された場合には，間仕切壁・棚・設備などの部品群は独立したサブ・システムとして機能し，最小限のもつれが生じるだけで済むでしょう。

(b) サブ・システムのもつれを解く

オープン・ビルディングは，サブ・システム間のインターフェイスと相互依存を最小限にします。従来の建築方式とは異なり，各システムには配置のための特定のゾーンとルールが与えられています。サブ・システムを再整理することによって，構造部品の間を通り抜ける床や壁の中の配管・配線・ダクトが複雑にからみあい混然と交わりあうことを避けられます。さらに，従来の住宅現場でよくみられた業者間の衝突を避けることができます。サブ・システムのもつれを解くことによって，建築時の部品取付け作業や，将来の修繕・取り替え作業が合理化されます。各部品と配管が前もって指定された場所に取り付けられることによって，見積り作業はより簡略化し正確になります。将来の再生プロセスのための根拠のない推測はなくなります。上手くコーディネートされたインフィル・システムでは，現場内で作業する複数の業者の代わりに，専門的に訓練されたたった一つの施工業者による工事が行われるようになります。

（c）自由な組み立てと分解のための生産とデザイン

多くの消費者志向の生産では，工業製品の機能の有効利用によって生じる利点が良く理解されています。住宅産業では，その潜在的な能力が依然使われていないままです。異なるメーカー製品に互換性を持たせるための住宅用サブ・システムの基準づくりは，必要に迫られてはいるものの未だ発展途上にあります。オープン・ビルディングは，基準をつくるための合理的な手法を提供します。そして，柔軟性に欠けるインターフェイスしかもたない製品によって生じる寸法上・性能基準上の非互換性を取り除きます。

「カチッと嵌める」部品開発は，住宅産業に大いに利益をもたらすでしょう。高度な互換性を備えた「汎用性がある」製品には，高い再利用価値が生まれます。高い効率性・コスト削減・サステイナビリティを備えた組立部品は，再利用による高い付加価値に加えて，専門家の手をほとんど借りることなく安全に部品を取りはずしたり組み合わせたりする自由を利用者へ与えるのです。

3.5.3　開発戦略

（a）資産価値の増加とリスクの軽減

急速な共有部品の劣化と現場のコスト管理の欠如は，住宅プロジェクトの足を引っ張る根本的な非効率要因となっています。

住宅デベロッパーは，長期的リスクと短期的リスクの両方をコントロールしようと多大な努力を払ってきました。デベロッパーの目的は，リスクを抑えるべくコントロールすると同時に，現在の投資の将来価値を守り高めることです。しかしながら，努力をしていても，住宅は老朽化し，高額の修繕費や改修費が必要となります。多くの国と市場において問題なのは，建物の長期的な劣化の影響を柔らげることにほとんど着目せず，短期的投資を促すインセンティブ制度の歴史を積み重ねてきていることです。建物の共有部分は，10年以内に壊れたり再工事が必要になることが時々あります。実際，通常は，建築後20年以内に再工事が行われています。

インフィルをサポートから分離することによって効率が上昇します。熟練工が不足し，良質の建築に対する市場需要が高い時期には，特に大規模なプ

ロジェクトにとって良い投資戦略となります。居住者が自分の好きなように自分の住戸をカスタマイズすることが目標ではないときでも，レベルごとに建築を分離することによって，建築プロセスの管理効率は高まり，現場の人件費は削減され，質は向上します。反対に，大型で複雑な集合住宅プロジェクトをある一つのレベルで集中的にコントロールすると，建築プロセスはより複雑になり，コーディネーション・コストが上昇し，質を保つのが難しくなり，決定を遅らせることによって本来得られるはずであった評価価値の上昇が失われます。

(b) 投資判断の先送り

従来のやり方では，住宅デベロッパーとマーケティング・コンサルタントは，正確にコストを推測しようとして，プロジェクトの見積もりを始める前に住戸の間取りの設計とオプションの決定を行うことを要求します。この要求は，最後の住戸の借り手が決まる時期や住戸販売完了時期の数年前に一般的には行われます。これまでの開発では，決定を後のフェーズへ送ることは困難だと思われていました。しかしながら実は，多様な住戸間取りの選択肢を持ち得る受容能力があるサポートの価値を評価し，住戸などへの最終的な投資判断をできる限り長く先送りすることによって，デベロッパーは大いに利益を得ることになるのです。

(c) 集合住宅開発のための条件の向上

日本では，つくば方式のような先進的試みを行って，持ち家の取得や土地の購入のための莫大なコストや意欲の減退に対応しています。土地取得問題への対応としては「二段階住宅供給方式」があります。この日本の試みでは，オープン・ビルディングの目的は，土地所有権の新しい形式を築き上げること，及び，家族が集合住宅に長く住み続けられること，にあります。居住者の生活習慣やライフ・サイクルに応じて変更が可能となるように住戸は設計され，これによって上記の目的を達成しようとする有効な実施例です。

3.5.4 組織的戦略

(a) もつれの解放とコントロールの分配

大型開発や大規模建築プロジェクトにおいて，たった一つの主体が，効率的に，また，コストを最小限にして，すべての作業を実行することは通常不可能です。様々な下請け業者が共同作業に日々加わっていることから，下請けの競争入札が一般的にコストダウンに役立つとされています。とはいえ通常のやり方で作業分担を配分するのは非常に難しいことです。それ故に，優れたコンストラクション・マネージメントが非常に重要となります。オープン・ビルディング・プロジェクトでは，管理と責任を合理的に分配することによって対立と混乱が減少します。

3.5.5 市場と戦略

(a) 工業化による消費者重視の供給

自動車・音響機器・コンピュータ・家具などは，そのすべてが国際的な消費文化を反映しています。流通範囲の広さ，高品質，システマティックな多様性，競争的選択肢を効率的に成立させるために，これらの消費財は工業生産を大いに利用しています。

住宅市場の次の中心商品として，住宅用インフィル・システムが登場しようとしています。今世紀の工業化と住宅供給との関係は緊密ではなかったため，インフィル・システムを世に送り出すことができていませんでした。あらゆる国で，民間・公共を問わず，時折この状況の改善を試みてきました。例えば，供給の質と量の向上に役立つ住宅「ユニット」の工業化などです。しかし全体としてみると，住宅産業は，他の産業では既に一般的となっている様々な先端的生産技術に長い間抵抗をしてきました。

住宅供給のメカニズムは，技術的・社会的・組織的にみて複雑です。インフィル・システムが最も発達してきたオフィスビルよりも，はるかに住宅は複雑です。住宅の複雑さは研究施設や病院の複雑さに匹敵します。住宅の複雑さは多くの条件に起因しています。即ち，住居に対する好み，地域の特徴，

建築法規と伝統，労働力の社会的構成，各戸に供給されるサービス・システムの技術的問題，予測がつかない不動産投資の変動などです。

住宅は今でも地域特有の方法で建築されていますが，一方で，デザイン・様式・製品や技術については専門的・国際的な流行に影響を受けるようになってきています。住宅は非常に図体の大きな消費者志向の生活必需品です。しかし同時に，住宅は共有の社会資産でもあります。この根元的な二重性は，ハブラーケンが初めてサポートの概念を提唱した30年以上前の時点で認識されていました。住宅が他の工業製品が達成した消費者志向の実現を果たせなかったのは，その二重性にも原因があります。

完全な消費者選択を提供することに代わる案は，限定的なオプションの提供です。例えば，最小限の選択肢を用意した間取りのシリーズを設計開発することなどです。シリーズの「モデル」は，様々な住み手のニーズや好みが広い範囲へ長期的に変化していくことに対して適応することが期待されます。最適なモデルを導き出すには多大な時間が必要です。加えて，プロジェクトが市場に出るときに，一つのモデルまたは半ダースのモデルが本当にすべての住み手に適応する可能性は極めて低いでしょう。市場の需要・人口統計・ライフスタイルが時と共に変化するにつれて，また世代が変化するにつれて，用意されたモデルは明らかに時代遅れになっていきます。従来の集合住宅の建築方法には，入居者は他人による他人のための配置を入居以降我慢しなくてはいけない，という仮定が根底に存在しています。従来の方法による最善の住宅は，設計者・所有者・居住者間の皆が不満を残したままの妥協の産物なのです。

3.5.6 環境とサステイナビリティのための戦略

(a) 建築の長寿命化

オープン・ビルディング・プロジェクトは変化を考慮してデザインされているので，時代遅れになった住宅ストックを効率的かつ居住者の好みに応じて改造することが可能です。また，建物の一部の部品や住戸が老朽化しただけで，実際は大部分が老朽化していない建物全体を壊して建て替える，という

事態を防ぎます。

(b) 変化への対応

時間が経過する間に，建物は，様々な利用者に生活空間を提供することになります。また，ライフサイクル中のある一定の時期になると，集合住宅は居住者の大きな入れ替わりを経験することになります。好みの変化や技術的要求の変化への対応は，各住戸のメイン・システムが独立して機能しながらサブ・システムが交換可能である場合に，最も容易になります。

(c) 多様性

長い間に住戸が多様になっていくことは，サステイナブルな建築環境の歴史上の特徴です。反対に，従来の集合住宅のつくり方では，当面の間の住宅市場に対応できる範囲内で住戸プランのバリエーション数を最小限にし，建物をコンクリートで固める結果，技術的なもつれでかんじがらめになります。住宅産業は未だ社会的に複雑な中高層住宅を可変にする方法を確立していないため，インフィルは全体として固定されるように設計されています。各々の住戸タイプの構成・プラニング・配置を予め決めておく設計手法は，デザイン・最適化・ファイナンス・技術・工事についてはより容易にしますが，住戸構成や間取りのちょっとした変更は難しくなります。

画一性と硬直性は，サブ・システムの工業化によって生じるのではありません。むしろ大規模な住宅供給業者の中央集約化された組織構造によるものです。オープン・ビルディングは，抽象的な「市場」を成立させることを目的としている(または，画一的な空間や設備基準に合致する)のではなく，実際の住民1人1人による住民のためのデザインを可能にするのです。結果として，住宅の型・収入・世帯構成の多様性が生じ，完結した建築を実現します。

(d) 長期的要素と短期的要素

建物の長期的な質と物理的部品群は，多くの場合，長期的な社会的価値と社会への投資と等価です。また，都市のサステイナビリティと環境の一貫性

に貢献します。短期的には物理的部品は具体的に個々の価値を表しています。短期的な部品群は，個人またはグループの好み・関心・お金の使い方を反映します。短期的投資という名が示す通り，直ぐに消耗し頻繁に改修が必要となる部品です。「使い捨て文化」の世の中におけるサステイナビリティの実現は，建築部品やシステムの寿命の相対性を理解することから始まります。

3.5.7 調整の戦略

(a) 影響と対立の最小化

ブランク・オープン・ビルディングの調整手法は基本的な原則と考え方に基づいています。建物の変更への対応能力は，技術上・工事上・社会上の管理体系と依存度に拠ります。例えば，ある建物の室内の耐力壁は下階の壁か柱に依存しています。当然，真下の壁は移動できません。工事上の優先順位を考えると，現場打ち込みコンジットと電気ボックスはコンクリートが打設される前にすべて設置されていなければなりません。社会上の体系を考えると，建物全体で共用している暖房管が個人の住戸を通る場合，建物の運営者は管に近づく権利を保持する必要があります。分譲マンションにおいては，複数の住戸用の電線が内装間仕切壁の内部を通る場合，該当する壁に釘の打ち付けやボルトのねじ込みは禁止する旨を法規上で規定しておくのが賢明です。

技術上・工事上・社会上の上記3例すべてにおいて，埋め込み式の技術は建物の一生に亘って居住者の自由を制限します。連続する建築構造，床や壁を貫通する管やコンジット，隙間がある床といったような技術が集合住宅に持ち込まれると制限はますます増大します。結果として，3領域すべての面での調整やインター・フェイスが課題となります。

オープン・ビルディングは，特定のレベルやレベルを跨って影響が生じるコントロール領域の望まれない「はみ出し」を最小化すると同時に，調整の対立を最小化します。隣接した居住者間の影響を最小化することにより，個々の住戸の新設や改修は，サポートとの自分の住戸だけに工事の影響を留めることになります。住戸内のサブ・システム間相互の影響の更なる軽減を図るためには，適切な手順の確立，モジュラー・コーディネーション，インター

フェイス・ルールの採用が必要です。

　住戸内やサポート・レベルにおける多数の業者や利害関係者の対立を最小化するためには，物流管理・工事順序・作業範囲の定義が合理的でなければなりません。資材は決まった時間に現場に届かなくてはなりません。その資材は，作業種類を上手く統合して最小限の数にした業者と職人によって容易に組み立てられるものでなくてはなりません。結果として工事業者が現場に訪れる回数は最小限になります。階単位よりむしろサポート単位で一度に一つの住戸を工事するチームを構成し，プロジェクトの人員を減らすことによって，物流問題の発生も防ぎます。特に，ある住戸のインフィルの変更のためにすべての業者を呼び寄せることになるのを防ぐことができます。

3.6 まとめ

　第1編で述べたオープン・ビルディングの概要は，オープン・ビルディングの考え方への入門です。より詳しく知りたい方のための文献リストを編末に掲載しました。

　オープン・ビルディングの歴史・理論・研究・実践は多様化し進化し続けています。住宅用のオープン・ビルディングは，様々な研究分野から集めた多様な成果によるもので，画一化した原則・信念・目標・技術の集約ではありません。とはいえ，様々な理由で世界中の住宅の構造は類似した方法で建築されています。ここまでは，オープン・ビルディングの実行者間に実際に存在する目標・アプローチ・手法・戦略に共通する事柄の概要を説明してきました。

　第2編では，住宅用のオープン・ビルディングの過去35年以上に亘る重要かつ画期的な試みとして示すべきケース・スタディーの数々を紹介します。

―― 注 ――

1. SAR の歴史と実用的な住宅研究における役割については SAR から 1999 年秋に出版されました。 Bosma K.(ed), van Hoogstraten, D. and Vos, M. *Housing for the millions : John Habmken and the SAR 1960–2000*, NAi Publishers, Rotterdam.
2. 最も初期のコンピュータによる住宅デザインの1つであるサポート・デザインのためのコンピュータ・ツールの予備的な開発は，SAR によるプロジェクトです。) Gross, 1998)
3. プロジェクトに付けられた日本語名'ユーメイク'は，"you make"(あなた自身で)，"yume"(夢)，"iku/ikiru"(育ち，生きる)という複数の意味を含んでいます。
4. 現在の S/I プロジェクトの大半ではサポートをつくる公共機関がインフィルも供給してきました。
5. アメリカ合衆国では，公共住宅の介在は住宅総生産の中で常に比較的小さい割合でした。
6. レベルに関するさらに詳細な議論については，ハブラーケン(1998)を参照のこと。)
7. SAR 65 は，提案されたデザインを受容能力に換算してシステマティックに評価する方法を提示しました。後に，ハブラーケンらによって実践のための詳細な検討が加えられました。(1976)
Variations : The Systematic Design of Supports. Habraken's Tools of the Trade : Thematic Aspects of Designing (1996) 機能と受容能力の区別をはっきりさせます。)

―― 参考文献 ――

■基本文献

・Bosma, K. (ed) van Hoogstraten, D. and Vos, M. (1999) *Housing for the Millions John Habraken and the SAR, 1960–2000*. NAi, Rotterdam.
・Carp, J. (1985) *Keyenburg : A Pilot Project*. Stichting Architecten Research, Eindhoven.
・Dluhosch, E. (principal researcher) (1976) IF (*Industrialization Forum*) ; *Systems Construction Analysis Research*. Published jointly at Montreal, Harvard, MIT and Washington University. 7 no. 1.
・Habraken, N. J. (1999) *Supports*. Second English Edition, (ed J. Teicher) Urban International Press, London.
・Hamdi, N. (1991) *Housing Without Houses : Participation, Flexibility, Enablement*. Van Nostrand Reinhold, New York.
・Kendall, S. (ed).(1987) Changing Patterns in Japanese Housing. Special issue, *Open House International*. 12 no. 2.

- Proveniers, A. and Fassbinder, H. (n. d.) *New Wave in Building : A flexible way of design, construction and real estate management*. Eindhoven University of Technology, Maastricht, Netherlands.
- Turner, J. F. C. (1972) Supports and Detachable Units. Special Edition, 都市住宅, 9月号
- Turner, J. F. C. (1979) Open Housing. Special Edition, 都市住宅, 1月号
- van der Werf, F. (1980) Molenvliet-Wilgendonk : Experimental Housing Project, Papendrecht, The Netherlands. *The Harvard Architectural Review*. 1 Spring.
- Wilkinson, N. (ed).(1976-present) *Open House International*. London.

■应用的文献
- Andrade, J., Santa Maria, R. and Govela, A. (1978) Transformacion de un Entorno Urbano : Santa Ursula 1950-1977. *Architecturay Sociedad*. 1 no. 1.
- Bakhtin, M. M. (1981) *The Dialogic Imagination :Four Essays by M. M. Bakhtin*. (ed M. Holquist, and trans C. Emerson and M. Holquist) University of Texas Press, Austin, Texas.
- Beisi, J. and Wong, W. (1998) *Adaptable Housing Design*. Southeast University Press, Nanjing.
- Brand, S. (1994) *How Buildings Learn : What happens after they're built*. Viking, New York.
- Cuperus, Y. and Kapteijns, J. (1993) Open Building Strategies in Post War Housing Estates. *Open House International*. 18 no. 2. pp. 3-14.
- Fukao, S. (1987) Century Housing System : Background and Status Report. *Open House International*. 12 no. 2. pp. 30-37.
- Gann, D. (1999) *Flexibility and Choice in Housing*. Policy Press, UK.
- Gross, M. (1998) Computer-Aided Design. *The Encyclopedia of Housing* (ed Van Vliet) Sage, Thousand Oaks, Calif.
- Habraken, N. J. (1964) The Tissue of the Town :Some Suggestions for Further Scrutiny. *Forum*. XVIII no. 1. pp. 23-27.
- Habraken, N. J. (1964) Quality and Quantity :the Industrialization of Housing. *Forum*. XVIII no. 2. pp. 1-22.
- Habraken, N. J. (1968) Housing-The Act of Dwelling. *The Architect's Journal*. May. pp. 1187-1192.
- Habraken, N. J. (1968/69) Supports : Responsibilities and Possibilities. *The Architectural Association Quarterly*. Winter, pp. 29-31.
- Habraken, N. J. (1970) *Three R's for Housing*. Scheltema en Holkema, Amsterdam.
- Habraken, N. J. (1972) Involving People in the Housing Process. *RIBA Journal*. November.
- Habraken, N. J. (1971) You Can't Design the Ordinary. *Architectural Design*. April.
- Habraken, N. J. (with Boekholt, Thyssen and Dinjens). (1976) *Variations : The Systematic Design of Supports*. MIT Press, Cambridge, Mass.

- Habraken, N. J. (1980) The Leaves and the Flowers. VIA, *Culture and Social Vision*. MIT Press, Cambridge, Mass.
- Habraken, N. J. (1986) Towards a New Professional Role *Design Studies*, 7no. 3. pp. 139-143.
- Habraken, N. J. (1988) *Transformations of the Site*. Awater Press, Cambridge, Mass.
- Habraken, N. J. (1994) Cultivating the Field : About an Attitude when Making Ardhitecture. *Places*. 9no. 1. pp. 8-21.
- Habraken, N. J. (1996) Tools of the Trade. Unpublished lecture, MIT Department of Architecture.
- Habraken, N. J. (1998) *The Structure of the Ordinary : Form and Control in the Built Environment*. (ed J. Teicher)MIT Press, Cambridge, Mass.
- Habraken, N. J. with Aldrete-Haas, J. A., Chow, R., Hille, T., Krugmeier, P., Lampkin, M., Mallows, A., Mignucci, A., Takase, Y., Weller, K., and Yokouchi, T. (1981) *The Grunsfeld Variations : A Demonstration Project on the Coordination of a Design Team in Urban Design*. MIT Laboratory for Architecture and Planning, Cambridge, Mass.
- Hasegawa, A. (ed).(1994) Next21. Special issue (特別版) SD (*Space Design*) 25.
- Herbert, G. (1984) *The Dream of the Factory-Made House : Walter Gropius and Konrad Wachsmann*. MIT Press, Cambridge, Mass.
- Kendall, S. H. (1986) The Netherlands : Distinguishing Support and Infill. *Architecture*. October. pp. 90-94.
- Kendall, S. H. (1988) Management Lessons in Housing Variety. *Journal of Property Management*. September/October. pp. 22-27.
- Kendall, S. H. (1990) Shell/Infill : A Technical Study of a New Strategy for 2 × 4 Housebuilding. *Open House International*, 15 no. 1. pp. 13-19.
- Kendall, S. H. (1993) (with Macfadyen, D.) Marketing and Cost Deferral Benefits of Just-in-Time *Units*. Units. March. pp. 37-41.
- Kendall, S. H. (1993) Open Stock. *The Construction Specifier*. May. pp. 110-118.
- Kendall, S. H. (1993) Open Building : Technology Serving Households. *Progressive Architecture*. November. pp. 95-98.
- Kendall, S. H. (1994) The Entangled American House. *Blueprints*. 12 no. 1. pp. 2-7.
- Kendall, S. H. (1995) Developments Toward Open Building in Japan. Silver Spring. Md.
- Kendall, S. H. (1996) Open Building : A New Multifamily Housing Paradigm *Urban Land*. November. p. 23.
- Kendall, S. H. (1996) Europe's Matura Infill System Quickly Routes Utilities for Custom Remodeling. *Automated Builder*. May. pp. 16-18.
- Lahdenperä, P. (1998) *The inevitable change : Why and how to modify the operational Modes of the construction industry for the common good*. The Finnish Building Center, Helsinki.

参考文献

- Pehnt, W. (1987) *Lucien Kroll : Buildings and Projects*. Rizzoli, New York.
- Tatsumi, K. and Takada, M. (1987) Two Step Housing System. Changing Patterns in Japanese Housing (ed s. Kendall$pecial issue, *Open House International*. 12 no. 2. pp. 20-29.
- Tiuri, U. (1998) Characteristics of Open Building in Experimental Housing. *Proceedings/Open Building Workshop and Symposium*. (ed S. Kendall). CIB Report Publication 221, Rotterdam.
- Trapman, J. (1957) Tall Constructions in Oblong Blocks. Bouw. March 15. Also (1964) *Forum. 4*.
- Turner, J. F. C. (1977) *Housing by People : Towards Autonomy in Building Environments*. New York : Panthenon Books.
- 内田祥哉 (1977) 建築生産のオープン・システム, 彰国社, 東京.
- 内田祥哉 (1994) Aiming for a Flexible Architecture, (フレキシブル・アーキテクチャーを目指して) GA Japan 06. 1月-2月号.
- 内田祥哉. 巽和夫. 近角真一. 深尾精一. 高田光雄. (1994) 大阪ガス. (実験住宅 Next21), GA Japan 06.
- 内田祥哉. 巽和夫. 近角真一. 深尾精一. 高田光雄. (1994) Next21. Special Issue (特別版), SD (Space Design) no. 25.
- Ventre, F. T. (1982) Building in Eclipse, Architecture in Secession. (分業型の中で没落する建築様式の建物) *Progressive Architecture*. 12 no. 82. pp. 58-61.
- Vreedenburgh, E. (ed). (1992) *Entangled Building* …? Werkgroep OBOM, Delft.
- Yagi, K. (ed) (1993) Renovation by Open Building System. (オープン・ビルディング・システムによる再生) *Process Architecture 112 : Collective Housing in Holland*. September.

第2編

歴史に残る
オープン・ビルディング・
プロジェクト

4 ケース・スタディ

1966	Neuwil	68
1974	Maison Médicale student housing 'La Mémé'	71
1976	Dwelling of Tomorrow/Hollabrunn	75
1977	Beverwaard Urban District	79
1977	Sterrenburg Ⅲ	81
1977	Papendrecht	84
1979	PSSHAK/Adelaide Road	89
1979	Hasselderveld	93
1983	エステート鶴牧とタウンエステート鶴牧	97
1984	Keyenburg	101
1985	フリー・プラン賃貸	105
1987	Support Housing, 無錫	108
1989	千里ニュータウン猪子谷 二段階供給方式	111
1990	Patrimoniums Woningen/Voorburg Renovation Project	114
1991	'Davidsboden' Apartments	117
1993	グリーンビレッジ宇津木台	120
1994	Banner Building	123
1994	Next21	127
1994	Pipe-Stairwell Adaptable Housing	131
1995	VVO/Laivalahdenkaari	134
1996	Gespleten Hendrik Noord	137
1996	つくば方式	141
1997	兵庫センチュリー・ハウジング・プロジェクト	145
1998	吉田次世代住宅プロジェクト	148
1998	The Pelgromhof	151
1998	住宅都市整備公団KSI 98実験プロジェクト	156

1966　Neuwil

SwitzerLand(スイス),Wohlen(ホルン)

図4.1　(写真提供：Roger Kaysel)

建築家：Metron Architect Group
所有者：Housing cooperative
住　戸：賃貸49戸
サポート：8階建 コンクリート床・柱＋据付階段・浴室・台所
インフィル：着脱可能な間仕切壁

　この8階建ての集合住宅は,内部空間の「柔軟な」間仕切りが可能な49戸の賃貸住戸で構成されています。住戸サイズは1種類に統一され,階段・台所・浴室の大きさと位置や部品も全く同じものが用いられています。すべての住戸開口は東西方向に向いています。

　住戸には共用中廊下からアクセスします。各住戸の浴室と台所は,住戸中央に位置し,外部からの光や空気と遮断されています。ファサードに面した内部スペースは同じ広さで作られており,全く同一のバルコニーが付属しています。住戸開口が東西方向を向いていることにより,住戸内のサニタリー・コアを挟んだ前・後部の室内双方に十分な日差しが差し込みます。空間の質・大きさ・日照条件が全く同じであるため,居間は東西どちら側にでも配置することができます。

住戸内の空間配置は，住民自身が決めて住民の好みによって変えることができます。5種類のパーティション・パネルを30cmモデュールのグリッド上に配置して空間を区画できるように設計されています。5種類の石膏ボード・パネルはすべて，全居住者が利用可能な建物内の共用スペースで保管されています。パネルは60cm幅あるいは90cm幅で作られ，軽量で容易に持ち運びができます。このような仕組みを居住者が理解し易いように，わかりやすい図や絵で解説した「私の住まいは私の城(*My Flat is My Castle*)」という3冊から成るユーザー・マニュアルを建築家が用意しました。

第一巻 自分の城を捜し求めている家族の歴史

この巻では，この建物に10年以上居住しているという設定の家族のニーズの変化と住戸内プランの変化について述べています。文章，スケッチ，住戸内の写真で構成されています。

第二巻 間取り作成ガイド

第二巻では，壁の部品とその組立方法，コスト・管理の戦略について住民へ紹介しています。

第三巻 間取り例

間取りのサンプルを示して空間を分割する可能性の広がりを図解しています。それぞれのサンプルには，家族と空間機能の特徴に関する短いコメントが付いています。CADによって描かれた間取り図中の太線がサポートの位置を示しています。住民はサポートについては動かしたり手を加えたりすることはできません。細線は家具と可動間仕切壁を表現しています。また，点線は壁の設置可能位置を示しています。

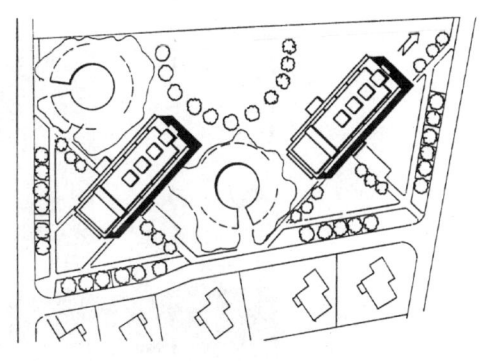

図4.2 配置図(Hans Rusterholz, Alexander Hensによる)(図面提供：Metron Architects)

4 ケース・スタディ

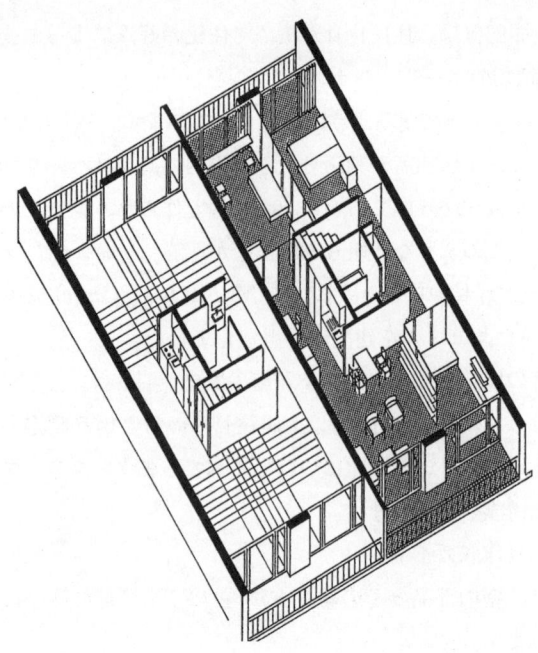

図 4.3 配置を自由に変更できる間仕切壁の例(Hans Rusterholz, Alexander Hens による)
(図面提供：Metron Architects)

図 4.4 間仕切壁を取り付る居住者(写真提供：Metron Architects)

1974 Maison Médicale student housing 'La Mémé'
Belgium(ベルギー), Brussels(ブリュッセル), Catholic University of Louvain

図4.5 （写真提供：the Office of Lucien Kroll）

建築家： Atelier d'Urbanisme, d'Architecture et d'Informatique Lucien Kroll
所有者： Catholic University of Louvain
住　戸： 20戸の住戸，60室のスタジオ，200室の一人暮らし学生用の部屋，200室の一人部屋を複数配置した住戸，18部屋で構成されるコミュニティハウス6棟，共用空間
サポート：コンクリート床・柱＋着脱可能なカーテン・ウォールのファサード＋コンクリート床の中の電気ケーブルと配管
インフィル：着脱可能な壁

　この学生寮は，Lucien Kroll(ルシアン・クロール)によって設計された40,000 m^2 を超える複合施設の一部です。複合施設プロジェクト全体には，既婚学生寮，宗教施設，レストラン，小学校，劇場，地下鉄の駅が含まれています。ルヴェン・カソリック大学が医学系施設をルヴェンからブリュッセルに動かすことに決めたときに，学生達と学生組織「La Maison Médicale」は，クロールのオフィスを計画へと引き込みました。クロールと彼のチームは，クライアントと住民の直接参加による共用ゾーンの設計を行うために招かれ

たのでした。建築家は，住戸同志の違いを最大限にし，反復を避け，*genivs loci*(地区の活力)を残すように努めました。

　高度に計画が練られ，モデュラー・コーディネーションが実行された平面計画と，ファサードの無秩序な外観との矛盾は，見る人に戸惑いを与えます。平面計画と外観はSARの10/20 cm「タータン・チェック」グリッドを用いて完全に調和しています。構造耐力要素と固定される設備は20cm幅の中に配置されます。パーティションその他の着脱可能な部品は10cm幅に取り付けられます。構造には，90cmの倍数のピッチで配置された「wandering columns(気まぐれな柱)」で支えられているフラット・スラブ構造を採用しています。柱はファサードから離して配置されており，ファサードは構造要素から自由な状態になっています。ルシアン・クロールは，柱について「端部でお互いに支え合う正方形もしくは長方形の傘のモザイク」で構成されていて，規則的な柱が調和を，不規則な柱が想像を刺激するのだ，と語っています。電気配線・配管・暖房用管が(少し厚めに寸法設定された)スラブの中に設置されています。構造部が長い寿命を想定して建設されるのに対して，インフィルには周期的な更新あるいは再配置が必要になると予想されます。したがって，インフィルは着脱可能な工業製品が採用されています。

　可動性のパーティションは，断熱され，支柱がなくても自立するように岩綿に釘打ちした石膏ボード・シートで作られています。コンクリート製の天井は平滑であり，パーティションを容易に取り付けることができます。ジャッキが天井に突っ張ってパネルを支える仕組みを用いることによって，工事業者に頼らずに居住者が組み立てたり再配置することができます。窓は，窓枠も含め30cmの基本モデュールに従ってサイズが決められています。窓枠は，部品個々のアイデンティティーを強調するために様々な色が塗られています。サニタリーと台所は，サポートの一部としてまとめて設置されています。

4 ケース・スタディ

図 4.6 (写真提供：the Office of Lucien Kroll)

図 4.7 ファサード(写真提供：the Office of Lucien Kroll)

4 ケース・スタディ

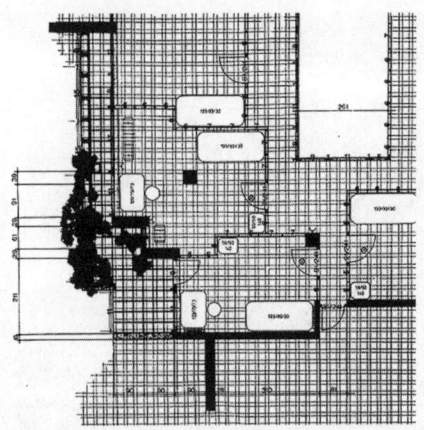

図 4.8 10/20 cm の SAR グリットを用いた平面計画（図面提供：the Office of Lucien Kroll）

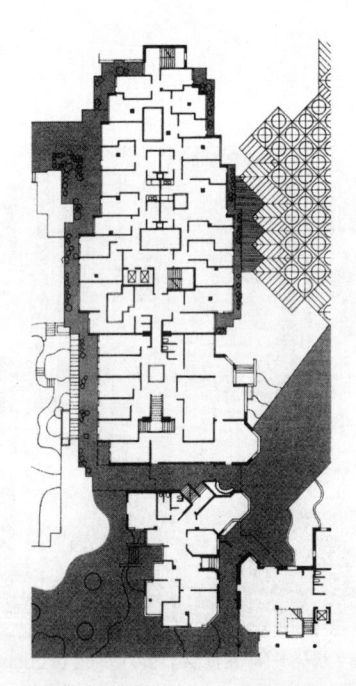

図 4.9 配置図（図面提供：the Office of Lucien Kroll）

1976 Dwelling of Tomorrow

Austria(オーストリア), Hollabrunn(ホラブルン)

図4.10 (写真提供:the Office of Architect Professor Ottokar Uhl)

建築家: Dirisamer, Kuzmich, Uhl, Voss, Weber
所有者: Non-profit Housing Association
住　戸: 70戸
サポート: (提案コンペの条件であった)コンクリート・パネル・システム
インフィル:在来インテリア構法

　この「Dwelling of Tomorrow(明日の住宅)」コンペ案は,1971年にAustrian Ministry of Housing and Technology(オーストリア住宅技術省)によって一等賞を与えられました。プロジェクトは1976年に完了しました。計画,デザイン,工事,プロジェクト実行の各プロセスを効率化するために,オープン・ビルディングの手法が用いられました。更に,主体間の伝統的な役割分担を再定義してコミュニケーションを促進するために,SARの方法論が用いられました。このプロジェクトの関係者の中には政治家,金融業者,専門家が含まれており,居住者と共にすべての段階でプロジェクトに参加しました。
　それまでは一般的ではなかった多くの条件がこのプロジェクトのために設定されました。内容は以下の通りです。

1. なるべく遅い決定を可能にすること―居住者は決定するための時間が必要です。；将来の変化が可能でなければなりません。；住戸サイズは時間が経過する間に変化できなければなりません。
2. 新しいタイプの販売・レンタル契約は，住戸の広さと場所を規定していますが，住戸内の間取りは規定しません。
3. 居住予定者がプロセスに参加するための前提条件として，個々の賃貸入居者がコストを算出する方法が確立されました。
4. 間取り計画のバリエーションの検討と情報案内・相談会が，工事と設備の選択のために必要でした。
5. 居住者は計画に参加してデザイナーに指示をする権利を持っていました。
6. 共同運営：居住者参加はプロジェクトの完成で終わるわけではありません。居住者は，集合住宅のマネージメント・コントロールを行う権利を保持し続けます。

居住者参加は，プロジェクトの最初から始まりました。居住者，建築家，住宅協会（Housing Association）の代表者が集まって，定例ミーティングが開催されました。ミーティングが続いている間はずっと，住戸タイプ・面積・間取りの可能性・支払い・建設スケジュールなどに関する詳細な情報を入居予定の家族は受け取ることができました。家族間での話し合いを支援するために，サポートと垂直方向の配管・配線スペースの位置だけを記入した空白の間取り図が各住戸に配られました。間取り図バリエーションの例が，要求に応じて提供されました。結果として，間取りとファサードはそれぞれの住戸ごとに異なるものとなりました。プロジェクト期間中，各家族がプロジェクト全体と自分の住居との関係を知ることができるように，常にプロジェクトと同時進行で縮小模型がつくられ続けました。

4 ケース・スタディ

図4.11 プロジェクトのスタディ模型
（写真提供：the Office of Architect Professor Ottokar Uhl）

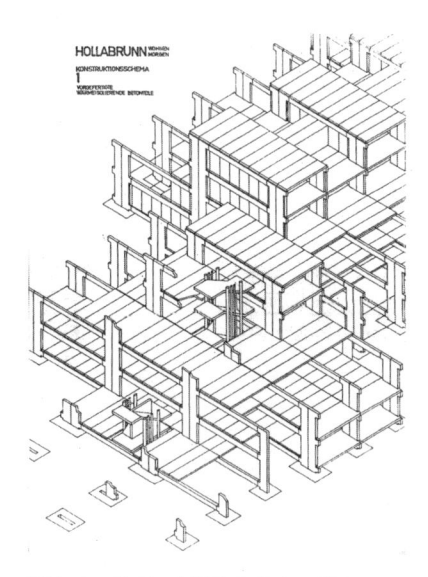

図4.12 サポート構造のダイアグラム
（図面提供：the Office of Architect Professor Ottokar Uhl）

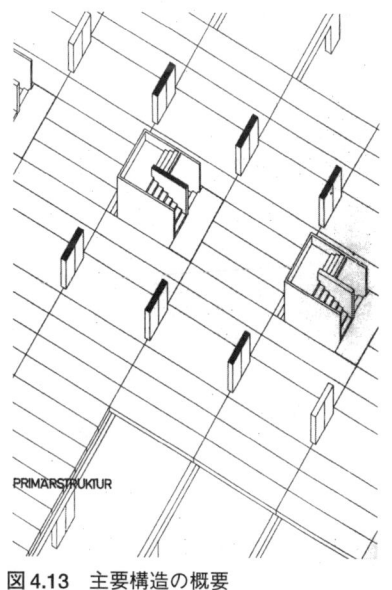

図4.13 主要構造の概要
（図面提供：the Office of Architect Professor Ottokar Uhl）

4 ケース・スタディ

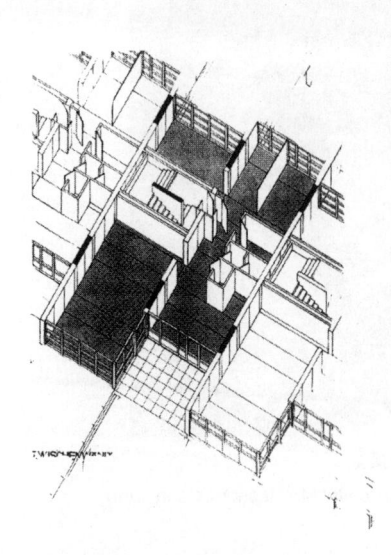

図4.14 サポートの概要
（図面提供：the Office of Architect Professor Ottokar Uhl）

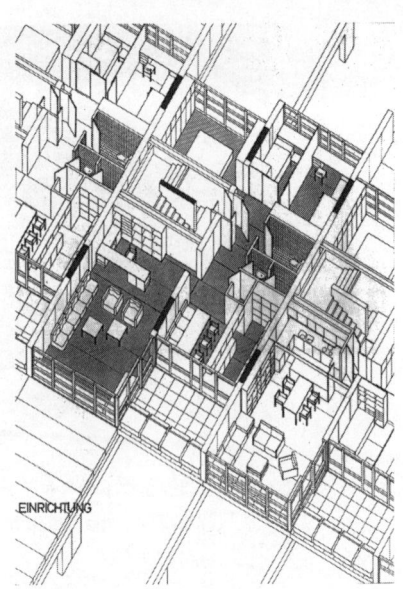

図4.15 数戸分のインフィル
（図面提供：the Office of Architect Professor Ottokar Uhl）

1977 Beverwaard Urban District

Netherlands（オランダ），Rotterdam（ロッテルダム）

建築家： RPHS Architects
住　戸： 5,000戸（約12,000人）

　ロッテルダムの南に位置する157 haの農地の開発は，SAR 73の原則に従って地区計画が行われました。計画は，約5,000戸の住戸，公共関連施設，店舗，オフィスなどを機能とする都心地区の開発でした。様々な主体間の意思決定を調整するために，いくつかの「ティッシュ・モデル」が考案され採用されました。

　社会的交流を促進し，空間と活動との関係を深めることを目的として地区計画はデザインされました。その狙いは，独自性・親密性・安全性といった様々な空間の質に対する多種多様な経験を実現することにありました。ほとんどの住戸を接地させることで，プロジェクトの巨大さによる影響は最小限になりました。すべての住戸は，公―私の関係を規定する詳細な性能仕様書を守り，伝統的な地域特性（テーマ）を取り入れたデザインが行われました。その結果，機能的プログラムではなく，空間計画上の地域特性（テーマ）が都市計画の出発点となりました。

　空間計画上のテーマは，建物とオープン・スペースとの関係を規定することによって土地利用計画レベルで最初に定義されました。その時点で「テーマでない」機能と「テーマである」機能が配置されました。その後で，種々の建物機能（買物エリア，オフィス，学校など）とオープン・スペース機能（駐車場，メイン・サブの道路，公園など）が空間構造の中に分配されました。

　プロジェクトに関係するすべての建築家の仕事を調節し，全体的な一貫性と部分的なバリエーション間のバランスを取るために，基本計画寸法をもったティッシュ（地区）・モデルが開発されました。都市建築の形態を規定している三次元の仕様書が，初めて言葉だけでなく図面として合法的に実現されたのです。多くの建築家達が，その後ティッシュの各部分をデザインしまし

た。ティッシュ・デザインのルールを守りながらも，それぞれのセクションが独自の様式・プログラム・住戸サイズ・特徴・細部を持つことになりました。

完成後のBeverwaardは，大通り・道路・広場・路地・運河・入口・中庭・公園が連続する街区を形成しています。住居・店舗・オフィスなどの一般的な都市機能は，明確には区分されず連続的に形成されたティッシュの中に織り込まれています。

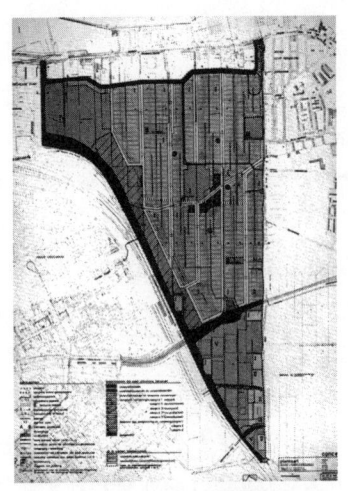

図4.16 ロッテルダム南地区の敷地図
（図面提供：RPHS Architects）

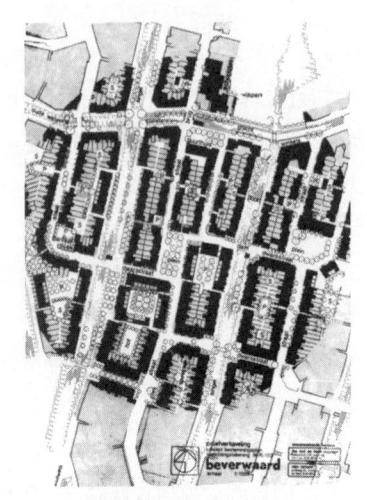

図4.17 配置図：敷地に合致した
ティッシュ・モデル
（図面提供：RPHS Architects）

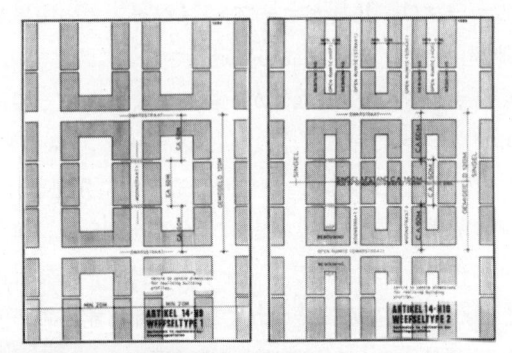

図4.18 街区タイプと寸法ルールが異なる2つのティッシュ・モデル
（図面提供：RPHS Architects）

1977 Sterrenburg Ⅲ

Netherlands(オランダ), dordrecht(ドルトレヒト)

図4.19 (写真提供：De Jong and Van Olphen, Architect)

建築家：De Jong,Van Olphen
所有者：Dordrecht-Zwijindrecht Housing Association
住　戸：402戸
サポート：トンネル・フォームの現場打ちコンクリート，プレファブ木造
　　　　フレーム・ファサード・ユニット
インフィル：Bruynzeel(ブルインゼール)・インフィル・システム

　このプロジェクトは，ハウジング・アソシエーションと2つの自治体などの複数のクライアントの要請によって，居住者参加を最大限に実行することを目的に計画されました。中高層部住戸(121戸)とテラス型長屋建住戸(281戸)の2つのカテゴリーで構成された計402戸の住戸を配置するためのサポートが設計されました。長屋建住戸は更に，陸屋根住戸，切妻屋根住戸，非対称形屋根住戸の3タイプに分けられました。すべての住戸は，幅5.4 m, 奥行き9.6 mという同じ基本寸法で計画されています。
　住棟ブロックを相互に連結させることによって，様々な配置計画が可能となり，様々な輪郭を形成することに繋がりました。また，屋根形態の変化が住戸容積のバリエーションを実現しました。中高層部住戸には互い違いに配

置されたテラス形式で構成される様々なタイプがあります。すべての住戸タイプに対して，内部階段，設備メーター，垂直方向のサービス・シャフト，ファサード面の同寸法の開口という共通のサポート構成がなされています。

　10タイプの間取り計画バリエーションが建築家によってデザインされました。続いて，その内の一つが，基本的な住宅価格を決定するための「基準プラン」として指定されました。間取りが異なる住戸の価格は，増減分を差し引きすることによって計算されました。補助金を決定する役所は，賃貸料の年間払い戻し金額と基準住戸の全コストを算出しました。

　サポートは，設備配管と階段のために一定の大きさで穴を空けられた壁・天井・床・破風・屋根で構成されています。床には，個々の住戸のラジエータ用に取り付けられた配線導管とセントラル・ヒーティング・パイプが埋め込まれた厚いコンクリート層があります。デザイン上・技術上の多くの提案とディテールによって住戸の容易な拡張が可能になっています。スケルトンとインフィルの分離を経済的に成立させたのは，インフィルとコーディネートに対する追加投資と，サポート工事の労務量の削減によるコストダウンとのバランスが取れた結果でした。

　インフィルのための組立キットは，間仕切壁・ドア・浴室・台所・機械設備から構成されています。キットは，木製の間仕切壁枠と枠組み用のコネクター・ブロックと表面パネルで囲われた，プレファブ「部品・キット」です。床下ではなく壁に配線を行わなければならない場所では，露出取付け配電管が使用されました。部品とインターフェイスの互換性を保証するために，モデュラー・コーディネーションが行われました。職人達が現場を何往復も歩き回る「パレード」を回避するため，インフィルの設置を専門とする一つの多能工チームがBruynzeelプロジェクトのために用意されました。

4 ケース・スタディ

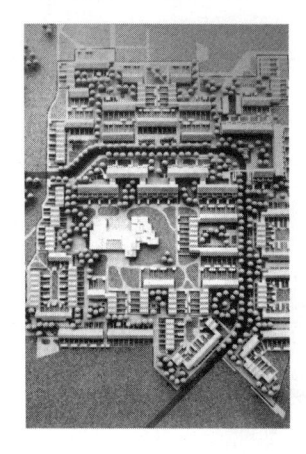

図4.20 プロジェクトの配置模型
（写真提供：De Jong and Van Olphen,Architect）

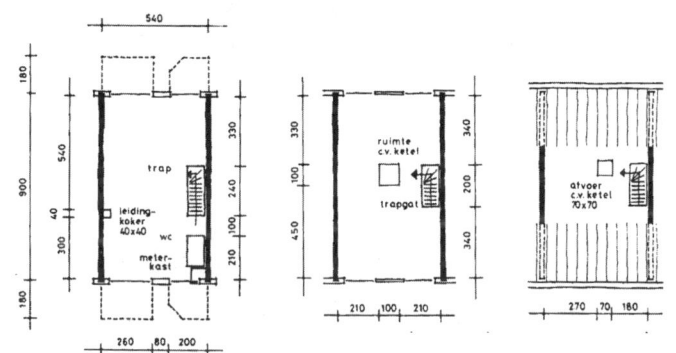

サポートの要素（全279の住戸に共通）

図4.21 サポートの配置（写真提供：De Jong and Van Olphen,Architect）

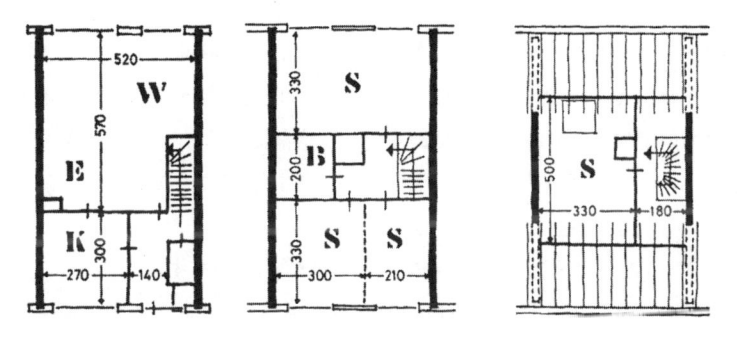

図4.22 住戸のバリエーション（写真提供：De Jong and Van Olphen,Architect）

1977 Papendrecht

Netherlands(オランダ),Molenvliet(モーレンヴリート)

図4.23 (写真提供:John Carp)

建築家:Frans van der werf, Werkgroep KOKON
所有者:Housing Assocation of Papendrecht
住　戸:124戸の賃貸住戸,4つのオフィス・スペース
サポート:垂直方向の設備システムと内部階段のためのスラブ開口部を有するトンネル・フォームの現場打ちコンクリート+部品組立式ファサード
インフィル:オランダ在来インテリア構法

　30戸/haの密度で2,800戸を計画する設計競技で最優秀となったこのプロジェクトは,地区計画・建築計画・参加型の意思決定プロセスの長所を組み合わせたものです。プロジェクトは,全体の都市計画,ティッシュ(地区)計画,サポート,インフィルという4つの環境レベルに整理されています。基本的なデザイン概念の幾つかは,Christopher Alexander(クリストファー・アレグザンダー)のパターン・ラングウェッジに基づいています。
　完成した124戸の住戸は,急傾斜の屋根を持つ2～4階建ての住棟で囲われた中庭に面しています。ほとんどの住戸はどこかの中庭を経由して出入り

します。裏庭とルーフ・テラスは隣接した別の中庭に面しています。すべての庭は車交通に対して閉じられています。

　サポートは，住戸内設備に接続する垂直方向の配線・配管と階段のための穴を空けられた，高品質の現場打ちコンクリートの骨組みから構成されています。住戸設計において変化と可変性を確保するために，サポート部品の位置は一連の受容能力研究を踏まえて決定されました。クレーンによって移動される繰り返し利用可能なトンネル・フォーム鋼製型枠が，現場に置かれて，サポートを建設するのに使用されました。住戸間のコンクリート界壁は規則的に配置され，工事を速く効率的にする一方で，住戸配置の多様さも実現しています。プレファブ化されたファサードの木造骨組みは，木製フレームが連結されて造られている典型的な中世のオランダの運河沿いの建物のファサード形式ですが，サポートの一部として造られています。

　各住戸のインフィルは，必要な床面積を各住戸に割り振った後，即ち，サポートを「分割」した後に決定されました。このプロセスは，以下のように居住者参加を促進しました。簡単なスケッチから最終の図面まで進むまでの幾つかの時点で，それぞれの家族が建築家とミーティングを行いました。居住者が同意の署名をした直後に最終決定が建築図面へと書き直されました。各住戸のインフィルは，間仕切壁・ドア・造作と仕上げ，浴室棚と設備，台所棚と備品，電気設備，クローゼット，ファサードのサポート構造に固定される窓と扉で構成されています。

　プロジェクトは，オランダの都市型住宅の伝統的な要素を多く取り込んでいます。例えば傾斜屋根，木製の窓，中庭に向かって開くドア，用途の混在などです。ここで言う混在とは，住戸と住戸の間に点在する診療所，小店舗，オフィス，オートバイ・パーツ・ショップなどを意味しています。このプロジェクトは，集合住宅においても，建物の外観へ容易に且つ効果的に家庭での活動の多様さを表現することができることを証明しました。住民は，窓枠の色と住戸内部の自分だけの間取りを決めるために，デザイナーと一緒に検討作業を行ったのです。

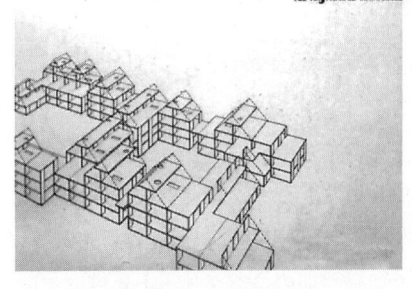

図4.24 サポートの構造
（図面提供：Frans van der Werf）

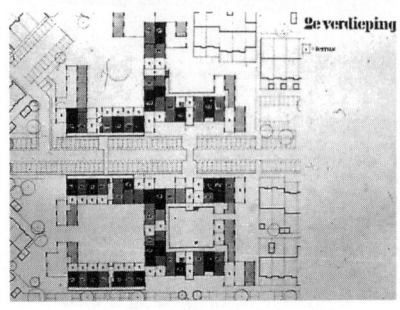

図4.25 サポート2階部の住戸配置
（図面提供：Frans van der Werf）

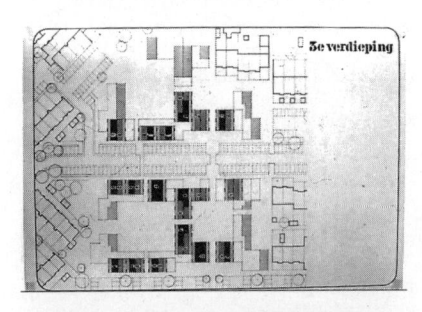

図4.26 サポートの3階部の住戸配置
（図面提供：Frans van der Werf）

図4.27 プロジェクトの俯瞰
（写真提供：Michel Hofmeester,
航空機カメラBV）

4 ケース・スタディ

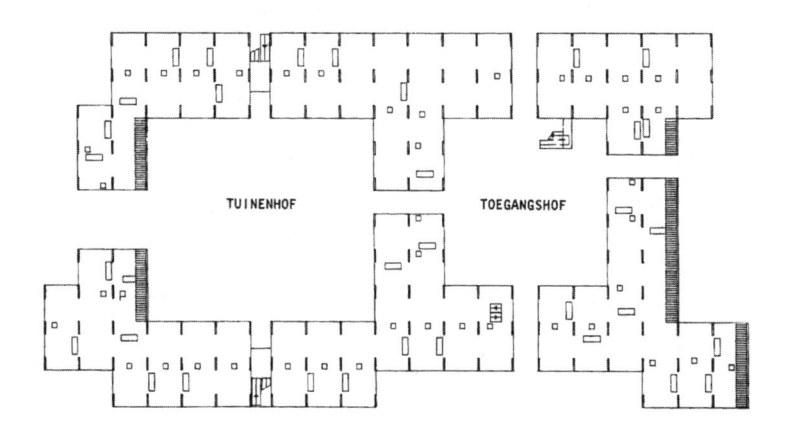

図4.28 住戸配置前のサポート（図面提供：Frans van der Werf）

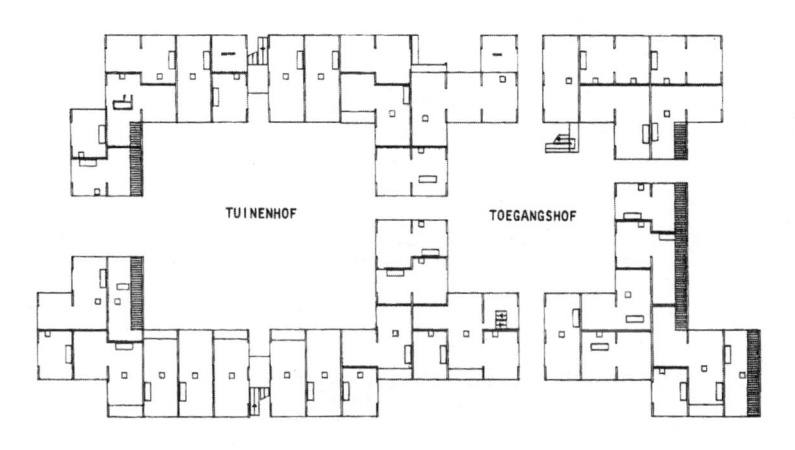

図4.29 住戸配置後のサポート（図面提供：Frans van der Werf）

4 ケース・スタディ

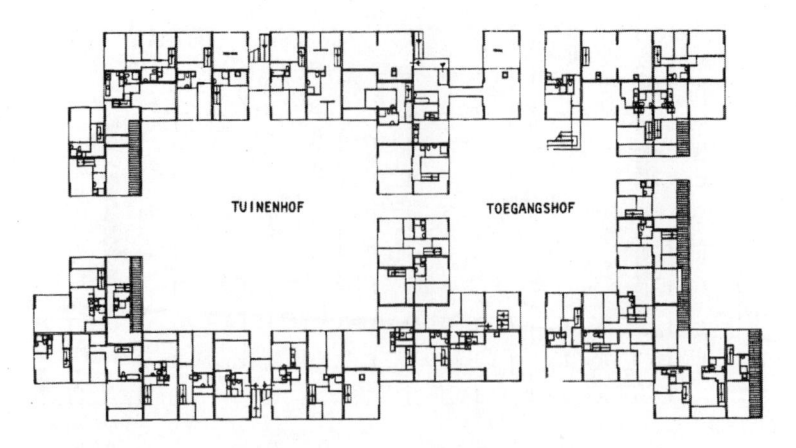

図4.30 インフィル設置後のサポート（図面提供：Frans van der Werf）

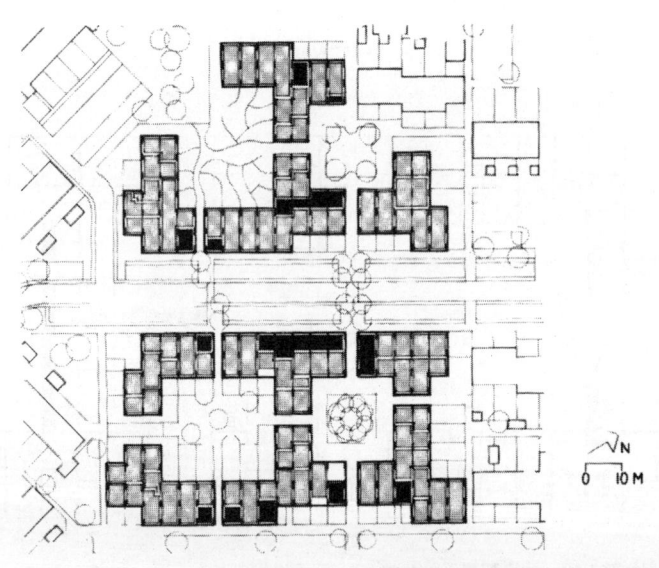

図4.31 中庭と駐車場と居住用途以外の部分を示す配置図（図面提供：Frans van der Werf）

1979 PSSHAK/Adelaide Road
England(イギリス), London(ロンドン)

図4.32 （写真提供：Stephen Kendall）

建築家： Greater London Council(GLC)建築局, 管理建築家； Nabeel Hamdi, Nicholas Wilkinson
所有者： GLC(建設時の所有者)
住　戸： 45戸
サポート：中空レンガブロック壁構造＋コンクリート床＋地域暖房
インフィル： Bruynzeelコンポーネント・システム

PSSHAKとはPrimary Systems Support and Housing Assembly Kits(主要なシステム・サポートと住宅組立キット)の略です。変更へ適応可能でフレキシブルなアプローチを提言することによって，標準的なGLC規則の下で従来可能であった以上に賃借居住者のニーズと一致する住宅基準の決定方法に対する選択肢を，PSSHAKプロジェクトは提供しました。

最初のPSSHAKプロジェクトである「Stanford Hill（スタンフォード・ヒル）」は，（敷地がロンドン近郊にあることからそう呼ばれるようになったのですが）1976年ロンドンに完成しました。3年後にAdelaide Road（アデレード通り）に第2のPSSHAKプロジェクトが続きました。ロンドンのCamden

(カムデン)で実施されたこのプロジェクトは，オープン・ビルディングに基づく45戸の住居群で構成されています。多くの計画上・工事上の革新的試みが行われたにも関わらず，2つのプロジェクトのディテールと外観は，伝統的なものとは異なっているものの，非常にすっきりとしています。

アデレード・ロード・プロジェクトの8棟の3階建住棟は，表通りから敷地の中へ入った駐車場に面しています。地上階から各住戸へ直接アクセスし，上階ではギャラリーとして用いられる共用階段から住戸へと入っていきます。サポートは，伝統的なコンクリートスラブとレンガの窓間壁で構成されています。垂直方向の設備サービス，メゾネット住戸内階段，木製の床パネルを設置するために，スラブの一部には穴が空けられています。サポートには，すべての外部扉と窓・共用階段・屋根・主な設備システムを含んでいます。サポートは，様々な住戸サイズ(幾つかを組み合わせて一つの住戸とすることもできます)に対応するように設計され，64戸の標準住戸(1寝室住戸および2寝室住戸)と32戸のより大きな住戸が想定されました。

プロジェクトのプログラム・フェーズとデザイン・フェーズとの間に，住宅局は通常の手続きに従って45組の賃借入居家族を選びました。入居予定者は，12組ずつのグループに別れて，プロセスと組立キットに関するオリエンテーションを受けるために建築家と会見しました。入居予定者はその後，自分自身の間取りの第一案を練るために2週間の期間を与えられました。「skilled enabler(専門的補助者)」の役割を果たす建築家が，住民によるスケッチをみて，図面を完成させました。各住戸の部品キットが各々の住民の予算内に納まるように，部品業者が建築家と共に作業をしました。その後，組立用部品が用意され，運び込まれ，完全な「乾式」工法で設置工事が行われました。

建築家チームによって開発された住戸内インフィルとしては，オランダのBruynzeel BV製の部品組立キットを基にしたPSSHAKキットが採用されました。Bruynzeelインフィルは，プレファブ化された間仕切システム，バス・ユニット，台所部品，電気設備システム，ドア，建具，仕上げをその内容としていました。

契約準備と工事手順の単純化によって，設計・工事期間が短縮されました。

4 ケース・スタディ

全体のプロジェクト・コストは，従来の計画・建設方式で行ったものより少し高くなりました。将来的には，近代化によるコスト節減が必要であることがわかりました。入居後の居住者は，簡単にできる住戸内の間取り変更をほとんど行いませんでした。それにも関らず，居住者調査では，どの世代も一貫して非常に高いレベルの満足度を示しました。このプロジェクトは最近民有化され，その時点で賃貸入居者が自分の住戸を分譲住戸として購入する場合には助成金が提供されました。

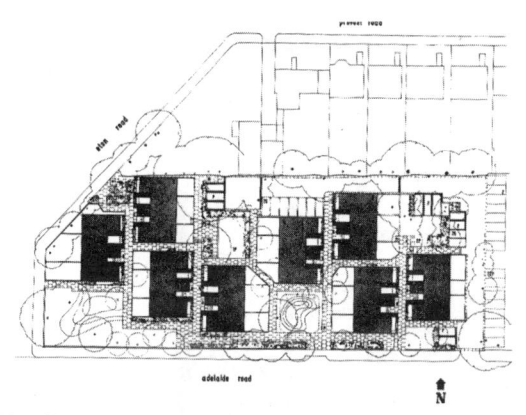

図4.33 配置図 建物の間に計画された駐車場と歩道が特徴（図面提供：Nabeel Hamdi）

図4.34 サポートとインフィル・バリエーションの模型（図面提供：Nabeel Hamdi）

4 ケース・スタディ

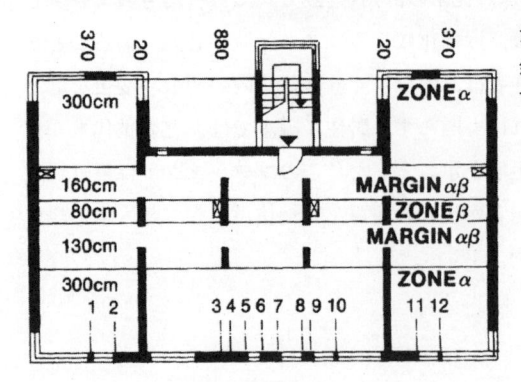

注：黒線はサポート。斜線でハッチした壁は取り外し可能な界壁。単線は「キット」(インフィル部品)。1〜12の数字は間仕切壁の設置可能位置。

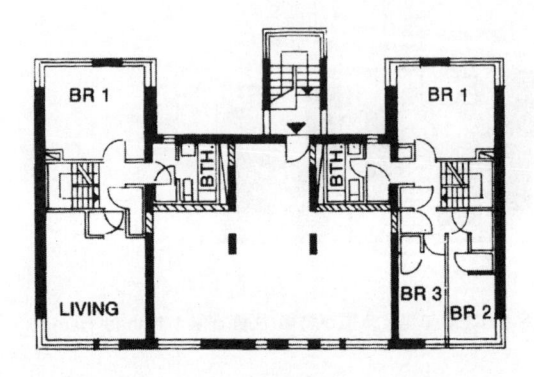

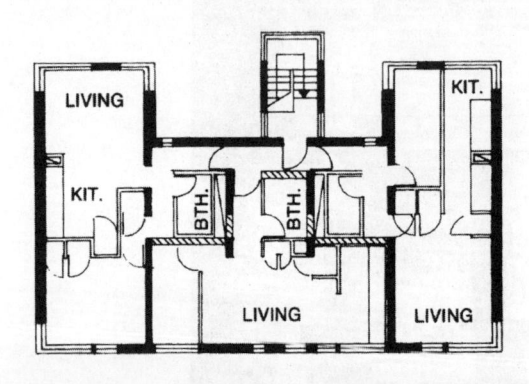

図 4.35 サポートと住戸内プラン・バリエーション(図面提供：Nabeel Hamdi)

1979 Hasselderveld

Netherlands(オランダ), Geleen(ヘレーン)

図4.36 (写真提供:Bert Wauben Architects)

建築家: Bert Wauben
所有者: Geleen Non-profit Housing Association
住　戸: 71戸
サポート: コンクリート・フレーム+レンガ薄板
インフィル: 在来インフィル構法

　このプロジェクトは，インテリアとエクステリアを共に調節可能とすることによって，平均以上の住居としての質を実現することを目的としています。建築家Pompeii（ポンペイ）は，研究の結果，小道と中庭のパターンを組み合わせた敷地計画の提案を行いました。それぞれの住戸にとって，パティオが居間と寝室に中心性を提供しています。パティオは，それぞれの住戸が将来拡張するための「余裕」空間でもあります。

　全体の敷地計画の特徴は，子供たちの遊具を設置した緑の領域をプロジェクトの中心に配置している点です。多くの住戸がその緑の空間に面して位置しています。残りの住戸は，様々な中庭が立地し通行制限されたエリアの中に位置し，それぞれの中庭は歩行者用道路によって中央の緑の領域と連絡しています。このような快適さを確保しながらも，このプロジェクトは伝統的

な計画手法よりも高い密度を達成しました。

　住戸はデザイン段階でのバリエーションを可能とするように計画されました。単層住戸は，2階建から4階建までが互い違いに配置された12・14・15戸を各々一つの単位としてデザインされました。このプロジェクトでは，2階建の区画1つ，3階建の区画1つと4階建の区画3つ，計71戸が連続して配置されました。このような「中庭バンガロー」は伝統的なテラス住宅に対する代案を提供しています。住戸の二階へはスロープを経由してアクセスします。71戸中60戸が同じレベルでアクセス可能です。居間と寝室へ密接な相互関係を与えるために，両者は中庭の周りにひとまとめにされました。「最小単位の住居」のバリエーションとして，1・2・3寝室，線形・L型・Z型の居間などの選択ができます。その中から異なる64パターンの間取りが計画されました。

　数年間をかけて，住民は外構と住戸間取りとファサードに関する多くの変更を行いました。予期された通り，幾つかの住戸がパティオへ向かって拡張されました。

図4.37　（写真提供：Bert Wauben Architects）

図4.38　（写真提供：Bert Wauben Architects）

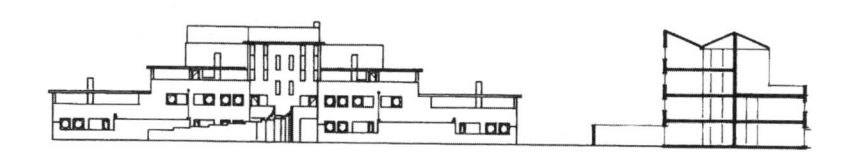

図4.39　立面と断面（図面提供：Bert Wauben Architects）

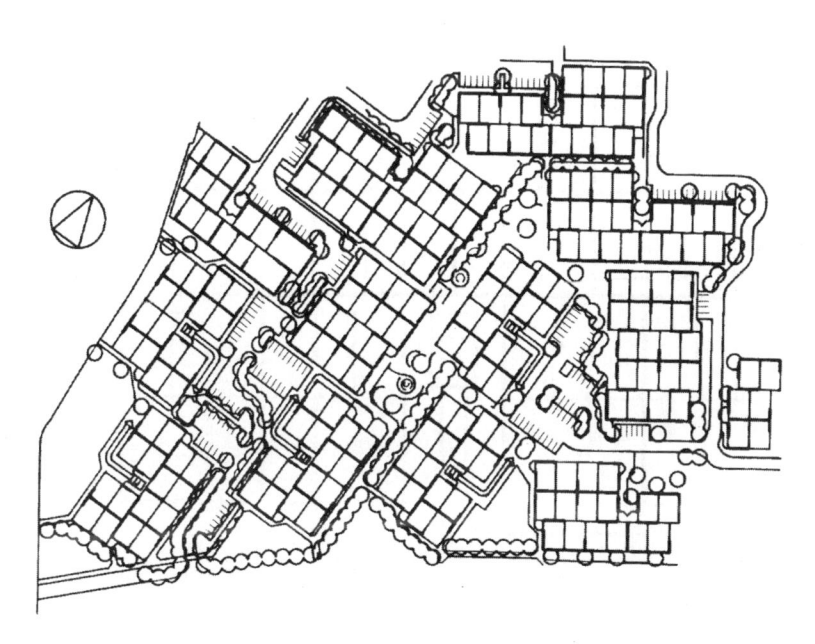

図4.40　配置図（図面提供：Bert Wauben Architects）

4 ケース・スタディ

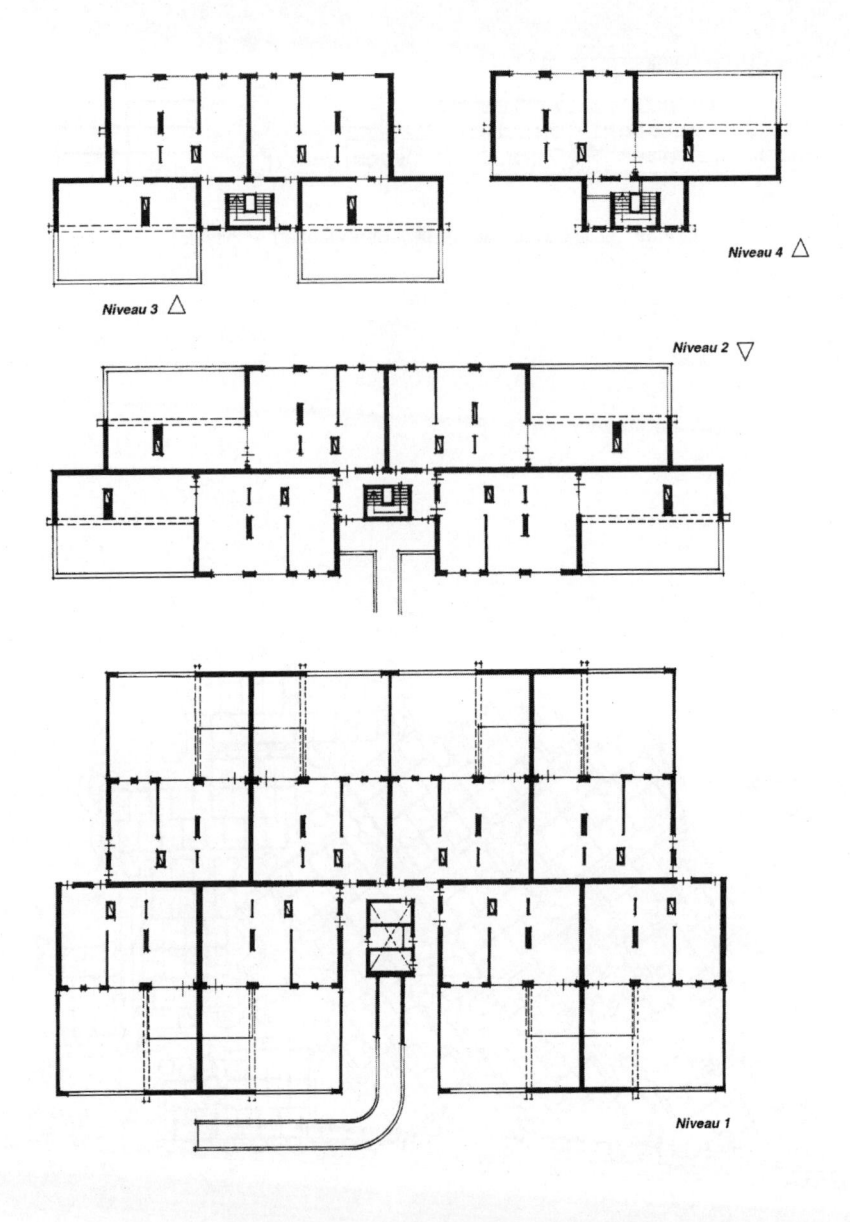

Niveau 3 △

Niveau 4 △

Niveau 2 ▽

Niveau 1

図 4.41　地上階及び上階のサポート配置（図面提供：Bert Wauben Architects）

1983 エステート鶴牧とタウンエステート鶴牧
日本，多摩ニュータウン

図4.42 エステート鶴牧(写真提供：深尾精一)

建築家：住宅都市整備公団(当時)(現：都市再生機構)＋総研アソシエイト＋Alsed建築研究所
所有者：住宅都市整備公団
住　戸：エステート鶴牧　190戸，タウンエステート鶴牧　29戸
サポート：現場打ちコンクリート
インフィル：ユニット・バス・ルーム，二重床，可動間仕切，移動式食器棚，在来タイプの電気配線

この2つの分譲集合住宅プロジェクトは，1974年に始められたKEP (Kodan Experimental Project)の最初の実験プログラムです(2.2.3参照)。

エステート鶴巻は，床面積87〜89 m^2 の住戸から成る4階建てのエレベータのない集合住宅です。住宅都市整備公団(HUDc)は，それぞれの住棟に，多様な住戸プランを事前に用意しました。居住者達は，入居後，可動間仕切と収納ユニットを使って住戸内のレイアウトを変えることができました。1997年の調査では，多くの住戸で観察された多くの変更の理由が家庭構成と大きく関っていることが明らかになりました。所有者が替わると，次の家族は間取りを変更していました。住宅都市整備公団は，次に，すぐ隣のタウン

エステート鶴巻プロジェクトで，99～105 m² の住戸面積の29戸が，2戸から4戸の住戸単位でまとめられた2階建タウンハウスを開発しました。購入予定者は，公団によって計画された6種類の地上階間取りから好みのプランを選択することができました。2階の間取りには，「All-Free（自由プラン）」，「Semi-Free（セミ自由プラン）」，「All-Set（固定プラン）」の3種類の選択肢を公団が用意しました。

「All-Free」タイプでは，2階部住戸内は完全に何もない状態にしておかれました。トイレが設置されているのを除くと未塗装の壁だけでした。購入者は，自分で計画して自由にスペースを分割することができました。「Semi-

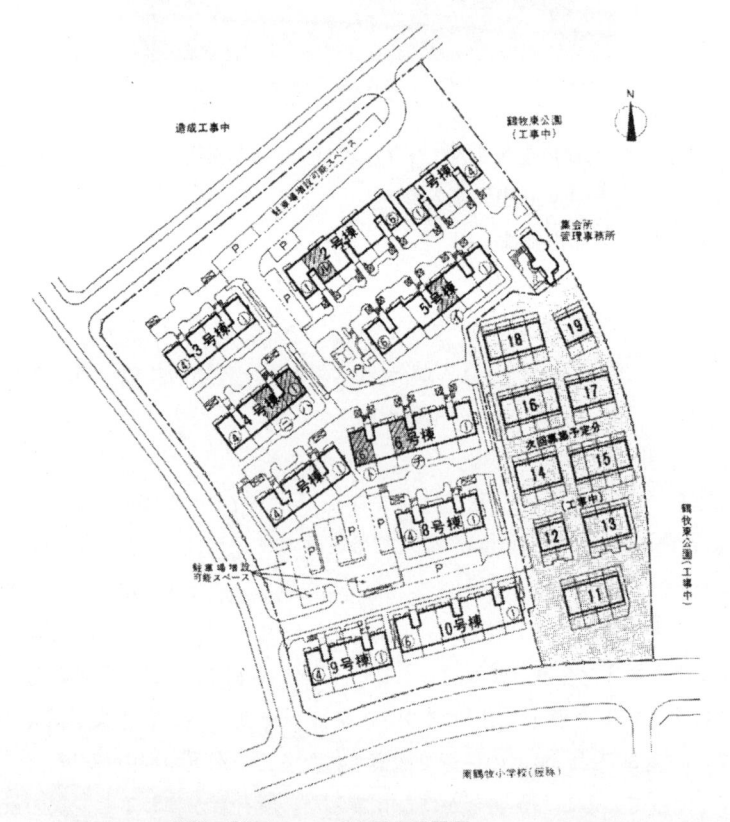

図 4.43　2段階の計画フェーズを示す配置図
（図面提供：住宅都市整備公団（当時）（現：都市再生機構））

「Free」タイプでは，2階住戸の半分のスペースが公団によって前もって仕上げられました。残った半分は居住者がデザインするために残されました。「All-Set」タイプでは，2階住居内の全体が公団によって決定され業者によって仕上げられました。

全くオリジナルの仕様の選択とアップグレードも可能でした。例えばキッチンは標準仕様のままでもよく，アップグレードすることもできました。財団法人ベターリビング(BL)が認定したクローゼット・ユニットを設置することも可能でした。多くのオプション・メニューから種々様々な仕上げを選択することができました。また，太陽熱収集器を屋根に置くことも可能でした。

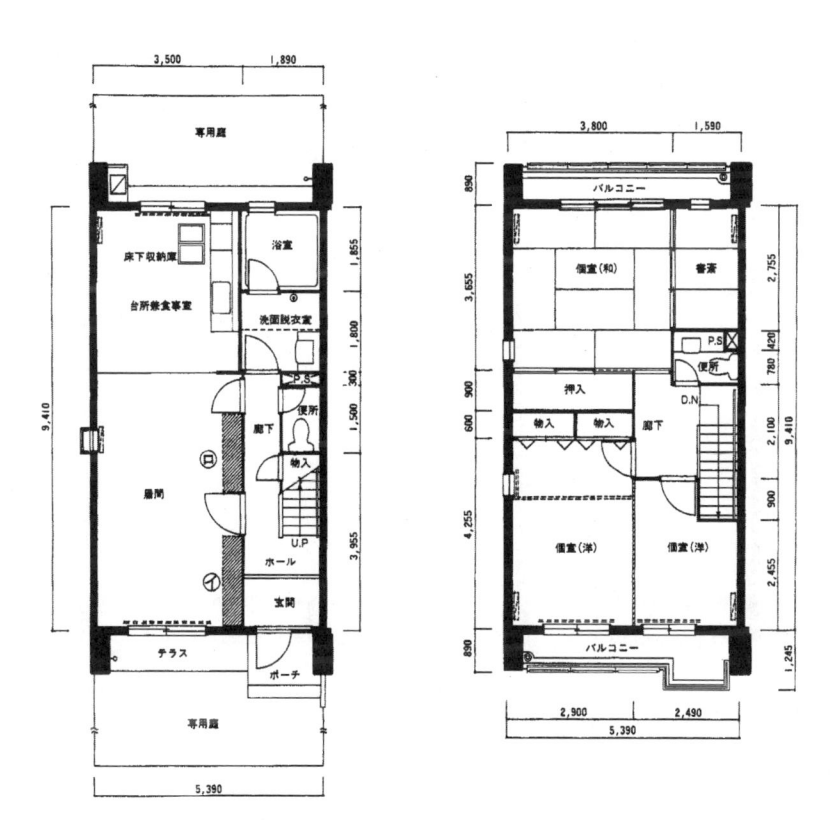

図4.44 住戸平面バリエーション（図面提供：住宅都市整備公団）

4 ケース・スタディ

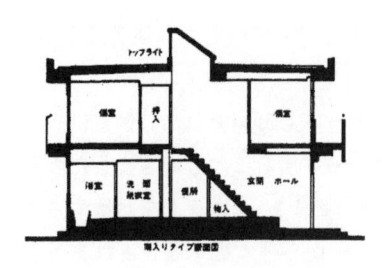

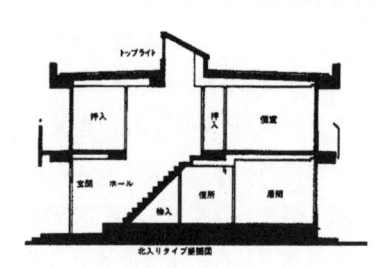

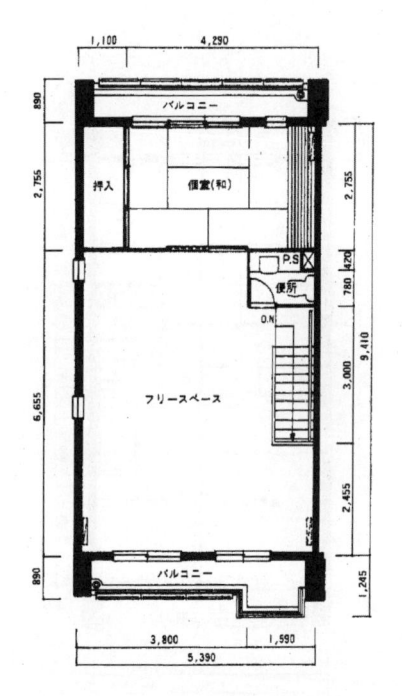

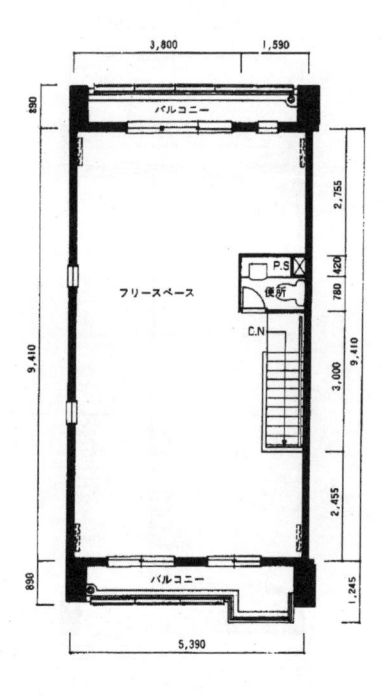

図4.45 断面と住戸平面バリエーション(図面提供：住宅都市整備公団)

1984 Keyenburg

Netherlands(オランダ), Rotterdam (ロッテルダム)

図4.46 （写真提供：Stephen Kendall）

建築家：Frans van der werf, Werkgroep KOKON
所有者：Tuinstad Zuidwijk Housing Association
住戸：152戸
サポート：トンネル・フォームの現場打ちコンクリート＋配管のための床開口
インフィル：Nijhuis 4DEEシステム，露出設置型配電管

　Tuinsted Zuidwijkという大規模なhousing association(住宅組合)は，ロッテルダムのKeyenburg地区で，住戸を建設し管理するための新しい方法を開発することに興味を持っていました。このプロジェクトでは，入居者が指定したアメニティ・パッケージの合計コストに応じて賃貸料が決定されます。コストを減らし，個人の責任を増やす方向へと，入居者のインセンティブが生まれました。居住者の年齢と収入がミックスされるように，また，今よりも小さな住居を望む近隣の居住者を受け入れることができるように，このプロジェクトは計画されました。

　プロジェクトは中央の大きな緑地を囲む4棟の4階建て住棟から成ります。大通りに面している住棟には地階に商業用賃貸スペースが配置され，脇道の地上階住戸は接地型となっています。サポートは，住戸サイズのバリエー

ションが可能となるように計画されています。115戸の2人用住戸，32戸の1人用住戸，5戸の身体の不自由な人用住戸が計画されました。上階住戸へのアクセスは，エレベータと階段，そして，椅子を置いたり住民が始めた植栽のために十分な幅を持つ各階の外部ギャラリーを経由します。窓枠の色は，建築家が用意したカラーパレットの中から各家庭が選択しました。

サポートは，プレファブ木製ファサード・フレームの上に断熱レンガ合板ファサードを固定したトンネル・フォーム・コンクリートです。垂直方向の配管・設備システム用シャフトは各区画に設置されており，その位置は，様々な住戸間取りに対する適応可能性分析によって最適化されています。インフィルは，水平方向の排水配管を垂直方向の配管へ誘導できるように，二重床の上に設置された浴室をもつNijhuisの4DEEシステムを用いており，その結果，バス・ユニットをある程度自由な位置に配置することができました。Keyenburgは，SARが研究に基づいて提案した，オランダのモジュラー・コーディネーション規格の試行プロジェクトの一つでした。この規格は，その後オランダで正式に採用されました。

住み手と建築家の共同作業であった設計プロセスは，他のオープン・ビルディング・プロジェクトで建築家が行うものに類似しています。住宅局は，興味を示していた入居可能性がある人々（各々がサポート中で自分が好きな場所を指定するように指示されました）のリストをファン・デル・ベルフに対して提示しました。入居予定者たちは，実物大の模型を使って仕上げやディテールを決定し，自分が入居する住戸の計画をスケッチで示しました。建築家は，スケッチをデジタル化し，コンピュータ・ソフトウェア・プログラムで間取りを表現しました。最適な材料選択を行った出力をみて，標準として用意されたインフィルに比べて，居住者が選択した計画が，月々の賃貸料を上昇させるのか下げるのか，という正確な情報を居住者は受け取りました。アメニティ選択の変更などのデザインの修正を即座に評価することができました。また，このコンピュータ・プログラムは，最終的に確定した計画のための，より詳細な技術的図面と部品・部材量調査にも使用されました。

4 ケース・スタディ

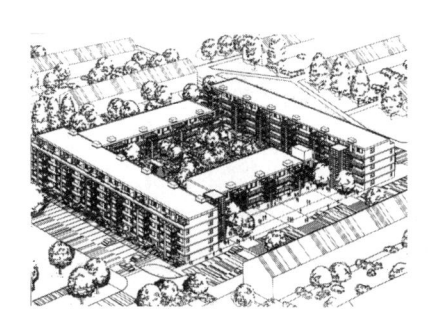

図 4.47 プロジェクトのアクソノトリック俯瞰
（図面提供：Frans Van der Werf/Werkgroep KOKON）

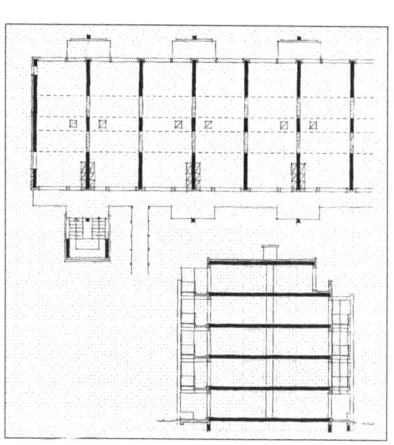

図 4.48 サポートの平面と断面
（図面提供：Frans Van der Werf/Werkgroep KOKON）

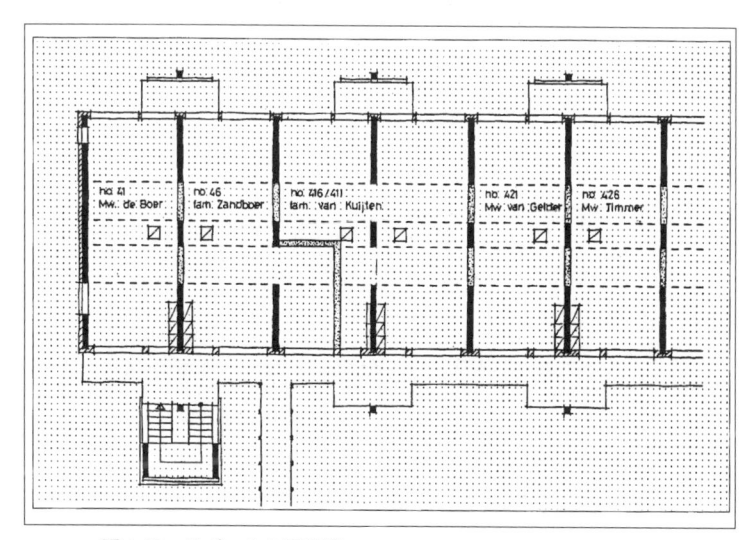

図 4.49 サポートの再配置
（図面提供：Frans Van der Werf/Werkgroep KOKON）

4 ケース・スタディ

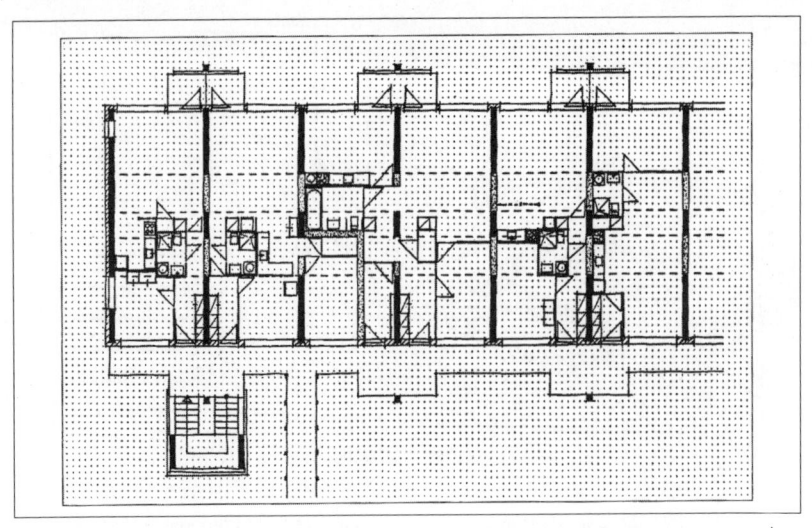

図4.50 各住戸のインフィル（図面提供：Frans Van der Werf/Werkgroep KOKON）

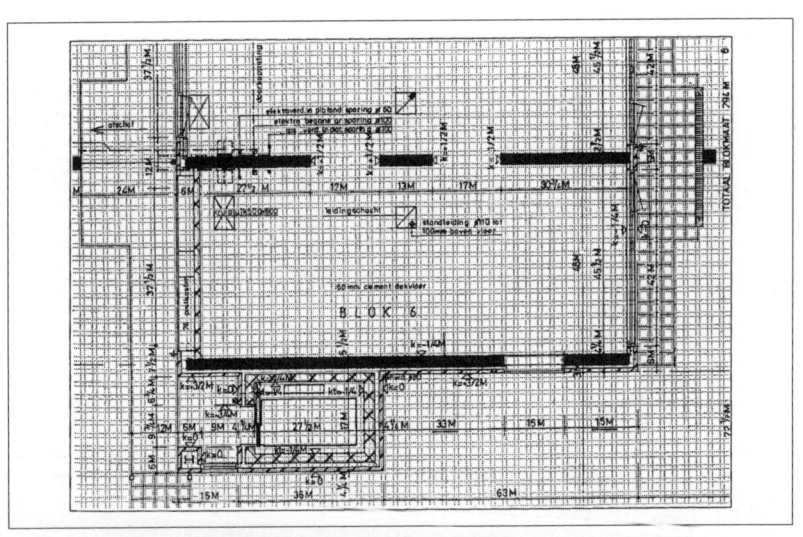

図4.51 10/20 cm のタータン・グリッドを用いたサポートの詳細
（図面提供：Frans Van der Werf/Werkgroep KOKON）

1985 フリー・プラン賃貸
日本,東京都,光が丘

図4.52 (写真提供:深尾 精一)

建築家:住宅都市整備公団,環総合設計
所有者:住宅都市整備公団
住　戸:賃貸30戸
サポート:鉄筋コンクリートラーメン構造＋スラブ内の配管用溝
インフィル:在来インテリア構法

　センチュリー・ハウジング・システム(CHS)を開発中に,住宅都市整備公団は,「フリー・プラン賃貸」(オランダで実行されたサポート/インフィル・ハウジングに影響を受けた実験)を始めました。1985年の東京と1988年の多摩ニュータウンの2つのプロジェクトが実施されました。

　最初のプロジェクトは,東京の光が丘で行われた61.5〜71.5㎡の広さの30住戸の集合住宅でした。プロジェクトの開始時に参加申し込みをした500組の家族の中から30組が選ばれました。公団は,敷地・サポート・共用配管を所有します。入居者は空間を賃借しますが,すべての間仕切壁を含むインフィル・仕上げ・機械設備を所有しています。台所と水廻りは位置が固定されているパイプ・シャフトの近くに配置しなければなりません。しかし,配管溝を利用することによって,トイレをパイプ・シャフトから1.5mまで離して設置することが可

能になりました。この結果，平面計画の多様性が得られました。

3つの住戸オプションが用意されました。「フリー・スペース型」では，居住者はすべてのインフィルを選択でき，インフィル全体に責任を負います。次に「セミ・フリー・スペース型」は，インフィルの中で自由な決定対象として指定された部分だけを居住者が選択できます。「メニュー選択型」は，限定されたメニューの中から居住者が1つを選択します。

公団は，多摩ニュータウンでの2つ目のフリー・プラン賃貸プロジェクトのために，同じく3つのインフィル工事に関するオプションを用意しました。このプロジェクトでは，もし公団が提示したモデル標準プランのインフィルを入居者が買う場合には，公団は一律料金で工事を行います。2つ目のオプションは，賃借人/買い手にインフィル工事業者を紹介して，公団がつくったマニュアル・ガイドラインに従い，カスタム・インフィル工事を行う個別の契約を結んでもらいます。3番目のオプションは，完全に Do-it-yourself（DIY）アプローチで，公団の関与は，従うべきデザイン・マニュアルを提示することのみに制限されます。居住者が引っ越す時には，公団はインフィルを買い取るか，減価償却と，賃貸契約・デザインルール・インフィル部品の使用に係るルールに従って，新しい居住者にインフィルを売却する手助けをします。

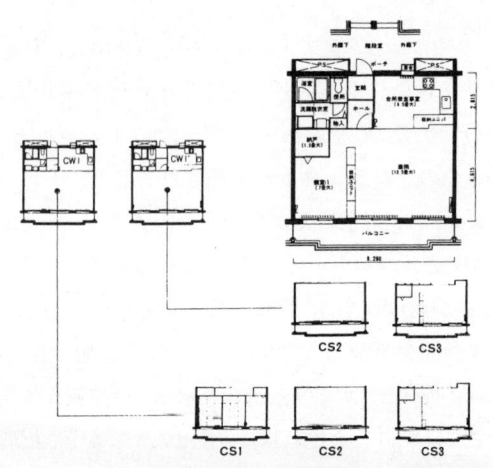

図4.53 住戸プランの選択メニュー（図面提供：住宅都市整備公団）

4 ケース・スタディ

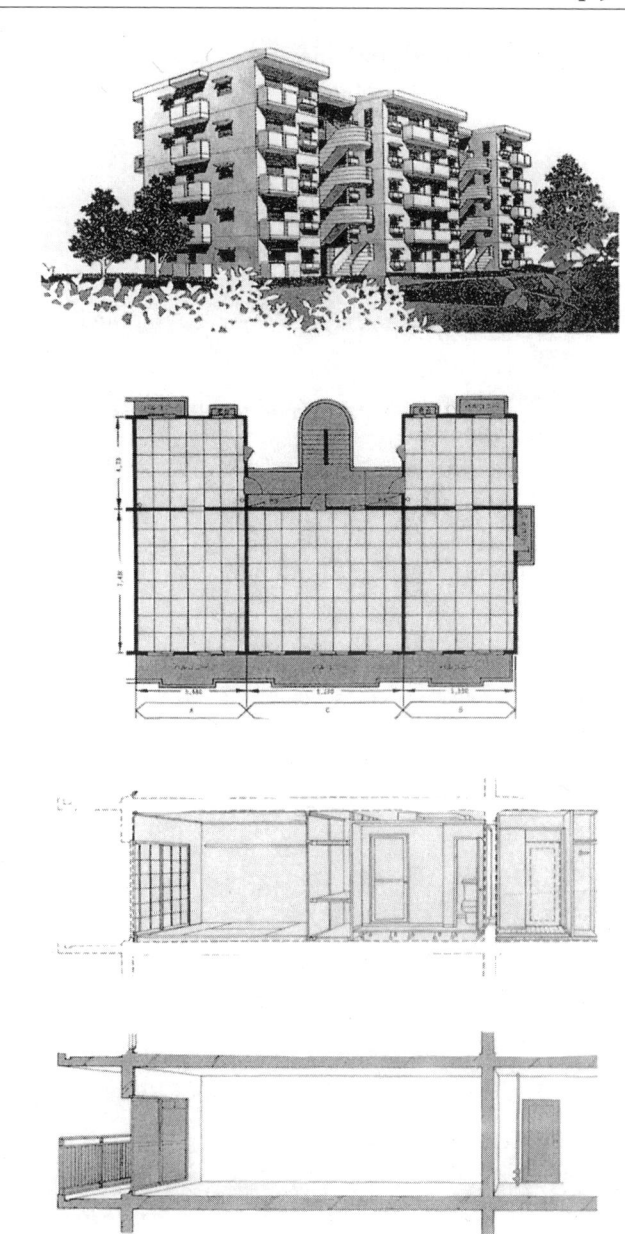

図 4.54 サポートとインフィルの平面図と断面パース（図面提供：住宅都市整備公団）

1987　Support Housing, Wuxi（無錫）

中国，無錫，Hui Feng Xin-Cun

図 4.55　（写真提供：Bao Jia-sheng（鮑家声））

建築家：Bao Jia-sheng, Wuxi Housing Bureau
所有者：Wuxi Housing Bureau
住　戸：214戸
サポート：レンガ造壁構造＋中空コンクリート床版＋サポートの一部としての台所と浴室
インフィル：利用可能な従来製品を用いて，居住者が自分自身のインフィルを構成する

　無錫でのこの実験的なサポート住棟プロジェクトは，中国における最初のオープン・ハウジングです。主要目的は，住宅建築プロセスへの居住者参加の促進と，変化する居住者ニーズを受け入れることによって長い期間に亘って適応可能な住宅をつくるための新しい方法の研究でした。プロジェクトは，南京のオープン・ビルディング研究開発センター（COBRD）と無錫住宅管理局の共同作業から生まれました。COBRD が敷地計画と建築設計を担当し，管理局は構造・電気・機械システム用のエンジニアリングを開発し提供しました。
　プロジェクトは，9棟の「セットバック」"中庭タイプ"と2棟の"ヴィラ・タイプ"の11住棟で構成されています。中庭タイプには4つの選択モデルがあ

り，3階建てのヴィラ・タイプは2種類のプランを選択できます。全住棟の83％は4階建て以下で，平均住戸面積は55.76 m^{2}です。建築構造は，伝統的なレンガ造の耐力壁，床構造のための中空コンクリート板，伝統的な瓦屋根で構成され，内装は在来構法です。

　各建物は「ユニット・サポート」（基本的に一つの住戸分に相当するZ型の空間ユニット）を単位として構成されています。ユニット・サポート内で，家族全員のスペース，個人スペース，ユーティリティ・スペースの位置を設計者が自由に決めました。ユニット・サポートは，多種多様にデザインされました。共用階段とプラグイン・ユニットも，計画ルールの範囲内で様々なバリエーションが生じました。11棟の建物は，中庭の周りに雁行形に配置されています。この配置は伝統的な中国の建築モチーフで，規則的な変化のイメージを表出しています。

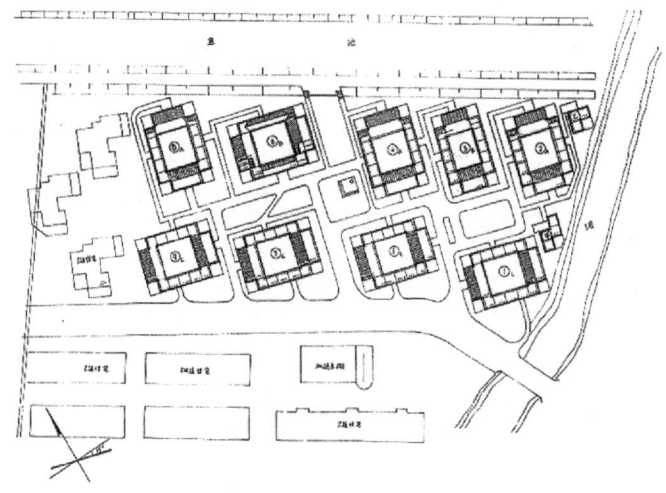

図4.56　配置図（写真提供：Bao Jia-sheng（鮑家声））

4 ケース・スタディ

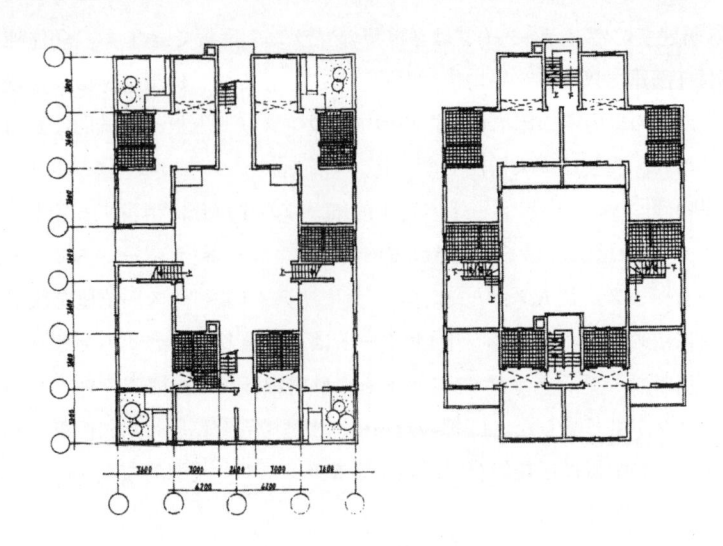

図 4.57 典型的な住棟平面(写真提供:Bao Jia-sheng(鮑家声))

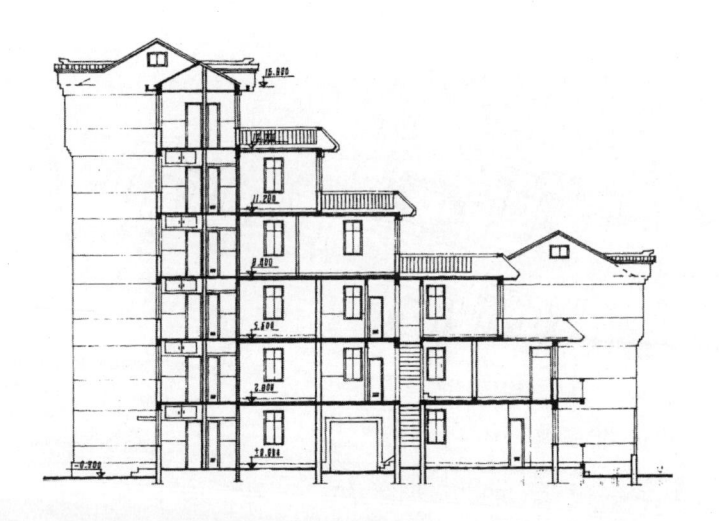

図 4.58 テラス付住棟の断面(写真提供:Bao Jia-sheng(鮑家声))

1989　千里ニュータウン猪子谷　二段階供給方式
日本，大阪

図 4.59　（写真提供：大阪府住宅供給公社）

建築家：大阪府住宅供給公社＋巽/高田＋市浦都市開発建設コンサルタンツ
所有者：大阪府住宅供給公社
住　戸：33戸
サポート：コンクリート耐力壁＋コンクリートスラブ＋各区画中央に凹みがある床
インフィル：二重床，プレファブ間仕切壁，ユニット・バス・ルーム

　この公共住宅プロジェクトは，二段階供給方式とセンチュリー・ハウジング・システム（CHS）を組み合わせたものです。二段階供給方式は，公的主体が誘導的役割を果たすことを可能にする一方で，個人の自発性が重要であることを認識しています。このプロジェクトでは，「間接的社会資本」（高品質と長寿命の共有資産）としてサポートが建設されました。サポート内のインフィルの設置は第二段階でした。このプロジェクトでは，公的主体がサポートとインフィルの両方を供給することになりました。しかしながら，サポートとインフィルは，将来の変更のし易さを担保するために物理的に分離されています。
　CHSは，モデュラー・コーディネーション，間仕切位置のためのグリッドプラン，予想される「耐用年数」によって分類される部品群という3つの考え

を結合するものです。機械設備と配管の耐久性能上の制限へ対応するために，部品群とサポート間のインターフェイスを整理するための新しいコーディネート原則が開発されました。

プロジェクトの2住棟は5階建てと6階建てで，平均床面積103㎡の33住戸で構成されています。住戸は，階段・エレベータコアを挟んで階ごとに対に配置されています。ルーフ・テラス付きの高級住戸が最上階を占めています。サポートは柱ではなく，構造区画の間に隙間を持つ耐力壁を採用しています。設備用の溝は各住戸の中央ゾーンに位置し，キッチン・バスユニットとトイレの配置バリエーションが可能です。両側の2つのゾーンには，自由な間取りの居室が計画されます。二重床が住戸全体に使われています。

ユーティリティ用溝の採用は，多くのCHSプロジェクトに共通した手法です。現在までのCHSプロジェクトの設計・工事・内装は，各々が別々の業者によって行われている訳ではありません。しかしながら，プロジェクトにはインフィルの独立可能性が本質的に組み込まれており，長期的な順応性を有することによって，このサポートは，オープン・ビルディングの主要な目的を達成しているのです。

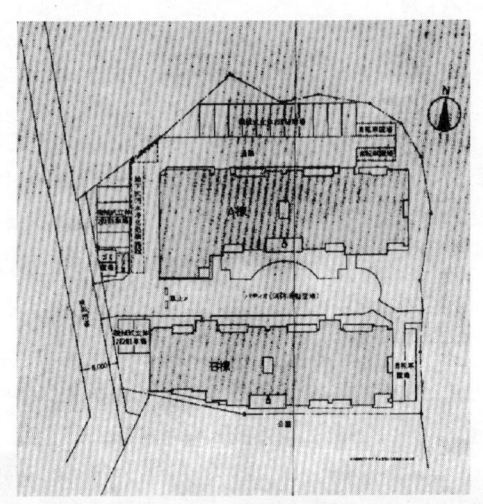

図4.60　敷地図（図面提供：市浦都市開発建設コンサルタンツ）

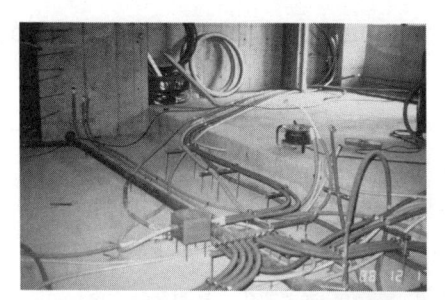

図 4.61　サポートに切られた溝に埋め込まれた設備用配線
（図面提供：市浦都市開発建設コンサルタンツ）（写真提供　高田光男）

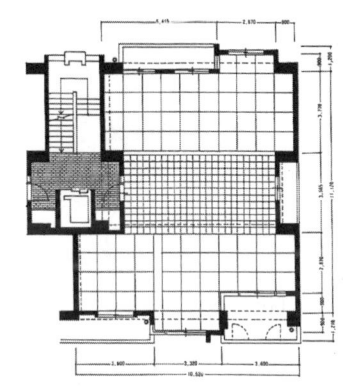

図 4.62　サポートの平面（図面提供：市浦都市開発建設コンサルタンツ）

図 4.63　サポートと住戸ユニット・バリエーション
（図面提供：市浦都市開発建設コンサルタンツ）

1990　Patrimoniums Woningen/Voorburg Renovation Project
Netherlands(オランダ), Voorburg(フールブルク)

図4.64　サポート再生前後の住棟。地上階に住戸が新設された。
(写真提供：Karel Dekker)

オリジナル住棟の建築家：Lucas & Neimeyer
リノベーションの建築家：RPHS Architects
所有者：Patrimoniums Woningen Housing Corporation
住　戸：110戸
サポート：コンクリートスラブ＋レンガ造壁構造＋木枠窓ファサード
インフィル：Matura Inbouw ＋ ERA インフィル

　大規模な民間の住宅建築組合であるPatrimoniums Woningen(パトリモニアム住宅会社)は，大部分が5階建て集合住宅で構成されているロッテルダム近郊の団地を所有していました。1988年に，パトリモニアムは，不動産管理の合理化と改良を始めました。住棟全体を空にして一気に改良するというこれまでのやり方とは決別し，ある1戸が空き次第，必要に応じて空室の賃貸住居をリノベーションするという手法で，住宅ストックを改良していくことに決めたのです。同時に，経済的分析と設備管理分析の結果，団地全体の長期的改良を始める必要性が指摘されました。改良内容は，建物本体の改良，即ち，エレベータとバルコニーの新設・オリジナルの階段と設備システムの再配置・新しい倉庫の設置でした。パトリモニアムは，更に，中庭部分を閉じて安全性を向上させ，プライバシー感覚を生み出すために，集合住宅ブ

ロックの角に2階建てのタウンハウスを新設することに決めました。歩道からアクセス可能な地上レベルの倉庫は，高齢者と身体の不自由な人々のための地上階住居に取り替えられました。初期の段階で，内装専門会社であるMatura（マトゥーラ）インフィル・システムと，住戸用インフィルの供給契約が結ばれました。空室となった住戸内装を一旦取り壊すために必要な2週間の間に，新しい居住者は建築家と会合を持ちました。間取り，設備，最終的な仕様が，幾つかのオプションの中から選択されました。その後，建築家の図面がマトゥーラに送られました。空室となった1ヵ月後に，新しい住み手の好みを反映した完全に新しい内部空間が整えられて住戸は再び住み手を得たのです。

　その後，多くの住民が自分の賃貸住戸をリノベーションすることに決めました。住戸は，それぞれ特注のデザインで一戸ずつ再生されました。居住者は異なる様々なインフィル・システムを利用することが可能です。マトゥーラによると，10営業日以下の日数で住戸にインフィルを取り付けることができます。もし設備と仕上げの仕様が建物所有者によって採用された標準的仕様を上回る場合には，居住者は月々の追加家賃を課せられることになります。

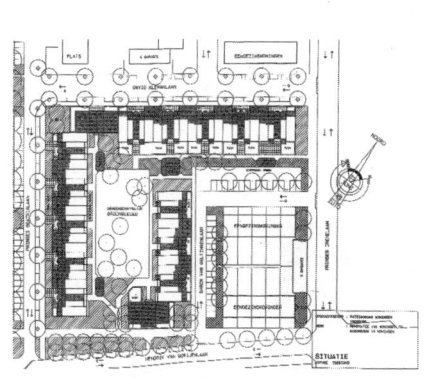

図4.65 街区先端に位置する新しい二階建住棟の敷地図
（図面提供：RPHS Architects）

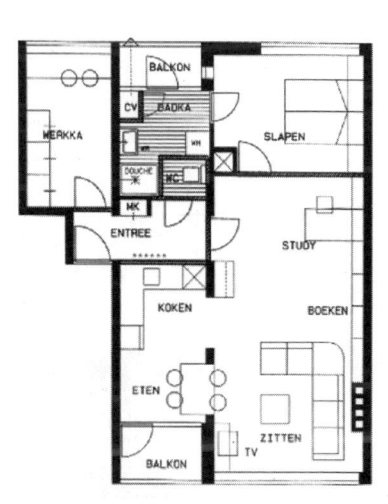

図4.66 Maturaインフィルシステムを用いた住戸プランの例
（図面提供：RPHS Architects）

住民が引っ越していく場合には、所有者は、新しい居住者へインフィルを売却するのを手助けするか、インフィルを買い取って保管しておくか、再びどこかの部屋へ取り付けるか、というどれかのケースに対応します。

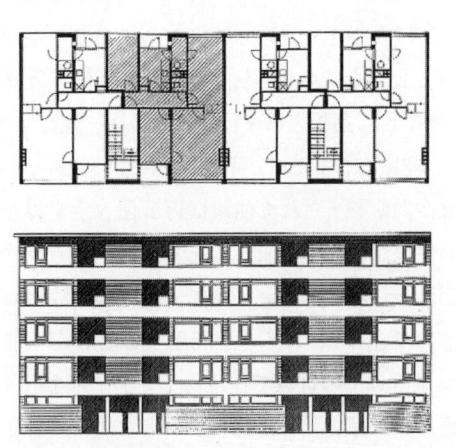

図 4.67 サポート再生前の典型的な住棟平面と立面（図面提供：RPHS Architects）

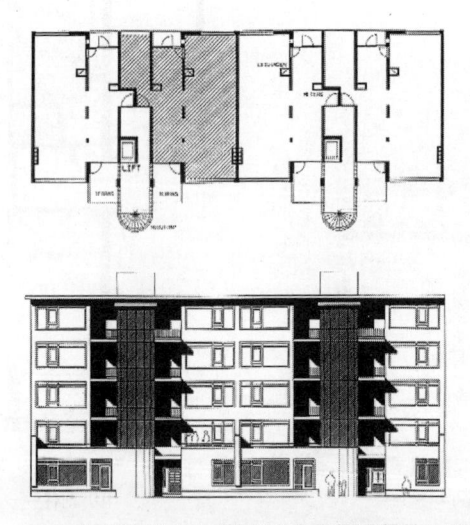

図 4.68 サポート再生後の典型的な住棟平面と立面（図面提供：RPHS Architects）

1991 'Davidsboden' Apartments

Switzerland(スイス), Basel (バーゼル)

図4.69　住棟に囲われた中庭(写真提供：Michael Koechlin)

建築家： Erny, Gramelsbacher and Schneider, Architects
所有者： Christoph-Merian-Stiftung
住　戸： 154戸
サポート：鉄筋コンクリート造エレベータ付住棟＋垂直方向の設備シャフト
インフィル：間仕切り，浴室，台所など

　Christoph-Merian-Stiftung(CMS)によって所有され管理されているこの建物は，以下の2点で適応可能性をもっています。第一に，同じフロアの住戸を組み合わせることができること，第二に，間仕切壁・台所・浴室は変更が可能で，固定された垂直方向の設備シャフトを考慮しながら変更が可能なことです。

　適応性がある建物をつくるという決定は，建築プログラムの検討が始まる前に行われました。個人のニーズと集住の特長を組み合わせた生活手法を生み出すこと，現在と将来双方の性能水準に建築側が適合すること，居住者が自分で管理できるシステムを確立すること，という決定が行われたのです。工事に先立って，2人のソーシャルワーカーが，居住予定者達が自治会と自己管理システムをつくるのを手助けし，インフォメーション・センターとし

て使われるオフィスを設立しました。

　最初の居住者達は，間取りを自分自身で設計し始めるように奨められました。住み手が決定できる住戸内の特定ゾーンの範囲が，賃貸契約に明記されました。入居予定日の6ヶ月前には，専門的なデザイン・プロセスへと移行するために建築マネージャーがデザインへ参加しました。10世帯ごとに分けられた住民グループは，建物の質，間取りのバリエーション，居住者参加の方法について議論するために，模型，平面図，材料サンプルを使って5回のミーティングを行いました。

　建物への入口を共有する居住者ごとに自治会が構成されました。自治会は，共同で建物を管理し，規則を定め，共用スペースと共有の暖房設備を維持します。自治会はまた，小さな修繕を行い，大きい工事を管理・監視し，空室が発生した場合には入居予定者を確認します。

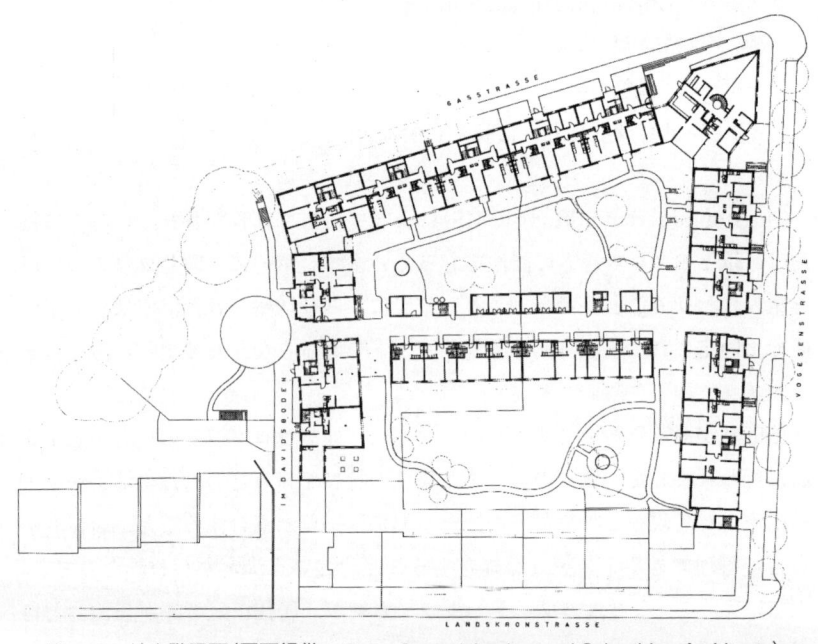

図4.70　地上階平面（図面提供：Erny, Gramelsbacher and Schneider, Architects）

4 ケース・スタディ

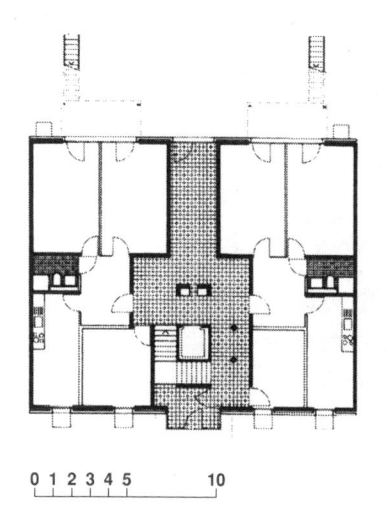

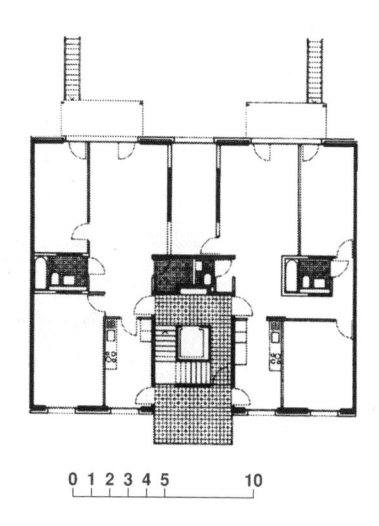

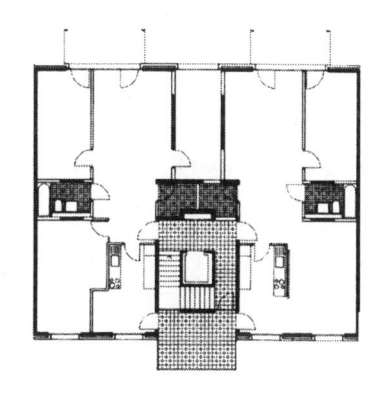

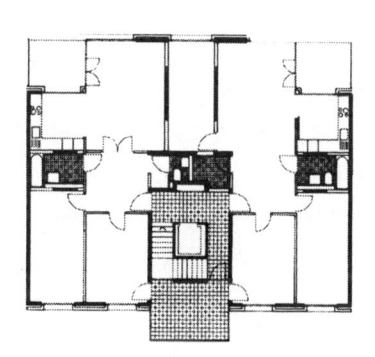

図4.71　住居戸のバリエーション
　　　　（図面提供：Erny, Gramelsbacher and Schneider, Architects）

1993 グリーンビレッジ宇津木台
日本，八王子

図4.72 （図面提供：住宅都市整備公団）

建築家：住宅都市整備公団，汎建築研究所
所有者：グリーンビレッジ宇津木台分譲組合
住　戸：76戸
サポート：鉄筋コンクリート（スラブ内に配管用溝）
インフィル：長谷工コーポレーション

　このコーポラティブ住宅プロジェクトは，様々な住戸サイズと間取りを実現しました。97～173 m^2 の大きさの76住戸で構成されています。デザインは，3つの専門家チームで検討され，その内の2チームは3世代家族と作業を行い，もう1チームは一般的なタイプの世帯と協議しました。3世代家族の住居としては日本での最初の事例の一つです。
　居住者が共用諸室と外構の配置計画を共同で決定し，サポートの設計がまず完了しました。その後個々の居住者は，住戸内部の間取り・設備・仕上げを決定するために建築家と共同作業を行いました。居住者は，特定の規則に従って住戸外部のファサードをデザインすることができました。住宅には1枚あるいは2枚の玄関ドア数を選択するができました。すべてのデザインが決定した後に，建築業者（長谷工コーポレーション）が建物全体の工事を行いました。

4 ケース・スタディ

このプロジェクトは，住戸幅の「Wet Trench（配管用溝）」（広さ 300 cm・深さ 20 cm）の考え方を初めて利用しました。この配管用溝は界壁と界壁の間に位置し，キッチン・バスユニット・トイレパイプは直接溝の上に置かなくてはなりません。75 cm × 270 cm の垂直配管・換気用シャフトは，界壁の上または住戸中心に位置するこの配管溝ゾーンに計画されます。仕上げ後の床レ

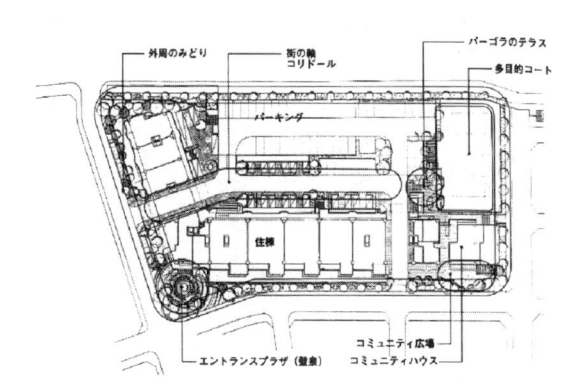

図4.73　配置図（図面提供：住宅都市整備公団）

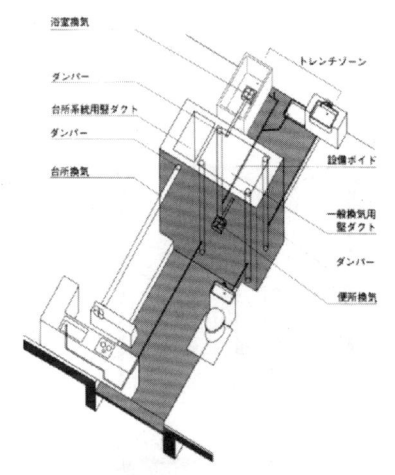

図4.74　設備配線・配管用にサポート内につくられた溝
（図面提供：住宅都市整備公団）

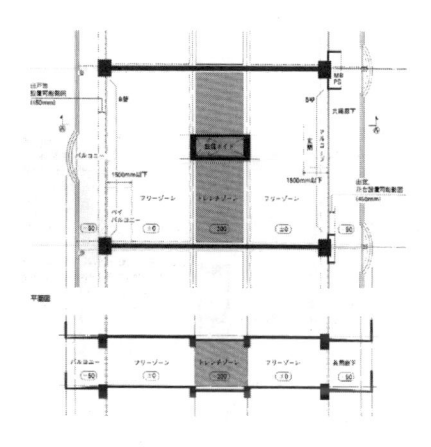

図4.75　住戸平面と断面
（図面提供：住宅都市整備公団）

ベルは，台座に支えられた二重床システムによって，コンクリートスラブ(溝床より上に 26 cm)より約 6 cm 高く設定されています。

　サポートとインフィルの建設は契約上分離されませんでした。一つの建築業者がプロジェクトの工事全体を担当しましたが，デザイン・プロセスと工事の結果は，長期的順応性と耐用年数を担保し，将来的に建物がS/Iプロジェクトとしての性質を持ち続けることを可能にしています。

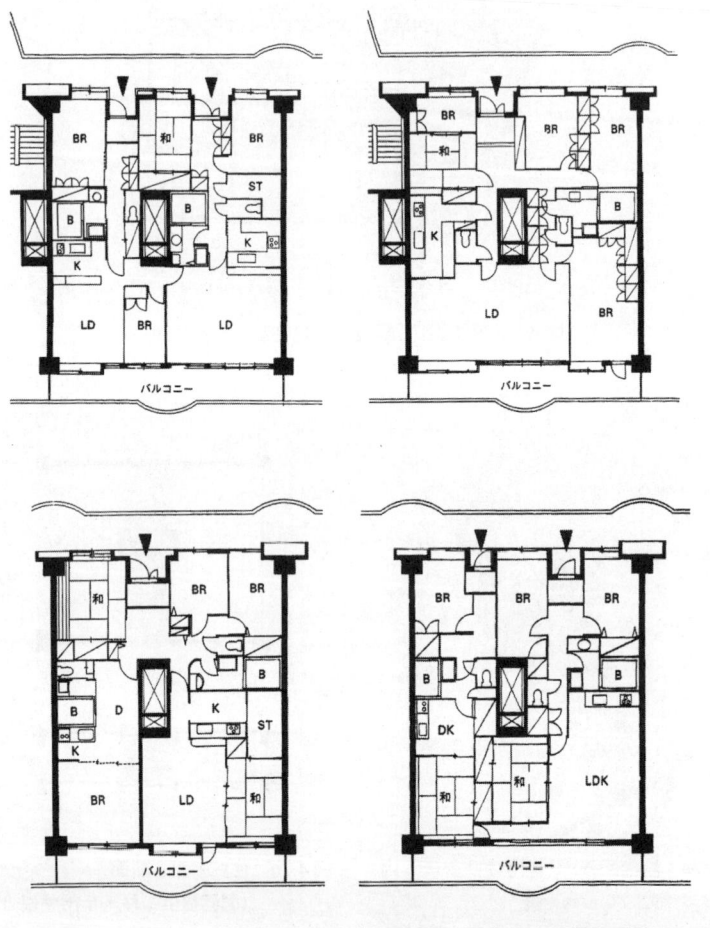

図4.76　4つの異なる住戸プラン(図面提供：住宅都市整備公団)

1994 Banner Building

USA (アメリカ合衆国), Washington (ワシントン州), Seattle (シアトル)

図4.77　（写真提供：James Frederick Housel）

建築家：Weinstein Copeland Architects
所有者：Banner Building 分譲組合
住　戸：2戸のペントハウス，11戸のメゾネット住戸，2戸の単層住戸，3戸の小売/業務用ユニット，5戸の軽工業用ユニット，1棟の分譲用住棟(内，3戸は低所得者用賃貸住戸，3戸は市場相場の賃貸住戸)
サポート：鉄筋コンクリート造床と柱＋界壁の中に冷暖房用水還流システム)
インフィル：在来構法

　Banner Building(バナー・ビルディング)は，地区を活性化するための触媒として，芸術家であり工業デザイナーである Koryn Rolstad(コリン・ロルスタッド)によって提案されました。バナー・ビルディングは，環境が悪化した地域にあるシアトル海岸地区の険しい傾斜地に1994年に建設されました。生活と仕事のための空間デザインを居住者自身が行うために，分譲集合住宅の所有者として，未着工のスペースを居住者が購入することをができるという仕組みでした。建物本体が共有の構造として扱われる一方で，住戸は個別に

工事されました。建築家は，従うべき最小限の「建築条件」を記述した居住者用マニュアルを作成しました。サポート建築費は5.8百万ドル（65.00ドル/平方フィート（2,700ドル/m^2））と適度に抑えられました。

　このプロジェクトは，3つの住戸種類（所有者自身が住む分譲住戸，市場へ売却するための分譲用住戸，賃貸用住戸）が混在しています。分離し自立している2階建木造軸組構造の中に，14戸の2階建ての住居/仕事住宅（1800平方フィート，167 m^2）と，6戸の賃貸住戸（600平方フィートと1200平方フィート，56 m^{2}と112 m^2）が配置されています。残りのスペースは，小売・軽工業・工芸品製造などの商業用途に利用されます。主要構造は，現場打ち鉄筋コンクリート造床・軸組構造です。業務スペースとガレージを収容した2階建ての構造の上に計画された「プラザ・ガーデン」レベルに住戸は配置されています。2つの建物の間にあるプラザ，即ち「中庭」は，居住者によって維持管理されます。住戸へは幅8フィート（2.44 m）の外部廊下を経由してアクセスします。ここには居住者が植木などを置くことが可能です。更に，防火規定に従って十分な避難経路が用意されました。分譲住棟住戸の2階は中2階レベルに設計され，特別にデザインされ自由に配置された各住宅の内部階段によってアクセスします。中2階は規則に関係なく面積を拡張したり縮小することができます。

　配管は平行で向かい合わせの界壁の中に配置されています。浴室と台所は界壁に沿ったスペースに自由に配置されます。界壁は騒音問題が生じないように遮音性がある二重構造となっています。他のすべてのインフィルは所有者の責任範囲です。住民達は多種多様な間取りを作り出しました。幾つかの住戸は再販売時に間取りが変更されました。

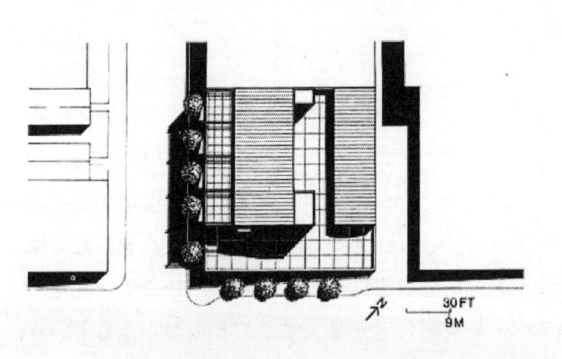

図4.78　配置図　図面提供：Weinstein Copeland Architects

4 ケース・スタディ

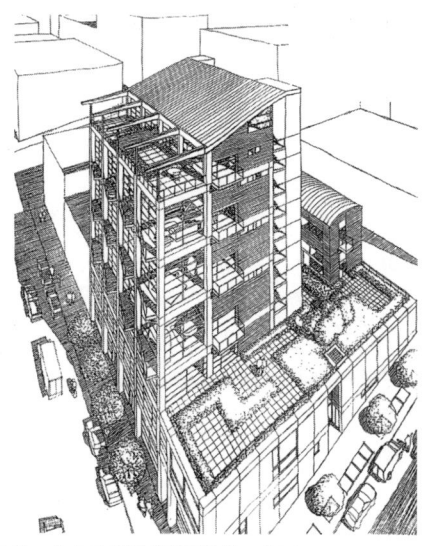

図 4.79 プロジェクトの鳥瞰（図面提供：Weinstein Copeland Architects）

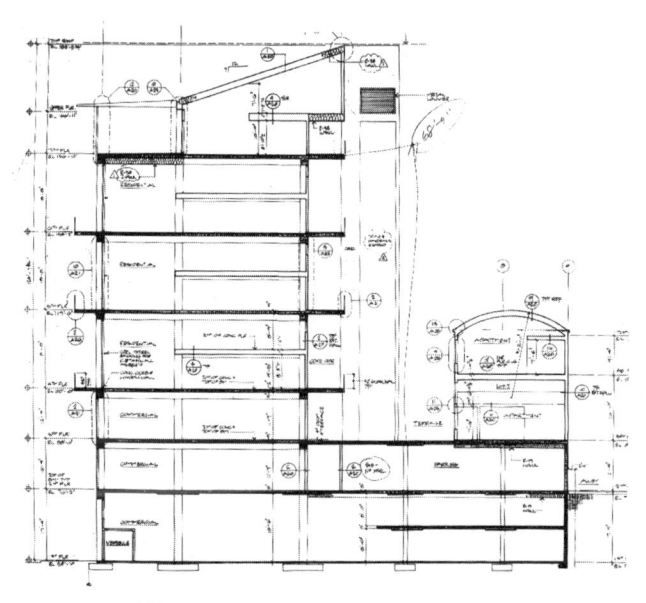

図 4.80 住棟断面（図面提供：Weinstein Copeland Architects）

4 ケース・スタディ

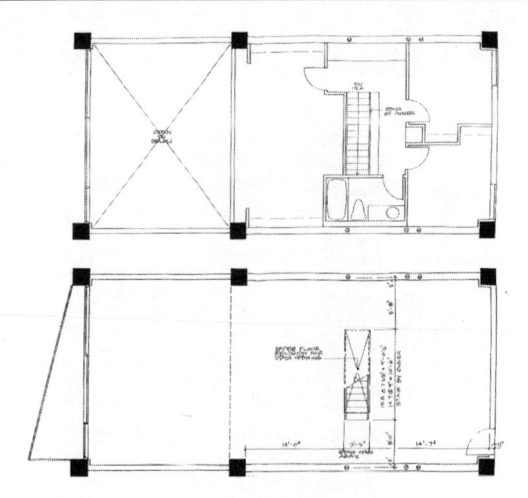

図 4.81 典型的なメゾネット住戸の平面(図面提供：Weinstein Copeland Architects)

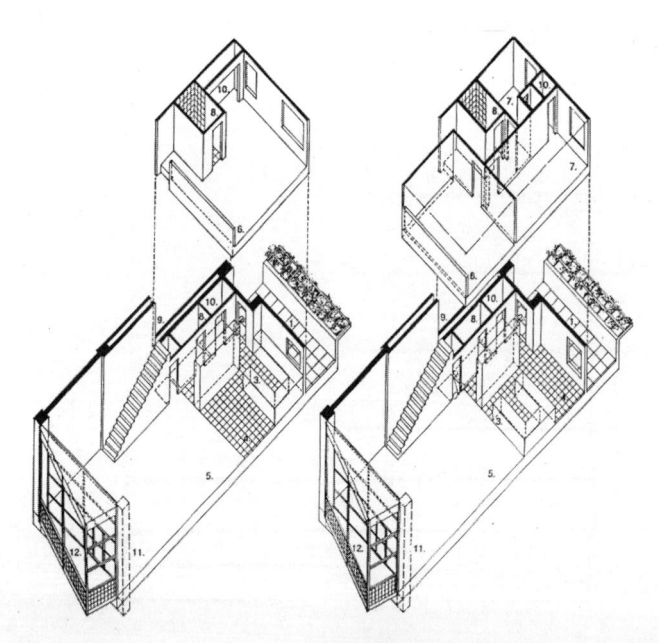

図 4.82 典型的なメゾネット住戸の「分解」図(図面提供：Weinstein Copeland Architects)

1994 Next21
日本，大阪

図4.83 （写真提供：Next21委員会）

計画/デザイン：大阪ガス，Next21建設委員会(内田・巽・深尾・高田・近角・高間・遠藤・千藤)
建築家：内田祥哉，集工舎建築都市デザイン研究所
施工者：大林組
デザイン・システム計画：巽和夫，高田光雄
住戸デザイン・ルール：高田光雄，大阪ガス，KBI建築デザイン事務所
モデュラー・コーディネーション・システム：深尾精一
所有者：大阪ガス
住　戸：18戸
サポート：鉄筋コンクリート・スケルトン＋新開発のファサード・システム
インフィル：Next21用実験システム

　Next21は実験的な18戸の集合住宅です。このプロジェクトは，21世紀に都市の中で生活を送る家族達が，楽しくより快適な生活を営むことを期待しています。Next21は，Next21建設委員会と大阪ガスとの共同で計画が行われました。Next21建設委員会は，基本計画とデザインを行いました。その目的は，以下の通りです。

- システム化された建設プロセスによって資源をより有効に利用すること
- 多様な世帯を受け入れるために様々な住戸を提供すること
- 多層構造全体への自然とグリーンの導入
- 都市の集合住宅の中に野生生物のための環境をつくること
- 日々の廃棄物と下水・汚水を建物の中で処理すること
- 建物による複合的な環境への負担を最小限にすること
- 燃料電池などを用いてエネルギー効率を上げること
- エネルギー消費を増加させずにより快適な生活を可能にすること

　住戸は異なる13人の建築家によって設計されました。各住戸の内・外部の平面計画は，様々な要素の位置を決めるためのコーディネート・ルールの範囲内で自由に設計されました。十分な階高をとることによって，天井裏と二重床下双方にユーティリティ用の配管・配線スペースの設置が可能になりました。したがって，構造要素とは無関係にダクトと配管経路を決めることができます。大梁によって小梁のせい高が抑えられました。これによってダクトと配管が「スリーブ」を使用することなく梁を通過することが可能になりました。水平方向の主要なユーティリティ・ゾーンは，外部廊下である「空中街路」の下に配置されました。

　建物の軸組（スケルトン），外部パネル，内部仕上げ，設備システムは，CHSの原理（それぞれ異なる修理・アップグレード・交換サイクルを想定した独立した建築サブ・システム）に従ってデザインされました。18戸の住戸内デザインの作業は，スケルトンの設計後に始まり，スケルトン工事の間も続きました。住戸の設備システムは，スケルトンの設備デザインより前に設計されました。設備設計が完了した後に，すべてのレベルの設備サービスが一つの建築業者によって据え付けられました。

　Next21のスケルトンとインフィルは同時に建設されましたが，居住者の要求と自治に従って様々なサブ・システムを適用することができるように設計されました。この目的の効果を試すために，4階の住戸すべてを対象として実験的にインフィルの更新が行われました。吊足場を使用して全ての仕事を住戸内で行なうことによって隣接する住戸の居住者への影響を最小限にし

ました。ほとんどの材料，特にファサードから取り除かれた材料がうまく再利用されました。このプロジェクトは，都市住宅と実験的なインフィル・システムに関する新しい方法を探究し，エネルギー消費の減少と様々なライフスタイルの実現を達成しています。Next21の第二段階として，その他の住戸のリノベーションと，新しい住民グループの導入，エネルギー・システムの継続的な評価が行われています。

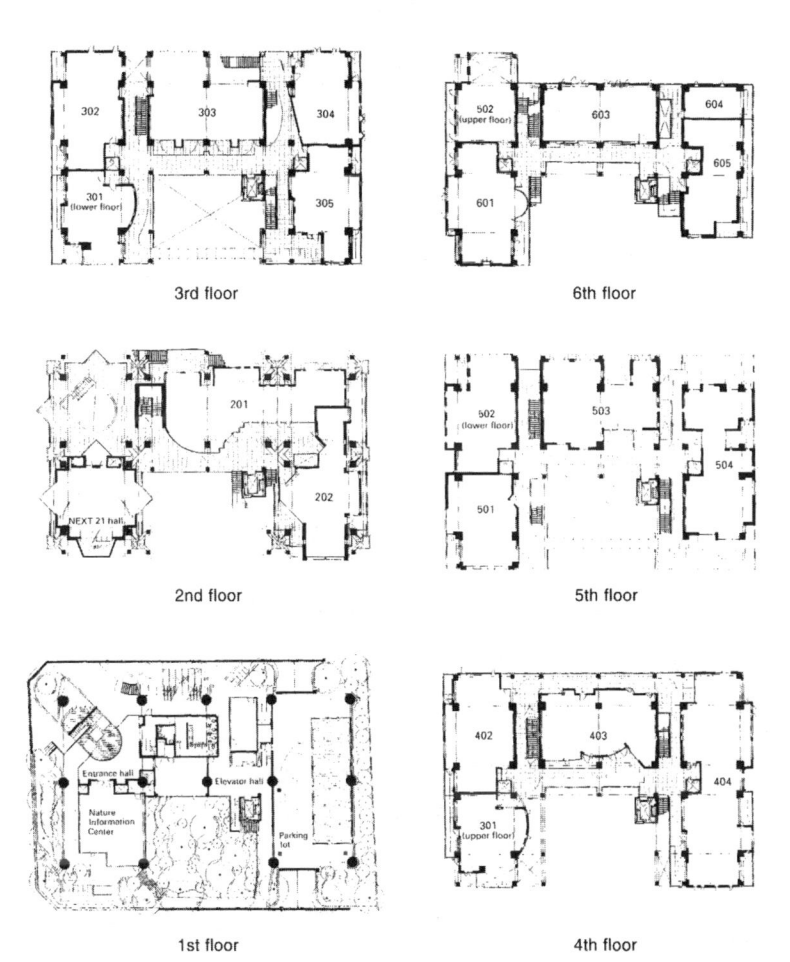

図4.84　平面図（図面提供：集工舎建築都市デザイン研究所）

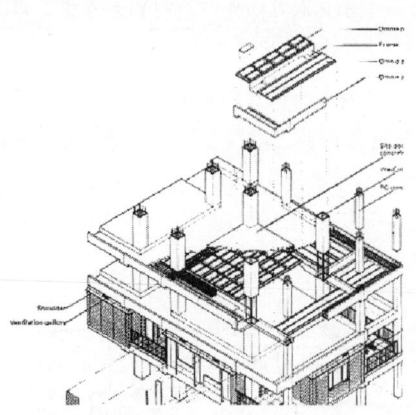

4 ケース・スタディ

図 4.85 建築システム
（図面提供：集工舎建築都市デザイン研究所）

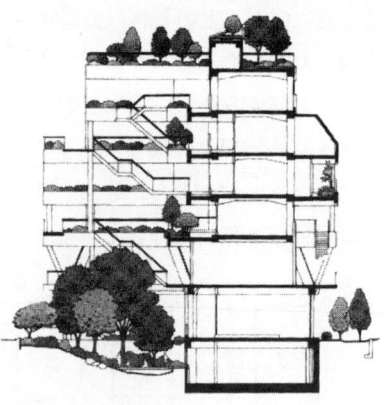

図 4.86 住棟断面
（図面提供：集工舎建築都市デザイン研究所）

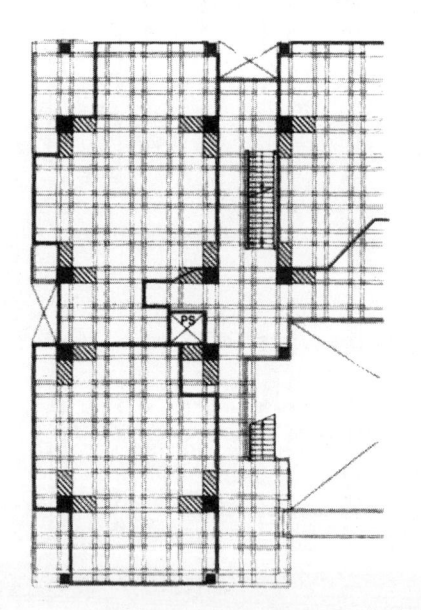

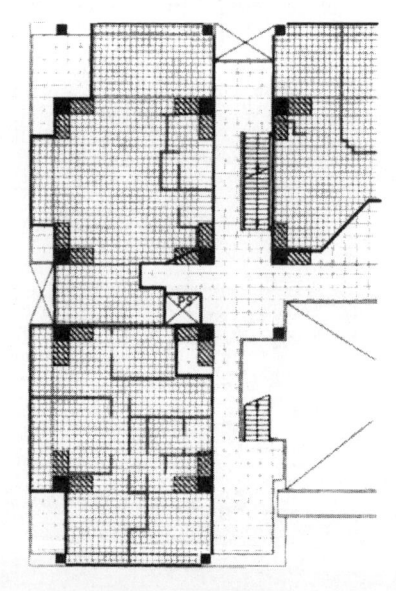

図 4.87 モデュラー・コーディネーション（図面提供：深尾 精一）

1994　Pipe-Stairwell Adaptable Housing

China(中国)，Beijing(北京)，Cuiwei Residential Quarter(萃薇小区)

図4.88　(写真提供　Zhang Qinnan(張欽楠))

建築家：Ma Yunyue(馬蘊玉)，Zhang Qinnan(張欽楠)，M & A Architects, Consultants and International Co.
所有者：Leal Housing Technology Development Center
住　戸：9戸
サポート：コンクリート厚板床＋コンクリート柱＋レンガ造耐力壁＋階段室内の垂直方向の機械設備
インフィル：様々な実験的インフィル・システム

　外観をスタッコで仕上げた3階建てのエレベータなし集合住宅を内容とするこのプロジェクトは，中国の第8期5ヵ年計画の全国建築研究プログラムの一貫として中国建設省から委託されたものです。幾つかの住戸には住戸両側に2つのバルコニーが付いています。サポートには，51 m^2 から117 m^2 の広さの住戸を設置することが可能で，隣接する区画は組み合わせることができます。
　共用階段上部に縦方向のパイプ・シャフトを置き，隣接住戸間の界壁に沿ってすべての浴室と台所が配置されています。しかしながら，様々な住戸内の間取りが可能となるように，各スペースの大きさ・配置・形・位置は可変なものとして計画されています。トイレは垂直排水管の近くに位置しています。

台所の下部キャビネットの後ろに水平配管を置くことによって台所の位置は自由になっています。

住戸内部へ大きな柔軟性を与えるために、台所と浴室の計画と配置が可変となる可能性を探求することが、デザイン上の第1の目標でした。第2の目的としては、間仕切壁その他のインテリア・システムの着脱方式を合理化することでした。次の3つのシステム上の提案が行われました。

1. 共用の階段部に各々縦配管を設置すること。建物中央部に設備配管を配置することによって、各住戸内での台所と浴室の位置がより可変的になります。
2. 特に間仕切壁と水平配管に関して、サポート/インフィル間のコーディネーションを改善すること。
3. 中国国内の地方業社（造船業者など）と米国のGypsumなどの国外の会社から、合わせて5種類の間仕切壁システムを採用すること。バリエーションのショーケースとなることが、中国における住宅用インフィル産業の活性化を促進するのに役立つと考えられたのです。

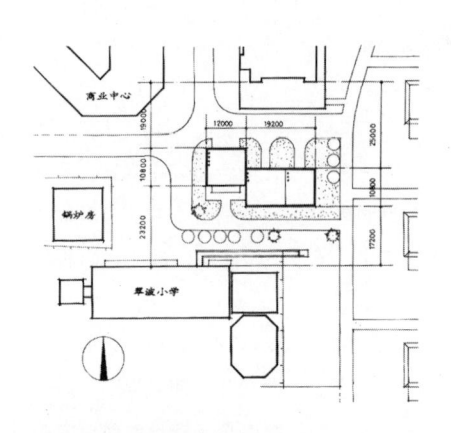

図4.89 配置図
（図面提供：M＆A Architects）

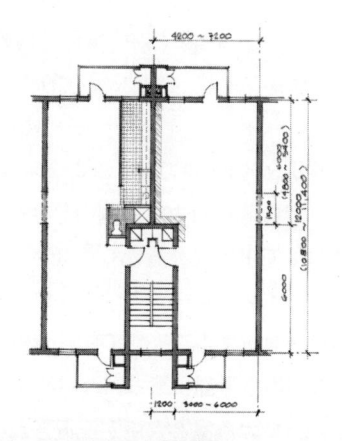

図4.90 サポート平面図
（図面提供：Stephen Kendall）
（原図：M＆A Architects）

4 ケース・スタディ

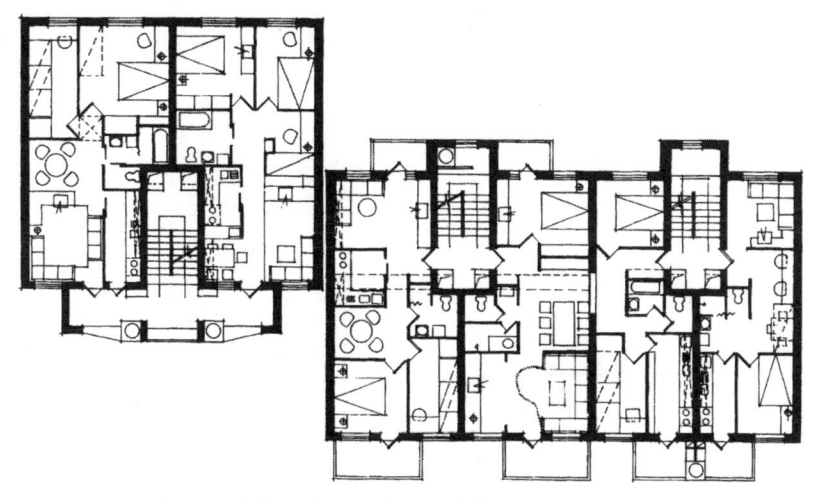

図4.91 住棟内の住戸配置（図面提供：M & A Architects）

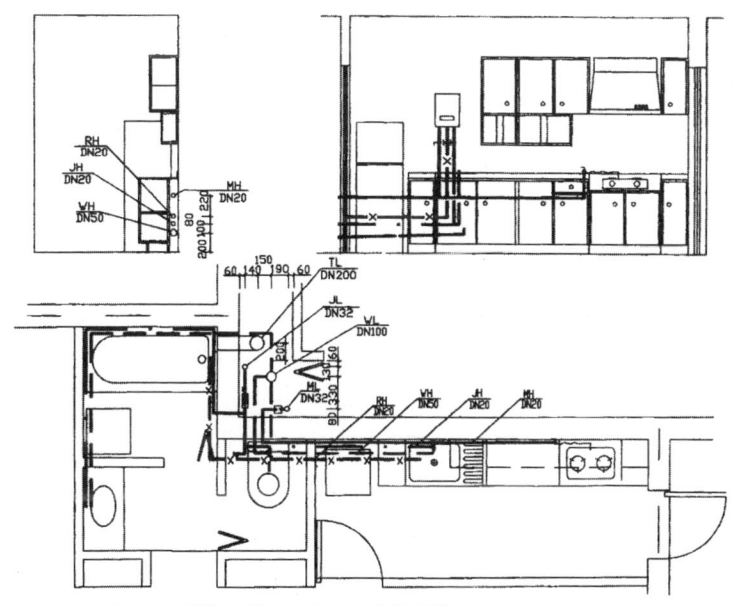

図4.92 配管のダイアグラム（図面提供：M & A Architects）

— 133 —

1995　VVO/Laivalahdenkaari 18

Finland(フィンランド)，Helsinki(ヘルシンキ)

図4.93　（写真提供：Jussi Tiainen）

建築家： Arkkitehtuuri Oy Kahri & Co.
所有者： VVO Rakennuttajat Oy
住　戸：賃貸97戸
サポート：［下記参照］
インフィル：［下記参照］

　5～6階建の集合住宅群から成るこの9,092 m^2 のプロジェクトは，フィンランドにおけるオープン・ビルディングに向けた様々な取り組みの成果を，単独のプロジェクトへ包括的に取り入れています。高度な適応性を実現した技術の中心は，優れた居住者参加プロセスと国債を利用した資金調達です。
　プロジェクトで利用された建築システムは以下のようなものです。

- 中空のコア・スラブと住戸間の耐力壁をもった鉄筋コンクリートラーメン構造(戸境壁は，場合によっては将来的に小さい住戸を組み合わせることが可能です)
- 各住戸への独立したエネルギー・サービス供給
- 各住戸への熱交換型の吸/排気・換気システム

4 ケース・スタディ

- ラジエータ不要の床暖房
- 選択可能な材料・仕上げ・部品で組み立てられたボックス・ユニット・バルコニー
- 将来の間取り変更のための着脱可能な間仕切壁
- 居住者が自由に間仕切りができる(台所を含む)平面と浴室の位置固定

　居住者の参加プロセスが同時に開発されました。入居予定者は，建設開始前に何度もグループ単位のミーティングを行いました。建築家との個別ミーティングも世帯ごとに行われ，ミーティング時には建築家が各々の家族のために6つ以内の平面プラン・オプションを用意しました。各オプションには仕上材，バルコニー手すり，窓割りなどの違いがあり，価格の提示も同時に行われました。

　固定された浴室スペース以外の部分に対しては，居住者自身が住戸の平面プランを決めることができました。全住戸の内の70％の居住者が，平面プラン，仕上げ，設備を選択しました。加えて，住民達は建物の中の自分の住戸の場所や窓位置，バルコニーの手すりのデザインに関する意見を出しました。さらに，居住者はサポートのデザイン・プロセスにも参加したのです。

図4.94　サポート平面。図上部に住戸プラン・バリエーションを示す。
　　　　(図面提供：Architecture office Kahri and Co)

4 ケース・スタディ

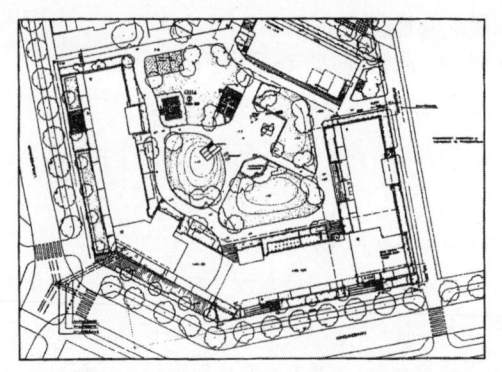

図 4.95 配置図（図面提供：Architecture office Kahri and Co）

図 4.96 住戸プラン・バリエーション（図面提供：Architecture office Kahri and Co）

1996　Gespleten Hendrik Noord
Netherlands（オランダ），Amsterdam（アムステルダム）

図4.97　（写真提供：Luuk Kramer）

建築家：De Jager & Lette Architects, Van Seumeren, Van der Werf
発起人：Stichting Medio Mokum and Woonstichting De Key
住　戸：28戸
サポート：スキップフロア廊下 ＋ コンクリート床・界壁
インフィル：在庫方式サブ・システムを利用した居住者による配置計画

　アムステルダムの古い地区では，現状より良い居住環境へ引っ越せる可能性がほとんどありません．その状況下で5組の家族が解決策を見出しました．彼らは28住戸分の集合住宅が建築可能な敷地を選びました．自分自身で建築することによって資金が節約できました．その上，通常以上の質，家族の要求に対する住戸の適応性，建築家への注文が実現しました．建物は，政府補助金を受けた平均価格188,000ギルダーの16住戸と民間資金による平均価格214,000ギルダーの12住戸から構成されています．

　デザイン・プロセスは2つの段階に分けられました．自分の住戸を選ぶ前に，入居予定者達は全体構成について話し合いました．具体的には，機能・住戸数・住戸価格・共用スペース・ファサード・標準的住戸プラン・建築予算などの中で優先すべき項目を何にするかという議論が行われたのです．これら

の事柄について合意に達した後に，住戸の割り当てと住戸ごとの要望を話し合う第2の段階が始まりました。

全体計画では，公共空間から個人空間までの緩やかな変化が特徴となりました。内部廊下に続く中央玄関が建物への入口となっています。地上階には，庭と通りからの各一つの入口を備えた大きなホールがあります。2階の内部廊下へ続く優雅な階段とエレベータが設置されています。5階の廊下へはエレベータか階段によってアクセスします。

住戸は個々の居住者の希望を取り入れている上に，この価格帯の通常の住戸よりも天井が高く広々した空間となっています。居住者は，プロジェクトの意思決定を共働し，1・2階の大きな中央ホールと子供が安心して過ごせる遊び場であるインナー・ガーデンを共有しています。ほとんどの住戸には小さい中2階があり，住戸間の界壁だけがサポートであることから柔軟な間取りが可能となっています。メイン・ユーティリティー・シャフトは可能な限り住戸の中心に配置されています。このことによって，浴室，台所，トイレを界壁の2つのうちの一つに沿ってまとめて配置したり，住戸の真ん中に置いたりする自由が得られます。居住者・建築家・建築業者間の熱心な意見交換の結果，28種類の異なった間取りが実現しました。各々のスペースの配置と機能は，他の利用方法の可能性を残しつつも，住戸タイプや大きさ，間取りや仕上げに対する限りない多様性を提供しており，簡単に変更が可能です。共有部も高い長期的価値を有しています。変化への受容能力に対する投資を行ったにも関わらず，住戸内工事は非常に低コストで経済的でした。

建築用語としては，集合住宅は，独立した存在であり，且つ，都市の一部であると考えられてきました。この集合住宅は，高い煉瓦の塔と低い木製ファサードが交互に組み合わされています。この塔部分は近隣の建物の煉瓦積みのコーナー部分と調和し，ファサードは各住戸の多様性を巧みに反映しています。

ある程度の「自由応募原則」—分譲集合住宅へ新しい人々が入居するプロセス—に沿いながらも，健全な社会的絆が居住者達の中に生まれました。住民達はお互いのプライバシーを尊重しながらも，同時に住み手相互の関係を保ち続けようとしています。

4 ケース・スタディ

図 4.98 中庭の様子（写真提供：Joanne de Jager）

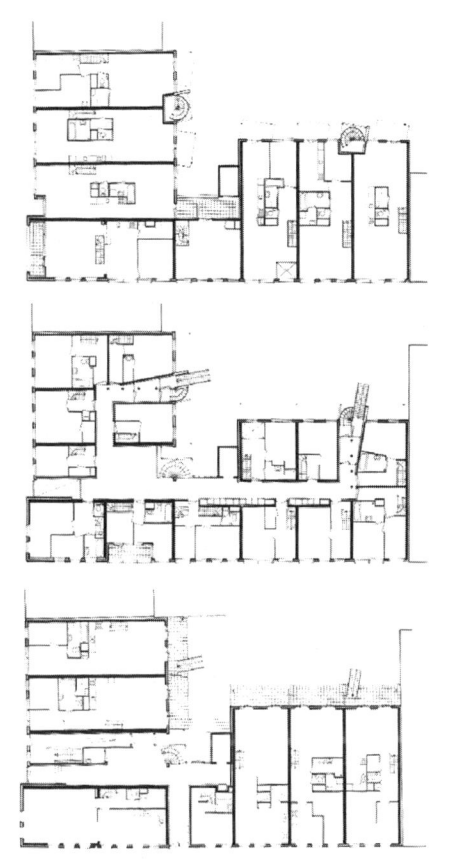

図 4.99 住戸配置（図面提供：De Jager & Lette Architects）

4 ケース・スタディ

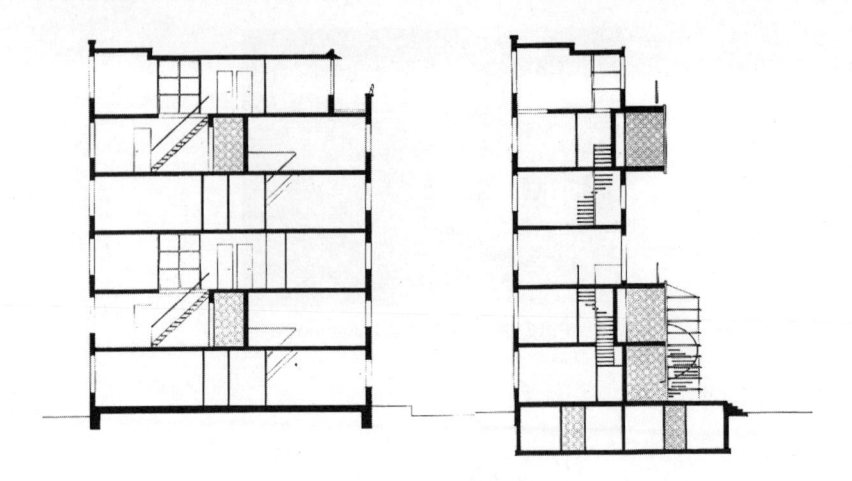

図4.100 自由に廊下を取り付けた住棟断面
（図面提供：De Jager & Lette Architects）

1996 つくば方式
日本，筑波

図4.101　（写真提供：建設省（現：国土交通省）建築研究所）

建築家：建設省/建築研究所
スポンサー：建設省/建築研究所居住者組合
住　戸：プロジェクト＃1(15戸)，プロジェクト＃2(4戸)，プロジェクト＃3(11戸)，プロジェクト＃4(13戸)，プロジェクト＃5(12戸)，プロジェクト＃6(12戸)，プロジェクト＃7(10戸)，プロジェクト＃8(10戸)
サポート：鉄筋コンクリート・逆梁床構造またはラーメン構造
インフィル：大部分は在来インテリア構法，一部に新製品を利用，数戸に在来構法＋二重床を採用

　日本の住宅デベロッパーたちの伝統的なやり方は，住宅の性質や品質の決定へ住み手が参加することを妨げてきました。若い夫婦は，「標準的」集合住宅住戸で新生活を始めて5年から10年を過ごした後に，家族向けの戸建住宅へ引越して歳を取るまで暮らします。老人になると再び集合住宅へ引越すのです。しかしながら，伝統的な住宅双六に従って家を購入する日を楽しみに待つ段階へは，今ではほとんど到達できなくなりました。この状態に至ったのは，土地所有に関する日本独自の法律が原因です。

つくば方式は，住宅を建てるための資金調達の新しい方法の提案です。即ち，「二段階供給方式」の適用と普及を目的としています。つくば方式は，資金的にも快適さの点からも，集合住宅に住み続けることが良いのだということを実証することを目的としています。その目的を達成するためには，建築方式と共に所有権と資金調達の構造を再編することが必要でした。したがって，このハウジング手法の主要な具体的目標の第一は，土地所有権の新しい形態を実現することでした。通常日本では，土地所有者が土地の「利用権」を別の主体に譲渡すると，その主体は建物を建設してもよいことになっています。土地所有者は所有権を維持しているので，理論上は利用権の返還を要求することができます。しかしながら実際は，土地所有者は，利用権を与えた相手や権利を譲渡された主体を立ち退かせることは決してできません。即ち，土地所有者は，所有権を取り戻すことができないのです。この事実は，第一に売るという行為の理論的根拠を失わせます。開発コストが高いことから，土地所有者自身が土地を開発することができにくい状況にある一方で，所有者が利用権を売却する動機はほとんど存在しません。結果として，住宅を建てるための土地を見つけることは難しく，見つかっても高コストとなります。

つくば方式では，所有者は権利を維持したままで協同組合に土地を賃借します。利用権を厳しく制限することと引き換えに，協同組合のメンバーは低い初期コストと予測可能な長期コストを享受することができます。協同組合のメンバー(居住者)は，最初の30年間住戸を所有しています。31年目に土地の権利が事前の契約に従って地主へと復帰し，居住者に賃貸し始めます。続く30年間は，分譲マンションと同様に，ただ修理費や維持管理費と土地を借りていることに対するわずかな査定月額を支払います。60年目にすべての住戸は市価で自動的に賃貸されます。資金調達問題の解決を支援するために，日本の住宅金融公庫は新しい賃貸ローンを開発しました。この独特の貸付方式は，抵当権を土地だけではなく建物にも設定します。結果として，土地の抵当権を考慮しなくても住宅価格の80％のお金を借りることが可能です。これは重要な革新です。日本の不動産システムでは土地と建物の所有権は分離が可能で，土地の抵当権は建物の抵当権より価値が高いと考えられて

4 ケース・スタディ

います。その意味で，公庫はつくば方式の共同発明者なのです。

多くのプロジェクトが意識的に小さいスケールで実行されました。最初に15戸の住戸が1996年に筑波で建設されました。4戸の住戸を対象とした2番目のプロジェクトが1997年に同じく筑波につくられました。3番目のプロジェクトは東京で11戸の住戸規模で実施されました。この最初の3件は建築研究所チームによって進められた実験的プロジェクトでした。その後5つのプロジェクトが民間によって実行されました。プロジェクト＃6は，また別の意味で先駆的なプロジェクトです。日本ではすべての住戸の仕上げが終了して初めて建築は法的に完了し，建物の入居への準備が整います。この事実が二段階供給に対する法的障害となってきました。プロジェクト＃6の横浜・鶴見プロジェクトは，すべてが仕上がる前に居住者が入居し住戸を占有することができた日本で最初のケースでした。

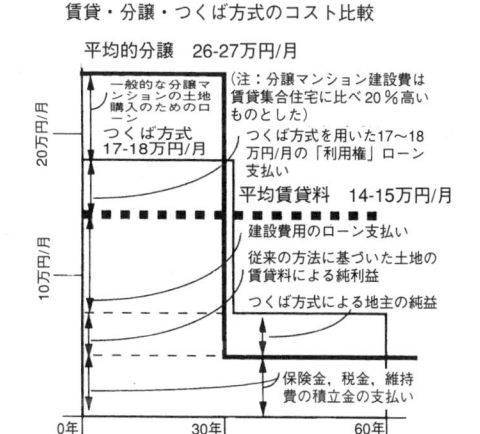

図4.102　経済面の比較（図面提供：Stephen Kendall）（原図：建設省 建築研究所 小林 秀樹）

4 ケース・スタディ

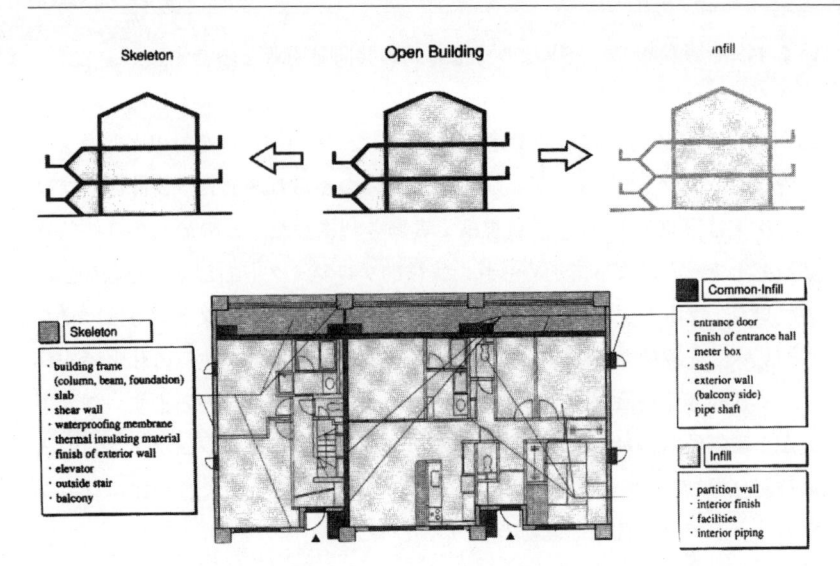

図 4.103 二段階供給方式のコンセプトと平面の例（図面提供：建設省 建築研究所）

1997 兵庫センチュリー・ハウジング・プロジェクト
日本，兵庫県

図 4.104 （写真提供：深尾 精一）

建築家：兵庫県住宅供給公社＋市浦都市開発建設コンサルタンツ
所有者：兵庫県住宅供給公社
住　戸：104戸
サポート：逆梁床システム
インフィル：二重床，ユニットバス

　兵庫県住宅供給公社が計画・所有主体であるこのプロジェクトは，二段階供給方式とセンチュリー・ハウジング・システムの考え方とを結びつけた賃貸集合住宅プロジェクトです。このプロジェクトは，80 m^2 の 48 住戸，92 m^2 の 36 住戸，124 m^2 の 12 住戸で構成されています。各住戸一台分ずつの駐車場が利用可能です。プロジェクトの一貫としてコミュニティ・ルームが建設されました。共用のガーデニング区画が敷地内の様々な場所に配置されています。
　プロジェクトには3つの原則がありました。

● 共用部品の長期耐用性
● 短期的部品の柔軟性

● 老齢あるいは身体が不自由な居住者・訪問者のアクセシビリティ

スケルトンとインフィルはお互いに別の技術システムとして計画されています。スケルトンは100年の耐久性を有し，その100年間に住戸の大きさと間取りの変更が可能であるように設計されました。スケルトンは逆梁を採用しており，床下の住戸へは平滑な天井を，床上の住戸には二重床による配管スペースを確保する結果となっています。配管スリーブによって，水平方向の配水管・給水管・ダクト・配線が逆梁を貫通することを可能にしています。

第二の部品群は，外壁，ファサード，戸境壁です。この部品群には，屋根，主要配管，配線，住戸の正面玄関の外の設備ユニットが含まれています。

第三の部品群は各住戸のインフィルです。固定式・可動式の間仕切壁，ドアとドア枠とすべての内部仕上げをその主な内容としています。他には，棚，収納ユニットと住戸用の配管，配線，暖房・空調装置などです。逆梁の床構造によって生じる床下スペースは，例えば持ち上げ式扉による広い床下収納を台所などへ設置することを可能にしています。

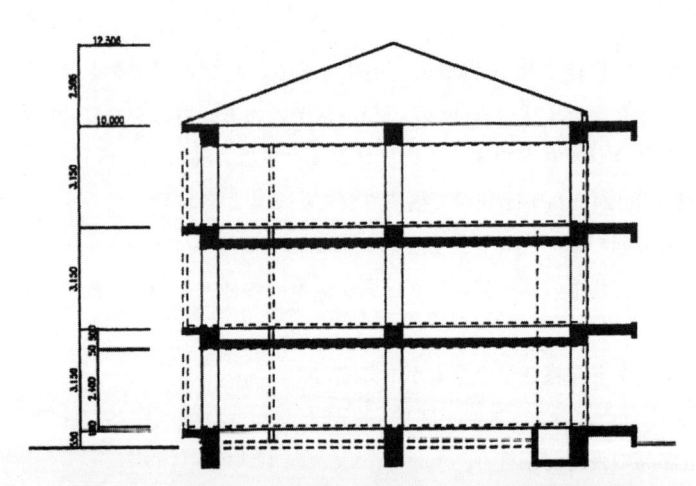

図4.105　逆梁を用いた床断面（図面提供：兵庫県住宅供給公社）

4 ケース・スタディ

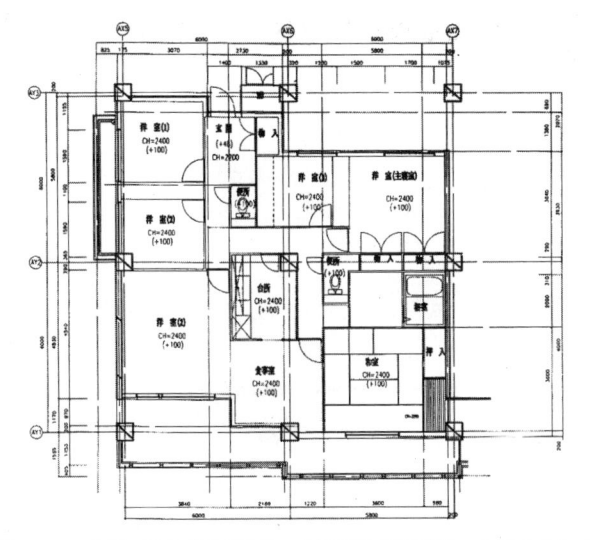

図4.106 住戸プラン（図面提供：市浦都市開発建設コンサルタンツ）

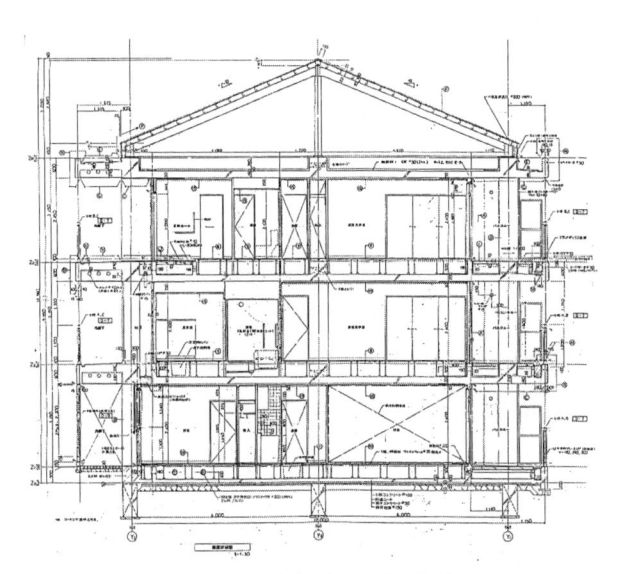

図4.107 インフィルの内部立面及び住棟断面
（図面提供：市浦都市開発建設コンサルタンツ）

1998 吉田次世代住宅プロジェクト
日本，大阪

図4.108　（図面提供：建築環境研究所）

建築家：建築環境研究所，集工舎建築都市デザイン研究所
所有者：大阪府住宅供給公社
計画者：次世代都市住宅建築委員会＋巽・高田
住　戸：53戸
サポート：逆梁床システム
インフィル：松下電工，ダイケン，日本住宅パネル工業協同組合

　このプロジェクトの計画は1995年に始まりました。それ以前にも二段階供給プロジェクトとして分譲住戸の提供が行われていました。そこで，このプロジェクトの目的は，賃貸市場に二段階供給方式を適用させることに設定されました。結果として，吉田プロジェクトは第三の複合的な住宅供給方式をつくり上げました。インフィルが，完全に所有もされず，完全に賃貸もされない，というものです。
　京都大学の高田光雄助教授と巽和夫教授によって考えられたコンセプトは，居住者が住戸のインフィルのうちの一部分を所有するというものです。例えば，着脱可能あるいは可動性の壁や家具などがその対象です。収納ユニット（衣装用収納，クローゼットなど）は居住者の所有ではなく，サポートの一部

分となっています。収納ユニットは賃貸されているのです。

　更に事前の契約によって，居住者所有のインフィルの維持管理は，インフィルを供給するグループが行います。標準プランは，水廻りユニットや台所，すべての固定収納の場所を動かせないものとして計画しています。これらについては居住者の好みを反映しません。

　大阪府住宅供給公社は，将来的にはプロジェクトに対してスケルトンだけを供給する予定です。すべてのインフィル部品を民間業者が供給することを期待しています。公社はまた，インフィル・システムを使って既存の賃貸住戸を再生するつもりです。最終的に公社は，インフィル・システムを供給するように関係企業に要請しました。主要な部品は，間仕切壁，ドア，棚で，居住者自身(DIY)や未熟な職人でも簡単に取り付けることができます。居住者が所有するために部品を購入して取り付けるための価格は高くはありません。

　加えてこれらの部品は，配線や配管や機械設備を含まず，特定の住戸の仕様に合わせて寸法を調整するためのパネルの端の切り落としは不要です。イン

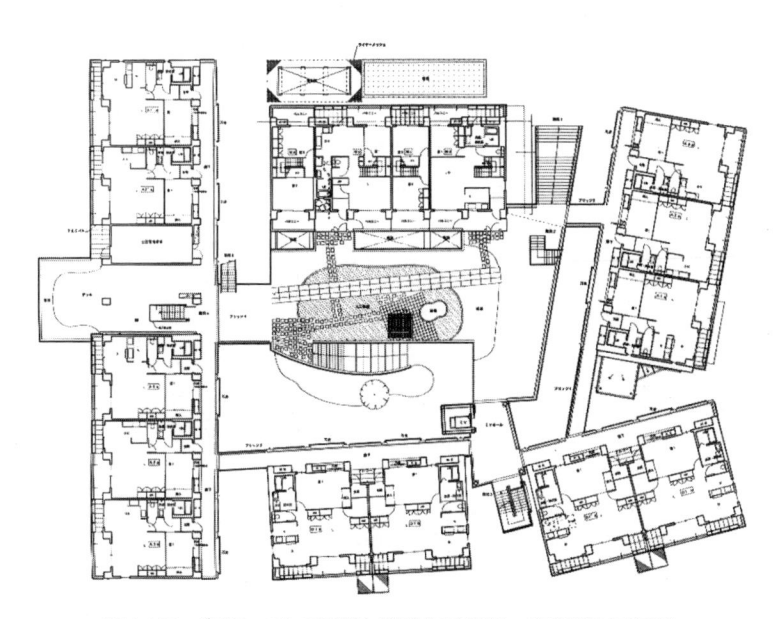

図4.109　広場レベルの平面と配置(図面提供：建築環境研究所)

フィル部品の音や熱の性能仕様については規定されていません。

スケルトンは，兵庫センチュリー・ハウジング・プロジェクトとつくば二段階供給方式の団地と類似した逆梁床システムを採用しています。

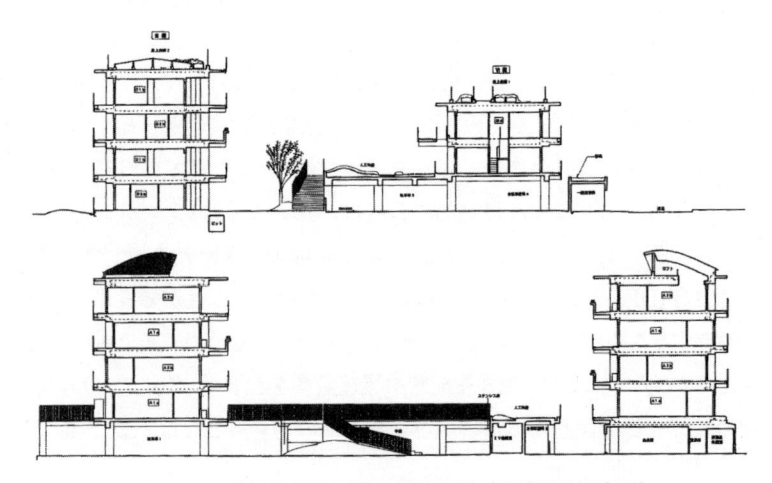

図4.110 敷地と住棟の断面（図面提供：建築環境研究所）

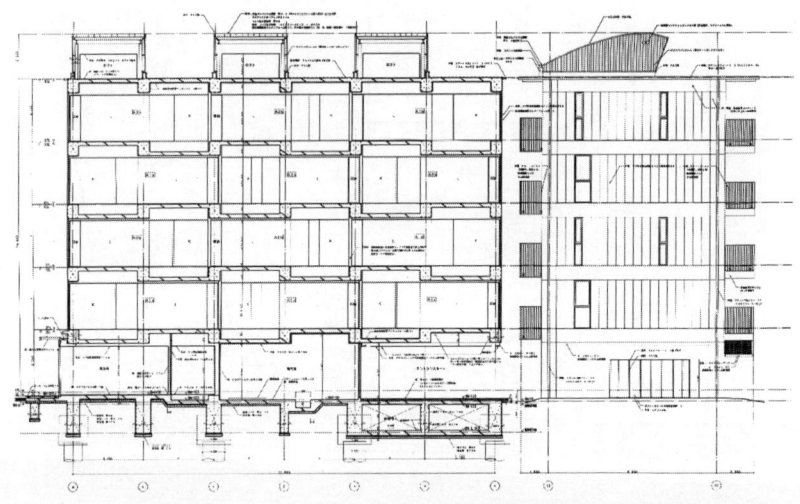

図4.111 段差をもつサポート・フロアを表現した断面（図面提供：建築環境研究所）

1998 The Pelgromhof

Netherlands(オランダ)，Zevenaar(ツェフェナール)

図4.112 （画像：Ingolt Kruseman）（写真提供：ASK ）

建築家：Frans van der werf
所有者：Algemene Stichting Woningbouw Zevenaar and Pelgromstiching Zevenaar
住　戸：215戸
サポート：コンクリートスラブ＋界壁
インフィル：在庫方式サブ・システムを利用した居住者による間取り

　このプロジェクトはthe Zevenaar Residential Construction Foundation (ツェフェナール住宅建設財団)とPelgrom Foundation(ペルクロム財団)によって出資されました。この215戸の老人用住戸のプロジェクトは，エコロジー/サステイナブルなデザインと有機的建築というオープン・ビルディングの2つの原則を結びつけています。プロジェクトは，169戸の自立生活者用の住戸と86台分の駐車場，介助や介護が必要な老人用に設計された46戸で構成されています。このプロジェクトはまた，レセプション・ルーム，台所付交流センター，レストラン，劇場，店舗，図書館を含んでいます。プロジェクト・コストは，5,000万ギルダー(2,500万米ドル)以上でした。このプロジェクトは，オランダ政府によって実験的プロジェクトとして位置付けら

れ，住宅省によりサステイナブルで省エネルギーを志向した建築の国家モデルに選定されました。この集合住宅は，「住宅のためのオランダ・サステイナブル建築基準」を満たしている上に，自然塗料とヒート・ポンプを使用していることで更に先進的な試みとなっています。

建築家Frans van der Werf(フラン・ファン・デル・ベルフ)は，これまで20年以上もサポート/インフィル・プロジェクトに取り組んできました。この最新作は，オープン・ビルディングの多くの基本原則を具体化したものです。

- オープンな建築プロセス：自分自身の生活様式に対応したスペースをつくる作業にそれぞれの住民が参加しています。居住者が実物大の模型を使って自分の住戸を設計します。
- 終の住処：プロジェクトは，「go-go」，「slow-go」，「no-go」として良く知られている人生終盤の様々な段階の居住者のための生活空間を供給しています。アクセシビリティ，安全性，順応性という老齢者のニーズに応えています。
- 社会とのつながり：若干の援助を必要とする老人達の完全な社会とのつながり。「The Pelgromhof」は，十分なケアと，市街地に位置することによる安全で落ち着きと活気がある環境を提供しています。
- 有機的建築：このプロジェクトの形態・色彩・景観は，所有者の哲学を取り入れて，居住者が自然と密接な関わりをもつように意図されています。花壇や外壁の植物が敷地内の特徴となり，浄化された空気，植物標本，流れる水と植物相・動物相の多様性が更なる魅力となっています。
- デジタル・スーパー・ハイウェー：安全性，通信，エネルギー管理を遠隔補助しています。
- サステイナブル・コンストラクション：多くのグリーン・アーキテクチュア要素が取り入れられています。即ち，バイオ・エコロジー塗料・材料，新しい高効率床暖房，コンクリート利用の削減，太陽エネルギーによる集熱，温度管理上のエネルギー節約のためのヒート・ポンプの利用，窓・屋根の断熱材の効率的利用などです。

プロジェクトの居住者として想定されたのは，終の住処―生活段階の異なる時期を通じ適合し続ける住戸―を欲する50代の顧客でした。個別の間取り選択が，賃貸住戸において，かつてこれ程大規模に実施されたことはありませんでした。「The Pelgromhof」は最近，オランダ建築賞(the Dutch Building Award)を受賞しました。この本を執筆している時点で，第2期プロジェクトが建設中です。

図4.113　プロジェクト周辺の鳥瞰
　　　　　(写真提供：Michel Hofmeester)(資料提供：AeroCamera BV)

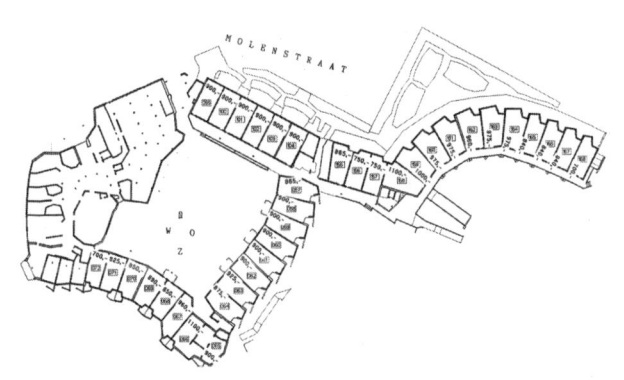

図4.114　地上階のサポート平面(図面提供：Frans van der Werf)

4 ケース・スタディ

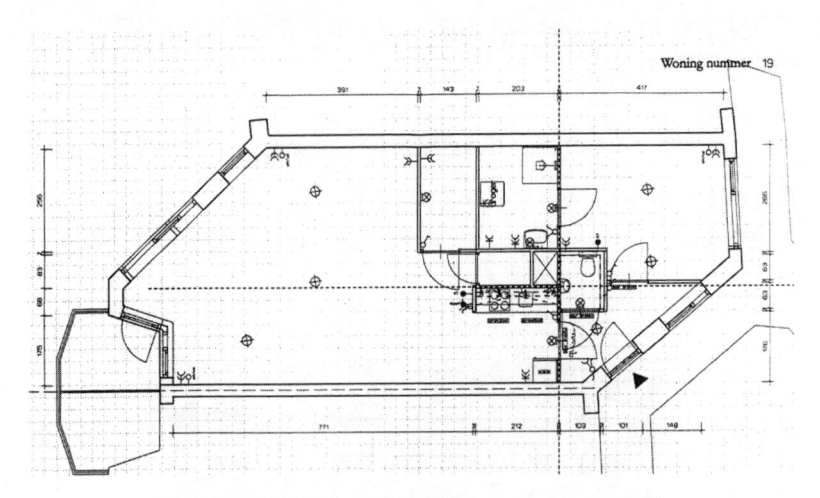

図4.115　住戸プラン1（図面提供：Frans van der Werf）

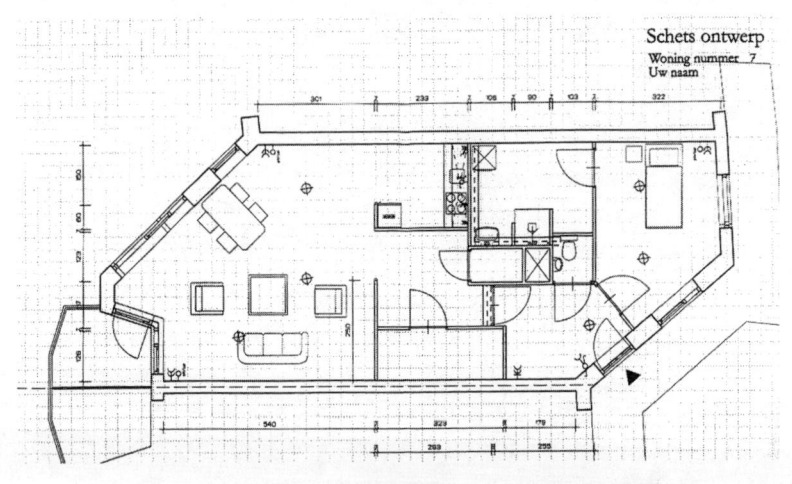

図4.116　住戸プラン2（図面提供：Frans van der Werf）

4 ケース・スタディ

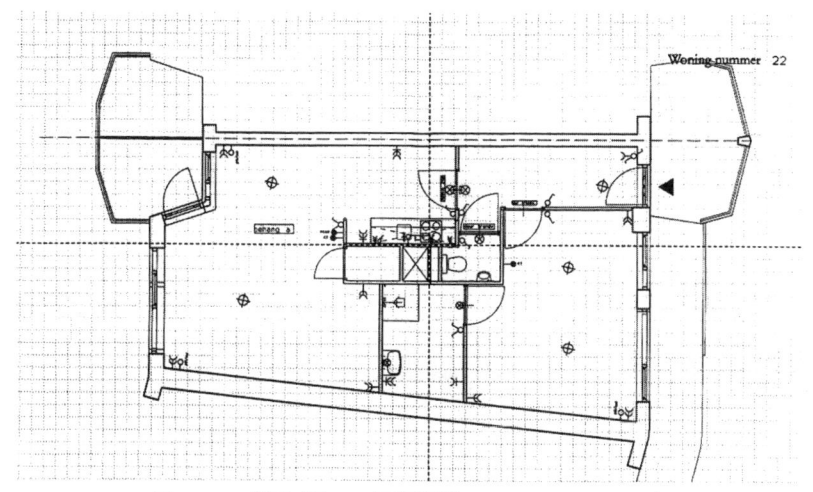

図4.117 住戸プラン3（図面提供：Frans van der Werf）

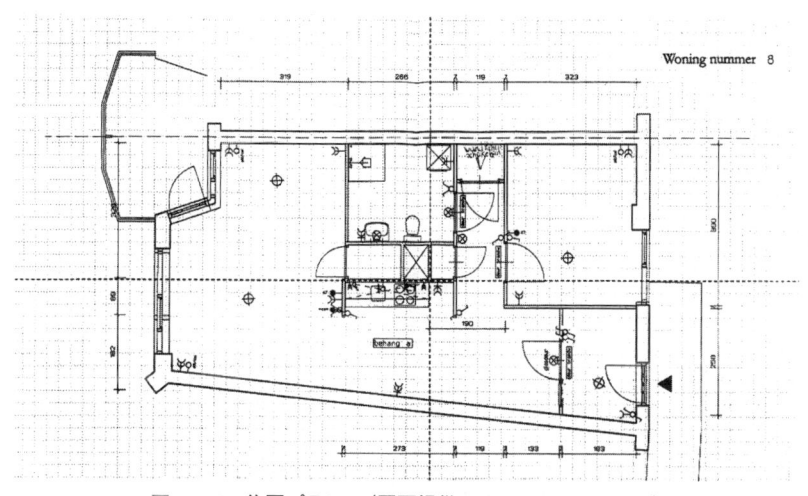

図4.118 住戸プラン4（図面提供：Frans van der Werf）

4 ケース・スタディ

1998　住宅都市整備公団KSI98実験プロジェクト
日本，八王子

図4.119　住戸玄関のZ梁(写真提供：住宅都市整備公団)

建築家：住宅都市整備公団＋環総合設計
所有者：住宅都市整備公団
住　戸：5戸の実験的住戸，2戸のペントハウス
サポート：コンクリートZ梁スケルトン＋コンクリート中空フラット・
　　　　スラブ＋ポスト・ストレスト・プレキャスト・コンクリート軸組構
　　　　造＋各住戸側の共用排水設備
インフィル：住宅都市整備公団インフィル，民間インフィル部品

　住宅都市整備公団(HUDc)は，何十年もの間ニュータウン開発と分譲集合住宅プロジェクトの中心となってきた公共デベロッパーです。また，720,000戸以上の賃貸住戸を所有しています。この住宅ストックの老朽化に伴って，業務の中心は，都心地区の再生と賃貸住戸対策に移行しつつあります。KSIのような実験的プロジェクトは，この変化の現れです。
　日本においては，消費者志向の賃貸住戸に対する要求は依然満たされていません。分譲集合住宅は好ましい選択肢ではありません。ほとんどが居住者の好みに対応していないからです。マンション(分譲集合住宅)居住者の大部分は，あらゆるアップグレード・修理に合意形成をしなくてはなりません。住

戸の改造への重い制限，地震後の修繕費への重い負担などの問題があります。しかしながら，KSIプロジェクトで提案された住宅システムでは，公共部門がサポートを所有します。そして個々の住民はスペースを借りインフィルを所有します。住宅都市整備公団は，新しいS/I住宅技術を開発し，日本全体にS/I住宅を広めようと考えています。これが成功するためには，新しいインフィル・システムが，新築工事と再生工事の両方に利用できることが必要です。

既に数年間をかけて住宅都市整備公団(HUDc)はS/I住宅に必要な性能を有する4種のサポート・システムを開発していました。具体的には，部分的逆梁構造，一部に溝をもつスラブと耐力壁構造，フラット・ビーム構造，耐力壁のない堅固な軸組構造でした。KSI98プロジェクトは，これらのシステムに5番目のZ梁構造を加えました。KSI98の実験プロジェクトでは，地上階には民間のインフィル・デモンストレーションのための展示スペースと2戸のモデル住戸が設置されています。2階には公団インフィル・システムのモデル住戸と，民間のインフィル・モデル・ルームが2室あります。3階には新しい技術を利用した2戸のペントハウスが建設されました。建築プロセスを通じて多くの開発成果が実証されることになるでしょう。例えば，サブ・システム・インターフェース，製品の性能，工事時間を短縮し様々な作業を行う職人の数を最小化するための実験的技術などです。

公団インフィル・システムでは，低勾配排水管(マトゥーラ・インフィル・システムの無傾斜　配管の後にモデル化された)，ビニール配線，多方向給水管がコンクリート床の上に取り付けられました。低コストのコンピュータ用アクセス・フロアと同じように，ゴムチップの高さ調整付台座によって支えられた二重床が，サブ・フロアとして設置されました。二重床と石膏ボード・パーティションは工場であらかじめ組み立てられます。電気配線は，二重床ゾーンにある，部屋の周辺部の配線「溝」と，壁に通されます。松下電工などの民間会社によって提供されたフラット・ケーブルが天井面に使われています。それぞれの設備機器から玄関外に位置しているヘッダーまで独立した配線が繋がっています。機器には二重床の下から垂直方向に連結します。給水

4 ケース・スタディ

管もまた多岐管からの直結で，温水用と冷水用があります。

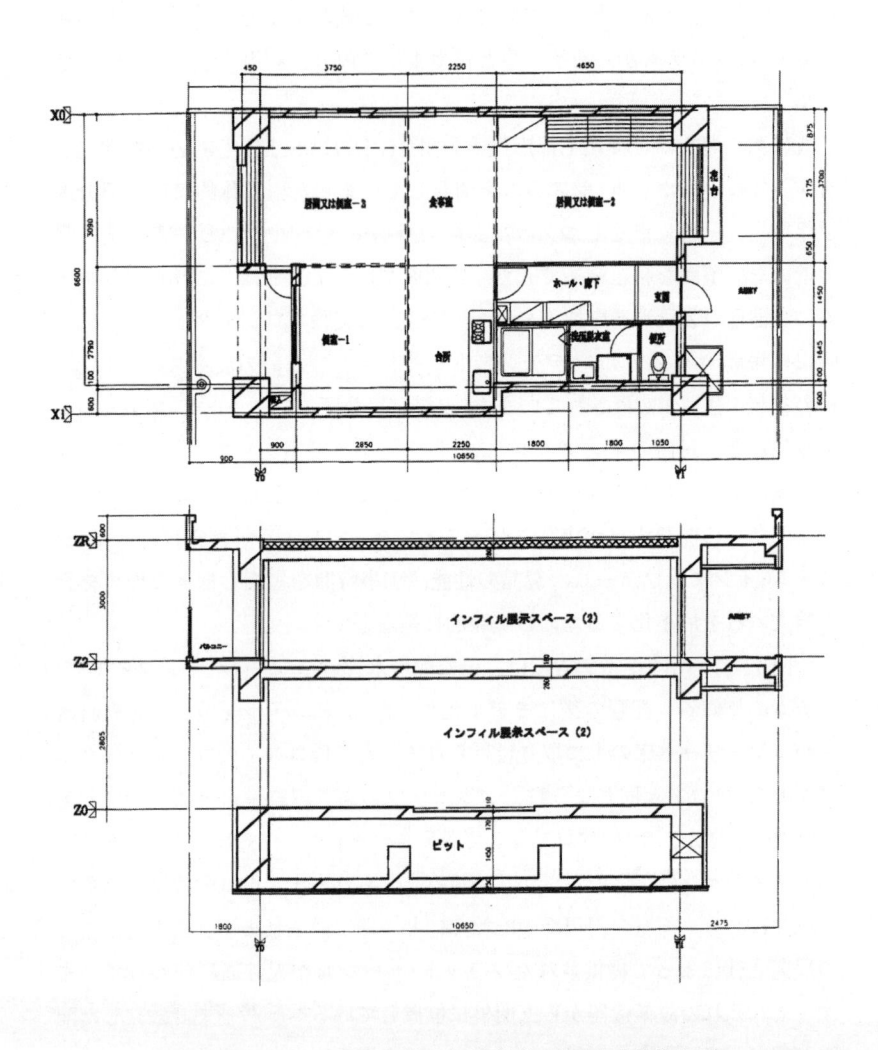

図4.120 サポート平面と断面（写真提供：住宅都市整備公団）

4 ケース・スタディ

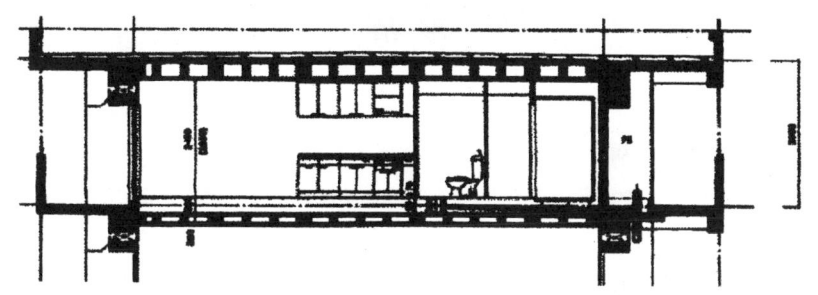

図4.121 住戸の断面（Jennifer Wrobleski による）（写真提供：住宅都市整備公団）

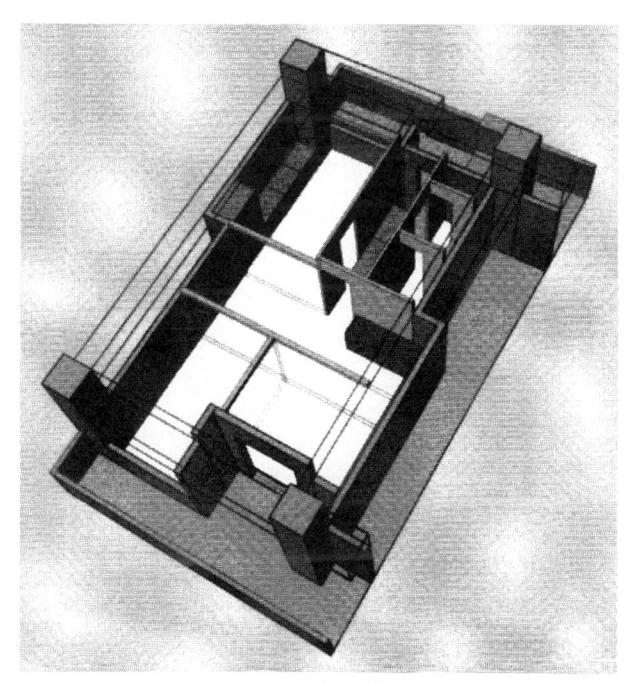

図4.122 サポートの概要（写真提供：住宅都市整備公団）

謝　辞

ケーススタディ編

　世界中の多くの仲間達が，ケーススタディの紹介に付け加えるための材料を提供してくれました。また，本文を読んで修正したり，提案をしたり，我々をオープン・ビルディング・プロジェクトやその実行者に紹介してくれた方々もいました。

　オランダ：Ype Cuperus(イペ・キュペラス)は絶えず情報を提供し，修正し，オープン・ビルディングのネットワークを通じて人々とコンタクトするのを手助けし，ケーススタディの選択と広がりに貢献してくれました。Karel Dekker(カレル・デッカー)はオランダにおける現在の再生プロジェクトについての情報を提供してくれました。John Habraken(ジョン・ハブラーケン)からは激励と分析とコメントと訂正をいただきました。彼は初期の草稿を一読し，我々に新しいオープン・ビルディング・プロジェクトを教えてくれ，また，数人の建築家と複数のプロジェクトを紹介してくれました。Joanne de Jager(ヨアン・デ・イーガー)は彼女のプロジェクトの多数の図版を提供し，文章を練り上げる手伝いをしてくれました。Fokke de Jong(フォック・デ・ヨンク)は初期のオープン・ビルディング・プロジェクトの写真提供のために彼の倉庫内を探し，追加の情報とアドバイスを提供してくれました。Henk Reijenga(ヘンク・レイイェンガ)は組織レベルでプロジェクト情報を送ってくれました。Frans van der Werf(フラン・ファン・デル・ベルフ)はスライドと印刷された書類を提供し，草案についてコメントし，自分の先駆的なプロジェクトを紹介するために使われた素材の取材許可の手配をしてくれました。Bert Wauben(ベルト・バウベン)は彼の研究に関する優れた図版を我々に送り，再確認し，彼の将来性溢れるプロジェクトのケーススタディに関するコメントを正確なものに修正してくれました。

　オーストリア：建築家 Jos Weber(ヨス・ヴェーバー)は寛大にも，建築家 Franz Kuzmich(フランツ・クズミッッヒ)と共に Hollabrunn プロジェクトの

写真とその他の文書を提供したOttokar Uhl(オットカール・ウール)へ我々を紹介してくれました。

ベルギー：Lucien Kroll(ルシアン・クロール)事務所は，KrollのCD-ROMと著書などLucien Krollの研究に関する豊富な情報を提供し，「La Mémé」を含む多くのプロジェクトの素晴らしい図面の利用を許可してくれました。クロールは更に親切に再確認しケーススタディの設計図面を修正してくれました。

スイス：Marcus Heggli(マルクス・ヘグリ)はHenz著(1995)*Anpassbare Wohnungen*のコピーとオープン・ビルディング関連のプロジェクトと建築家リストを我々に提供してくれました。建築家のリストは，Davidsbodenプロジェクトがケーススタディの対象となったMartin Erni(マルティン・エルン)，Neuwilのケーススタディのための情報を提供してくれたWilli Rusterholz(ヴィリー・ラステルホルツ)などです。

英国：Nicholas Wilkinson(ニコラス・ウィルキンソン)は，何年もの間に*Open House international*に掲載された多くのプロジェクトと共に，ウィルキンソンとハムディのPSSHAKプロジェクトに関する豊富な情報と図版を供給してくれました。

日本：深尾精一は日本のケーススタディの情報をたくさん提供してくれました。深尾は丁寧にケーススタディを確認し，多くの重要な背景に関するコメントを提供し文章を修正してくれました。近角真一は，同様に多くの文章を読んでくれました。近角の背景の論評と訂正と改良は多くのケーススタディに関するコメントとして反映されました。高田光雄は，彼が参加した多くのプロジェクトのための的確な考え方と表現をアドバイスしてくれました。住宅都市整備公団(HUDc)の鎌田一夫と小畑晴治は，公団OBに関連するプロジェクトと研究活動に関する長期に亘る貴重な情報と文書を提供してくれました。大阪ガス株式会社の加茂みどりは，Next21プロジェクト・ケーススタディ関連の資料を使用する許可を得るために骨を折ってくれました。小林秀樹は，つくば方式についての多数の図面と情報を提供してくれました。

中国：Jia-Sheng Bao(鮑家声)は無錫での彼の先駆者的なオープン・ビル

ディング・プロジェクトの写真と図面を提供してくれました。Zhang Qinnan（張欽楠）は彼の北京でのプロジェクトの図面と写真を提供してくれました。Jia Beisi（賈倍思）の *Housing Adaptability Design*（適応性ある住宅デザイン）は，中国と同様にヨーロッパにおいてもオープン・ビルディングを目指した考え方を述べた基本書であることを証明しました。

アメリカ合衆国：Koryn Rolstad（コリン・ロルスタッド）は Banner Building プロジェクトの写真と図面を手に入れ使用する許可を得る手助けをしてくれました。

フィンランド：Esko Kahri（エスコ・カーリ）は彼のオープン・ビルディングプロジェクトの図面と写真を提供してくれました。そして Ulpu Tiuri（ウルプ・チウリ）は一貫して多くの洞察と情報を提供し，スウェーデンとドイツの多くの初期オープン・ビルディング・プロジェクトの背景を，彼女自身の研究に基づいて気前よく提供してくれました。

以下に記す参考文献と推薦雑誌リストの中の幾つかは，我々がここで提示した多くのケーススタディのための主要な情報源です。中でも，C. Richard Hatch（C・リチャード・ハッチ）によって編集された素晴らしい本である *Scope of Social Architecture* (1976) *Industrialization Forum (IF)* 7 no. 1，そして，*Open House International* 12 no.2 の増刊である「日本の住宅の変わりゆくパターン 'Changing Patterns in Japanese Housing,' (1987) を参考にしました。*Open House International* は，オープン・ビルディングの幅広さと奥深さに関して国際的に調査する最も重要な雑誌で，ヨーロッパでの多くの初期のプロジェクトが計画の段階で掲載されました。たくさんの日本のオープン・ビルディングのケーススタディに関する情報が，「*Developments Toward Open Building in Japan*（日本におけるオープン・ビルディングへの開発）」(Kendall, 1997) によってイギリスにおいてまず紹介されました。

―― 参考文献 ――

■ 1966　Neuwil
- Metron Architects (1966) Überbauung 'Neuwil' in Wohlen AG. *Werk*. February.
- Henz, A. and Henz, H. (1995) Anpassbare Wohnungen. *EHI Wohnforum*. TH Hönggerberg Zurich
- Beisi, J. (1994) *Housing Adaptability Desig*. Zurich, Post-doctoral Thesis, Zurich.

■ 1974　Maison Médicale ('La Mémé'), Catholic University of Louvain
- Froyen, H-P (1976) Structures and Infills in Practice-Four Recent Projects *Industrial Forum* 7 no. 1 pp. 17-19
- Kroll, L (1984) Anarchitecture, in *The Scope of Social Architecture* (ed. C. R. Hatch) Van Nostrand, New York.
- Kroll. L. (1985) CAD-Architecture, *Vielfalt durch Partizipation, Vorwort von Ottokar Uhl*. Verlag C. F. Müller, Karlsruhe.
- Kroll, L. (1987) *An Architecture of Complexity* MIT Press, Cambridge
- Kroll, L. (1987) *Buildings And Projects*, Rizzoli, New York.
- Kroll, L. (1996) Bio, Psycho, Socio/Eco in *Ecologies Urbaines*. (preface by ed Pierre Loze) L' Harmattan, France.
- Besch, D. (1996) *Werken van het Atelier Lucien Kroll*, Delfe Univesity Press, Netherlands.

■ 1976　Dwelling of Tomorrow
- Dirisamer, R., Kuzmich, F., Uhl, O., Voss, W., Weber, J. P. (1976) Project Dwelling of Tomorrow, Hollabrunn, Austria, *Industrializaition Forum* 7 no. 1 pp. 11-16
- Dirisamer, R., Dulosy, E., Gschnizer, R., Kuzmich, F., Panzhauser, E., Uhl, O., Voss., Weber, J. (1978) *Forschungsbericht 1 : Whnen Morgen Hollabrunn*. Arbeitsgemeinshaft fur Architektur, Vienna
- Uhl, O. (1984) Democracy in Housing, in *The Scope of Social Architecture,* (ed C. R. Hatch). Van Nostrand, New York. pp. 40-47.

■ 1977　Beverwaard Urban District
- Carp, J. (1979) SAR Tissue Method : An Aid for Producers, *Open House*. 4 no. 2 pp. 2-7
- Reijenga, H. (1981) Town Planning Without Frills. *Open House*. 6 no. 4. pp. 10-20.
- Reijenga, H. (1977) Beverwaard. *Open House* 2 no. 4 pp. 2-9

■ 1977　Sterrenburg III
- De Jong, F. M. (1979) Sterrenburg III, Dordrecht : Support/Infill Housing Project. *Open*

House 4 no. 3 pp. 5-21.

■1977　Papendrecht
・Van Rooij, T. (1978) Molenvliet : Support Housing for the rented sector recently completed in Papendrecht, Holland. *Open House.* 3 no. 2 pp. 2-11
・Van der werf, F. (1980) Molenvliet-Wilgendonk : Experimental Housing Project, Papendrecht, The Netherlands. *The Harvard Architecture Review : Beyond the Modern Movement* 1 Spring.
・Van der werf, F. (1984) A Vital Balance, in *The Scope of Social Architecture.* (ed. C. R. Hatch) Van Nostrand, New York. pp. 29-35
・Van der werf, F. (1993) *Open Ontwerpen*. Uitgeverij, Rotterdam.

■1979　PSSHAK/ Adelaide Road
・Hamdi, N. (1978) PSSHAK, Adelaide Road, London. *Open House.* 3 no. 2 pp. 18-42
・Hamdi, N. (1984) PSSHAK : Primary Support Structures and Housing Assembly Kits, in *The Scope of Social Architecture.* (ed. C. R. Hatch)Van Nostrand, New York. pp. 48-60
・Hamdi, N. (1991) *Housing without Houses : Participation, Fleibility and Enablement* Van Nostrand, New York.

■1979　Hasselderveld
・Wauben, B. (1980) Experimental Housing, Haeselderveld, Geleen, Holland. *Open House* 5 no. 3 pp. 11-17
・Wauben, B. (1985) Experimental Housing, Haeselderveld, Geleen, Holland. *Bouw* 4. 2/16.

■1983　エステート鶴牧/タウンエステート鶴牧
・深尾精一(1987)センチュリー・ハウジング・システム：背景と状況のレポート。Changing Patterns In Japanese Housing (ed S. Kendall) Special issue, *Open House International.* 12 no. 2 pp30-37

■1984　Keyenburg
・Monroy, M. R. and Geraedts, R. P. (1983) May we add another wall, Mrs. Jones?, *Open House International.* 8 no. 3 pp. 3-9.
・Norsa, A. (1984) E l' Olanda il Belgio, il Successo di Keyenburg, *Consuire.* no. 21 Luglio/Agosto
・Carp, J. (1985) *Keyenburg : A Pilot Project.* Stichting Architecten Research, Eindhoven.

■ 1985　フリー・プラン賃貸
・深尾精一(1987)センチュリー・ハウジング・システム：背景と状況のレポート。
Changing Patterns In Japanese Housing (ed S. Kendall) Special issue, *Open House International.* 12 no. 2 pp30-37

■ 1987　Support housing, Wuxi
・Bao, J-S. (1987) Support Housing in Wuix Jiangsu : User Interventions in Peoples' Republic of China. Changing Patterns In Japanese Housing (ed S. Kendall) Special issue, *Open House International.* 12 no. 1 pp. 7-19

■ 1989　千里ニュータウン猪子谷
・巽和夫・高田光雄(1987) Two Step Housing System. Changing Patterns In Japanese Housing (ed. S. Kendall) Special issue, *Open House International.* 12 no. 2 pp. 20-29
・Kendall. S (1995) *Developments Toward Open Building In Japan.* Silver Spring, Maryland. pp. 10-11

■ 1990　Patrimoniums Woningen
・Yagi, K. (ed) (1993) Renovation by Open Building System. *Process Architecture.* no. 112.
・Dekker, K. (1998) Consumer Oriented Renovation of Apartments-Voorburg, the Netherlands, *CIB Best practices Papers.* CIB Web Site (www. cibworld. nl).
・Cuperus, Y., and Kapteijns, J. (1993) Open Building Strategies in Post War Housing Estates, *Open House International* 18 no. 2 pp. 3-14

■ 1991　'Davidsboden' Aartments
・Christoph Merian Stiftung. (1992), *Wohnsiedlung Davidsboden Basel. Ein Neues Wohnbodell der Christoph Merian Stifung.* Christoph Merian Stiftung, Basel
・Beisi, J. (1994) *Housing Adaptability Design.* ETH Zurich Post-doctoral Thesis, Zurich.
・Henz, A. and Henz, H. (1995) *Anpassbare Wohungen.* ETH Hönggerberg, Zürich.

■ 1993　グリーン・ビレッジ宇津木台
・Kendall, S. (1995) *Developments Toward Open Building In japen.* Silver Spring, Maryland. pp. 12-13

■ 1994　Banner Building
・(1995) Coming : Housing that Looks Like America. *Architectual Record.* Januarypp. 84-88
・(1996) AIA Honor Awards. *Architecture.* May.

参考文献

■ 1994　Next21
・伊藤公文(編集)(1994)Next21。増刊『SD 25』
・(1994)Next21『建築文化』567号2月号

■ 1994　Pipe-Stairwell Adatable Housing
・馬蘊玉(Ma Y.), 張欽楠(Zhang Q.)and Research Team on Universal Infill System in Adptive Housing(1995)*Design Collection for the XiaoKang Type Flexible Space Housing.* 台湾(Beijing), (China)
・Research Team on Adaptive Housing/ M & A Architects, Consultants International(1995) Modulr Coordination in Housing Design. Architectural *Journal*. May
・Research Team on Adaptive Housing / M & A Architects, Consultants International. (1995) Service System Design in Adaptive Housing. Architectural *Journal*. September.

■ 1996　Gespleten Hendrik Noord
・de Jager, J. et al. (1997) Gespleten Hendrik Noord in Amsterdam. *Bouw*. March.
・de Jager, J. et al. (1997) New Housing For Families in Amsterdam. – Gespleten Hendrik Noord. *Bouwwereld*. June 16.
・de Jager, J. (1998) Gespleten Hendrik Noord. *Westerpark : Architecture in a Dutch City Quarter*, 1990–1998. Nai Press, Amsterdam.

■ 1995　VVO/Laivalahdenkaari
・Kautto, J., Kulovei, J., Pekkanen, J., Tiuri, U. (ed. P. Huovila). (1998) *Milieu 2000 : Experimental Urban Housing : Four Pilot Projects in Helsinki, Finland. City of Helsinki.* TEKES, Ministry of the Environment, Helsinki.
・Tiuri, U. and Hedman, M. (1998)Helsinki University of Technology, Department of Architecture, Helsinki.
・Tiuri, U. (1998) Open Building–Housing for Real People. Arkkitehti 3. pp. 18–23.

■ 1998　The Pelgromhof
・van der Werf, F. (1997) Pelgromhof and Open Building. *Gezond Bouwen & Wonen*. 5 Sept/Oct.
・van der Werf, F. (1998) Interview with Argo Oskam, Koos Timmermans. *Bouw*. February
・van der Werf, F. (1998) Open Building, Occupant Participation. *Woningraad Magazine*. March.
・van der Werf, F. (1998) Open Building, Occupant Participation, *Renovatie & Onderhoud*. May.

■ 1998 つくば方式
- Kendall, S. (1995) *Developments Toward Open Building In Japan*. Silver Spring, Maryland. pp. 24-28.
- 小林秀樹(1997)『新しい住宅の時代』NHK出版, 東京
- 小林秀樹(1997)つくば方法―賃貸によるオープン・ビルヂングの供給『Housing(住宅)』日本住宅協会
- 小林秀樹(1996)つくば方式『日経アーキテクチャー』565号
- 小林秀樹(1997)つくば方式『日経アーキテクチャー』574号
- 小林秀樹(1998)つくば方式『AXIS』75号
- 小林秀樹(1998)つくば方式『*Data Files of Architectural Design&Detail*』68号

■ 1998　住宅都市整備公団KSI98プロジェクト
- (1998)KSI実験的プロジェクト。『日経アーキテクチャー』10月19日
- (1998)KSI住宅。『FORE』(不動産協会誌)
- (1999)KSI住宅。住宅都市整備公団八王子研究所『週刊公共住宅』1月13日
- (1999)KSI住宅実験プロジェクト。『建築技術』1月

—— オープン・ビルディングに関連するプロジェクト：年表 ——

1903　Skalitzerstrasse 99, Berlin, Germany
1927　Häuser am Weissenhof, Stuttgart, Germany
1935　Complex 'De Eendracht,' Rotterdam, Netherlands
1950　Wohnblock, Göteborg, Sweden
1954　Flexibla Lägenheter, Göteborg, Sweden
1955　Mäander-Seidlung, Orebro-Baronbackarna, Sweden
1956　Housing Project, Tianjing, China
1959　Kallebäckshuset, Göteborg, Sweden
1960　Apartment Block, Göteborg, Sweden
1966　Überbauung Neuwil, Wohlen, Switzerland
1966　Diset Project, Uppsala, Sweden
1967　Housing Project, Kalmar, Sweden
1967　Orminge, Stockholm, Sweden
1968　Saalwohnungen, Vienna, Austria
1969　Housing Complex, Horn, Netherlands
1970　Six Experimental Houses, Deventer, Netherlands
1970　Haus am Opernplatz, Berlin, Germany
1971　Housing Project, Kalmar, Sweden
1972　Elementa '72, Bonn, Germany
1972　'Dwelling of Tomorrow,ı Hollabrunn, Austria
1973　MF-Haus, Rotterdam, Netherlands
1973　Project 'Steilshoop,ı Hamburg, Germany
1973　MF-Hause 'Urbanes Wohnen,ı Hamburg, Germany
1974　Überbauung Döbeligut, Oftringen, Switzerland
1974　'La Mémé' medical student housing, Catholic University of Louvain, Brussels, Belgium
1974　Vlaardingen, Holy-Noord, Netherlands
1974　Social Housing, Assen-Pittelo, Netherlands
1975　Social Housing, Stroinkslanden (Zuid Enschede), Netherlands
1975　Les Marelles, Paris, France
1975　PSSHAK/Stamford Hill, London, England
1975　Social Housing, Zwijndrecht (Walburg II), Netherlands
1975　Housing, Kraaijenstein, Netherlands
1975　Zutphen, Zwanevlot, Netherlands
1976　?xnehaga, Husqvarna, Sweden
1977　Sterrenburg III, Dordrecht, Netherlands

年表

1977	De Lobben, Houten, Netherlands
1977	Papendrecht, Molenvliet, Netherlands
1979	Feilnerpassage Haus 9, Berlin-Kreuzberg, Germany
1979	PSSHAK/Adelaide Road, London, England
1979	Hasselderveld, Geleen, Netherlands
1980	KEP Maenocho, Tokyo, Japan
1980	Tissue/Support Project, Leusden Center(Hamershof), Netherlands
1980	Housing Project, Ijsselmonde, Netherlands
1982	Lunetten, Utrecht, Netherlands
1982	KEP 'Estate Tsurumaki,' Tama New Town, Japan
1982	KEP 'Town Estate Tsurumaki,' Tama New Town, Japan
1982	Baanstraat, Schiedam, Netherlands
1982	Dronten Zuid, Netherlands
1982	Niewegein, Netherlands
1982	Senboku Momoyamadai Project Sakai City, Osaka, Japan
1983	Estate Tsurumaki and Town Estate Tsurumaki, Tama New Town, Japan
1983	C I Heights, Machida, Machida-shi, Tokyo, Japan
1984	Pastral Haim Eifuku, Suginami-ku, Tokyo, Japan
1984	Keyenburg, Rotterdam, Netherlands
1984	Cherry Heights Kengun, Tokyo, Japan
1985	PIA Century 21, Kanagawa, Japan
1985	L-City New Urayasu, Chiba, Japan
1985	Tsukuba Sakura Complex, Tsukuba, Japan
1986	'Free Plan Rental Project,' Hikarigaoka, Nerima-ku, Japan
1986	Schauberg H?nenberg, H?nenberg, Switzerland
1986	Terada-machi Housing, Osaka, Japan
1987	Support Housing, Wuxi, China
1987	Tissue Project, Claeverenblad/Wildenburg, Netherlands
1987	MMHK CHS Projects, Chiba, Japan
1987	Yao Minami Housing, Osaka, Japan
1987	Yodogawa Riverside Project #5, Osaka, Japan
1988	Villa Nova Kengun, Kumumoto, Japan
1988	Rune Koiwa Garden House, Tokyo, Japan
1988	Berkenkamp, Enschede, Netherlands
1989	Senri Inokodani Housing Estate Two Step Housing Project, Osaka, Japan
1989	Saison CHS Hamamatsu Model, Shizuoka, Japan
1989	Housing Project, Zestienhovensekade, Rotterdam, Netherlands

1989	Centurion 21, Toyama, Japan
1999	45 three-room-houses, Delft, Netherlands
1990	Hellmutstrasse, Zürich, Switzerland
1990	Support/Infill Project, Eindhoven, Netherlands
1990	Patrimoniums Woningen Renovation Project, Voorburg, Netherlands
1990	Herti V, Zug, Switzerland
1990	House #23, Huawei Residential Quarter, Beijing, China
1990	Residence des Chevreuils, Paris, France
1991	Hellmutstrasse, Zurich, Switzerland
1991	'Davidsboden,' Basel, Switzerland
1991	Flexible Infill Project, Eindhoven, Netherlands
1991	Meerfase-Woningen, Almere, Netherlands
1991	Schuifdeur-Woning, Amsterdam, Netherlands
1991	Huawei No. 23, Beijing, China
1992	Patrimoniums Woningen, New Dwellings, Voorburg, Netherlands
1992	Experimental House No. 13, Block 15, Kangjian Residential Quarter, Shanghai, China
1993	Luzernerring, Basel, Switzerland
1993	Green Village Utsugidai Coop, Hachioji, Japan
1993-	House Japan Project, Tokyo, Japan
1994	Next21, Osaka, Japan
1994	MIS Project/Shirakibaru Project, Fukuoka, Japan
1994	42 student apartments, Rotterdam, Netherlands
1994	De Raden Housing Project, Den Haag, Netherlands
1994	Takenaka Matsuyama Dormitory Project, Osaka, Japan
1994	Banner Building, Seattle, United States
1994	Pipe-Stairwell Adaptable Housing, Cuiwei Residential Quarter, Beijing, China
1994	Flexible Open Housing with Elastic Core Zones at Friendship Road, Tianjin, China
1994	Überbauung 'Im Sydefädeli,' Zürich, Switzerland
1994	Wohnüberbauung Wehntalerstrasse-in-Böden, Zürich, Switzerland
1995	Muracker, Lensburg, Switzerland
1995	Sashigamoi Interior Finishing Method, Tama New Town, Tokyo, Japan
1995	Partial Flexible Housing in Taiyuan, Shanxi Province, China
1995	De Bennekel Housing Project, Eindhoven, Netherlands
1995	Beiyuan Residential Quarter in Zhengzhou, Henan Province, China
1995	Elderly Care Housing, Eijkenburg, the Hague, Netherlands
1995	53 Houses That Grow, Meppel, Netherlands
1995	VVO/Laivalahdenkaari 18, Helsinki, Finland

1995-7	Action Program for Reduction of Housing Construction Costs, Hachioji-shi, Tokyo
1996	Block M1-2, Makuhari New Urban Housing District, Chiba, Japan
1996	Tsukuba Method Project #1 (Two Step Housing Supply System), Tsukuba-shi, Ibaraki, Japan
1996	Tsukuba Method Project #2 (Two Step Housing Supply System), Tsukuba-shi, Ibaraki, Japan
1996	Gespleten Hendrik Noord, Amsterdam, Netherlands
1997	Hyogo Century Housing Project, Hyogo Prefecture, Japan
1997	Elsa Tower Project, Tokyo, Japan
1997	HOYA II Project, Tokyo, Japan
1997	6 Support/Infill Houses, Matura Infill, Ureterp, Netherlands
1997	Puntegale Adaptive Reuse Project, Rotterdam, Netherlands
1998	Yoshida Next Generation Housing Project, Osaka, Japan
1998	Sato-Asumisoikeus Oy/Laivalahdenkaari 9, Helsinki, Finland
1998	Matsubara Apartment/Tsukuba Method Project #3, Tokyo, Japan
1998	Partially Flexible Housing in Beiyuan Residential Quarter, Zhengzhou, Henan Province, China
1998	Housing Tower, Pingdingshan, Henan, China
1998	Essen-Laag, Nieuwerkerk aan de Ijssel, Interlevel infill, Netherlands.
1998	Vrij Entrepot loft residences, Kop van Zuid, Rotterdam, Netherlands
1998	The Pelgromhof, Zevenaar, Gelderland, Netherlands
1998	Support/Infill Project of 8 Houses, Matura Infill, Sleeuwijk, Netherlands
1999	45 three-room-houses in former office, Delft, Netherlands
1999	VZOS Housing Project, the Hague, Netherlands
1999	Tervasviita Apartment Block, Seinäjoki, Finland

第3編

方法と部品

5 技術的側面

5.1 ネットワーク化された住宅における変化

30年間以上に亘る,様々な方法と背景を基にしたオープン・ビルディングへ向けての進展と動向は,多くの技術的な発展を伴ってきました。

1. **住宅は今や,多様なネットワーク・システムに繋がっています。**ここ1世紀の間,住宅は変化し続けています。現在の住宅は,水の供給と廃棄物処理,ガスのパイプライン,電力ケーブル,セキュリティー・システム,人工衛星,携帯電話と地上通信網,ケーブル・テレビ,インターネットなどの数えきれない程の資源とインフラストラクチュアに結びついています。反対に,150年前には,住宅は道路のネットワークだけに繋がっているか,または,まったく何にも繋がっていなかったのです。

2. **ほとんど例外なく,現在これらのネットワーク網は,住宅の中心に到達しています。**複合的で相互依存しているネットワークのための接続口を住宅の至る所に設置する必要があります。

3. **住宅には,電気コンジット,配電管,配線・配管溝といったネットワーク用部品が通るための隙間が普通は用意されていません。**工業基準や同意文書,あるいは厳密な書類上でも,ネートワーク供給網の配置や接合に

関する記述は一般的にはありません。そのような合意を欠いているために，供給システムは天井や壁の中で完全な無秩序な状態にしばしば落ち入っています。ケーブル線，電線，配管，通気管，構造などが，どうしようもない程絡み合うことがあるのです。

4. 集合住宅住戸内部を考えると，建物の構造部，水・ガスなどの幹線，連結部が住戸内を縫うようにして通り抜けています。プライベート・スペースを通る，集合住宅にとって必要なインフラストラクチュアのもつれは，パブリックとプライベートとの間の権利と責任の境界線を設けることを不可能にします。

5. 集合住宅において，共有の構造やスケルトンのデザインは，（特に地震地帯で）標準的な価格の住戸に柔軟性を与えようとする試みを著しく制限します。地震の影響を受けやすい他の地域と同様，日本では，サポートのデザインと，サポートの一部であるユーティリティー・システムの設計が，オープン・ビルディングを目指す発展に強い影響を及ぼしてきました。生活安全上の問題が空間の柔軟性を直接的に制限しているのです。

6. ネットワーク化に対応しようとした新しい住宅用サブ・システムの過去100年に亘る蓄積は，時代遅れの建築方法の増加をもたらしました。オープン・ビルディングが登場したすべての国で，融通の利かない仕事の分割が定着していくという進行が明らかにみられます。工事を行う上で，訓練され認証を受けた多能工の価値はますます高まっています。同様に，従来の製品区分と流通区分を跨ぐ製品が必要となってきていることも明らかです。インフィル・システムとファサード・システムの双方がその対象となる部分です。

5.2 オープン・ビルディング・アプローチの比較研究

　サポートの考えを広めようとする動きは，ヨーロッパと日本でまず最初に起こりました。この動向は第二次世界大戦後のマス・ハウジング（住宅の大量供給）を直接反映したものです。日本においては，大戦後のマス・ハウジングに起因する問題は別の要因によって更に悪化しました。その要因とは，中層集合住宅ストックの戦後第一世代は，融通が利かなくて，質が低く，急速に老朽化していくという事実でした。

　世界中の第二次世界大戦後のマス・ハウジングは，以前は分散していた意思決定を中央へ集中した点に特徴がありました。この集中こそが迅速に多数の住戸を供給するための必要条件であると考えられていました。大量供給を行うために，工場中心の生産プロセスが住宅に導入されました。その当時，どのようなプロセスも，本来意思決定者であるはずの個々の居住者のための場所を提供してはいませんでした。戦前の建物のタイポロジーは，生活領域・文化的嗜好・自己表現・アプローチのシークエンス・近所との繋がりに関わる人々の生活様式と歴史上の習慣を守るのに役立っていました。マス・ハウジングにおいては，概してこれらの内のいずれも考慮されません。衛生状態を改善するための設計と部品の合理化という号令のもとに，マス・ハウジングはその当時の住宅様式を「再発明」することに固執していました。マス・ハウジングは，機械生産と関連して公然と位置づけられていたのです。

　西洋の国々では，サポートの理念は，居住者の権利と参加という1960年代の政治的な議論から始まりました。また，実質的で効果的なコントロールと責任の分配という点にも注目が向けられました。「オープン・ビルディング」という言葉の出現と，1970年代後半の住宅市場に現れた，工業生産された消費者向けの新しい部品によって，消費者選択を提唱する世代が現れました。最近になって更に別の新しい論拠がオープン・ビルディングの必要性に対する説明となりました。その論拠とは，持続可能な（サステイナブルな）発展を信条とする建築家世代が登場し，無駄を削減するためにオープン・ビルディングの潜在的可能性を理解していこうという議論への流れです。また日本で

は，オープン・ビルディングは，より高度な技術体系の発展と共に土地の所有権や利用権関連法規の改正と密接に関係していました。最近，オランダ政府は，長年の研究の結果，住戸の柔軟性と選択肢が住宅の将来性の指標であると断言しました。現在，ヘット・オーステンなどの住宅企業は，インフィルの所有権と責任を居住者へと移しつつあります。これは日本における幾つかの住宅プロジェクトの提案と非常に類似した動きです。最近，複数のオランダの大規模建築会社やデベロッパーが，より消費者志向の「one-stop-shopping（ワン・ストップ・ショッピング：一箇所で用が足りる買い物）」を実現する方向へと開発を進める意図があることを発表しました。

5.2.1 東京大学と京都大学の動向

オープン・ビルディングへ向けた発展は，多様で相互に絡みあう道筋を辿ります。多くのプロジェクトにおける課題の解決方法は，何とか「技術上」の目的と「社会/組織上」の目的とを結び付けようとしますが，これら二つの相反する概念，あるいは相異なる「立場」は，オープン・ビルディングに対する様々な考え方やグループ間の志向の偏りを特徴付けるものなのです。

日本におけるオープン・ビルディングの最も活発な支持者は，京都大学と東京大学に集中する傾向がありました。これらの二つの「学派」は方向を異にしますが，十分に互いが補完的であると世間では認識されています。結果として，多くのプロジェクトがこの2大学を明確に結びつけています。東京大学は，オープン・ビルディングの技術上の問題に精力を注ぐ傾向があり，目覚しい成功を収めました。オープン・ビルディングの発展の多くは，様々な政府機関や産業組織との協働による，東京大学の建築技術の発明と一連の研究から生まれました。CHSアプローチがそのような成果の最も良い例です。例えば，Next21においても幾つかの発明があります。その発明とは，設計グループ全員が利用するための先進的で洗練されたモジュラー・コーディネーション・システム，革新的なスケルトンと共用設備，新しい再利用システムとエネルギー管理システム，住戸の改修を容易にし一般の建物より改修時の破壊が少なくて済む新しいファサードなどです。

京都大学の提案は，二つの基本的なコミュニティーの利益－個々の利益と公共の利益－を反映するための住宅供給プロセスの社会的再構築に焦点を当てていることが特徴でした。再構築は，地方の公的住宅供給組織や個人などが対象となります。二段階供給方式という供給プロセスの改良がつくば方式に取り込まれています。つくば方式は，建設省(現国土交通省)建築研究所の主導により行われ，日本において最も重要なオープン・ビルディング・プロジェクトとなりました。大阪エリアで行われた最近のその他のプロジェクトと同様に，Next21プロジェクトにも二段階供給方式が利用されました。京都大学で進行中の研究を基にもう一つの提案がなされました。それは他に類を見ない日本の集合住宅タイプの探求でした。今日までの集合住宅は主に西洋モデルの踏襲を基本にしていましたが，この研究は日本独特の社会構造，文化史，気候や地震の条件などの特徴を集合住宅へ直接反映させることを追及しています。

ヨーロッパにおけるオープン・ビルディングに関わる研究活動は，現在日本でみられるような資金・数量・組織のレベルに到底迫れるものではありません。オランダ国内のOBOMとその仲間達は，より技術的な面を中心としてSARモデルのサポート/インフィル住宅を拡張・発展・実践することに焦点をあてています。OBOMが関係している研究は「公式の」オープン・ビルディングとして認識される傾向があります。住宅供給・設計・施工を改善し改良するためのOBOM以外の様々な活動は別個の動きであると思われる傾向にあるのです。ヨーロッパでは，オープン・ビルディングの実践のほとんどは，建築家・企業・政府の研究グループによる開拓精神に溢れた個別の活動として行われていますが，更に大きく進歩しようとしています。

居住者のための選択肢の実現は，ヨーロッパ諸国におけるほとんどのオープン・ビルディング・プロジェクトの明確な目標であり続けています。この目標は，政治的な自由というよりもむしろ消費者選択の観点から論じられる傾向にあります。公共スペースの設計への利用者の参加が求められる一方で，最近のヨーロッパのオープン・ビルディング・プロジェクトは，「専門的な助力者」としての役割というよりも，建築形態の創造プロセス中の設計者によ

る意思決定の役割を強調する方向へ向かっていました。ファサードのデザインは，再び建物本体と同時に決定される事項になっていました。大きな流れとしては，過去数十年間に比べて(オランダでのバイ・レントと日本でのつくば方式は注目すべき例外だが)政治上・経済上の改革に対する関心が減少し，消費者選択，建物とサブ・システムのライフサイクル，廃棄物の削減，サステイナビリティに注目が高まりつつあります。

5.2.2 技術的プロセスと部品の開発

オープン・ビルディングという言葉でくくられる技術面での開発は，二つの互いに関連した合った活動分野で行われました。即ち，1)「ハードウエア」の開発　2)建設プロセス，許認可，所有権の条件・内容に関する変更です。オープン・ビルディングの技術は，サポート技術(すべての建築レベルのためのシステムとファサードなど)と，インフィル技術(基本的には，住戸の間仕切り，設備・電気・配管システムなど)，及び，両者の管理と部品のインターフェイスに関して目覚ましく進歩してきました。

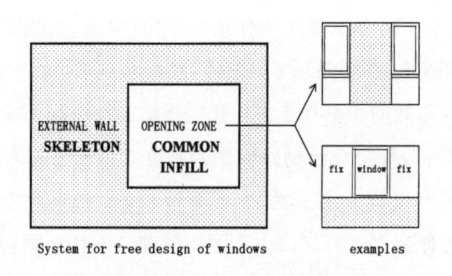

図5.1　つくば方式プロジェクトの窓のバリエーション
（図面提供：建設省　建築研究所）

（a）ファサード

個々の居住者と共同体との間の技術的性能と領域の境界は，ファサードに明瞭に現れ，技術的な要求が生じます。このことから，ファサードはオープン・ビルディングの研究と開発の重要な焦点となりました。オープン・ビル

ディング初期にみられた建物ファサードへの居住者の自己表現の探求と参加（例えばLaMéméやPapendrechtなど）は，日本のNext21とつくば方式プロジェクトで固定開口部と窓のバリエーションが実現したことを最近の特筆すべき例外として，近年は幾らか薄れてきているように思えます。

(b) 浴室と台所

浴室と台所の自由な配置・形状・部品選択は，オープン・ビルディングの核心的な技術課題となり続けています。この観点からみると，先述したケース・スタディで裏付けたように，20世紀後半のサポート/インフィルの歴史は，建物本体からいかにして浴室と台所を開放するかという中心的問題に次々に取り組もうとしたインフィルの誕生の足跡であると考えられます。既に述べたように，浴室や台所に対する居住者の選択と責任を結びつける努力，配管・通気管・電線のための調整とスペースの確保とを結びつける努力，浴室と台所内の多数のインターフェイスを結びつけようとする努力は，オープン・ビルディングの重要な技術上の取組みを代表しているのです。

浴室と台所は，長い間，工業生産システムと工業化部品の象徴でした。そして，住宅の中で圧倒的に技術が集中する代表的部位でもあります。最近まで，浴室と台所の設置には，複数の職種をこなせる熟練工のチームが，専門性が要求されるシステムと部品を設置するために，現場を何度も訪れることが求められました。さらに，浴室と台所は，住戸の工事費用の大きな割合を占めています。設備システムによる制限と一層の工業化への努力によって，浴室と台所は，技術上・意思決定上の合理性と標準化と消費者志向の選択を確立するための最優先の検討対象となりました。

ヨーロッパと日本における第一世代のサポートは「柔軟性のある」無柱空間を実現しました。ただし，日本のシステムは，せいが高い梁を伴っていました。このサポート・デザインは，住戸の機能・空間・配置の多様性を具体化することに寄与しました。約4～6mのスパンの間で間仕切り壁を自由に設置できたのです。しかし，サポートの一部である垂直方向の設備シャフトにがっちりと縛られて浴室ゾーンと造り付け備品は固定されたままでした。台

5 技術的側面

所の排水管をキャビネットの後方に配置することで幾らかの移動の自由が確保されました。この手法は、1960年代の初期のオープン・ビルディング研究において始められ、Uberbauung Neuwil Wohlen, La Mémé, Davidsbodenなどのプロジェクトの特徴となりました。今日、日本のフリー・プラン・プロジェクトの「固定型」住戸、北京の配管一階段室の自由配置可能な住宅プロジェクト、フィンランドのVVO/Laivalahdenkaari 18プロジェクトなどでは依然として利用されています。

第二世代プロジェクトでは、浴室は浮床の上に持ち上げられました。日本では、最初期の実験的プロジェクトからずっと、二重床がすべての住戸で利用されてきました。排水パイプの直径と傾きによって決定される配置制限内で、階高の増大に伴って必要となるコスト増を考慮しながら、配管設備の束縛を緩和し、住戸内間取りと造り付け備品配置に自由を生み出しました。後方排出トイレの利用によってトイレの設置場所の制約は更に緩和されました。玄関が伝統的に住宅の床の高さより10cm下にあるという事実にみられるように、様々な床レベルを利用することが日本では長い間習慣として存在していたので、トイレを持ち上げることを市場が受け入れることに問題はありませんでした。土間を通って屋内に入るような伝統的な住宅では、床より50cm高い場所に畳を敷いていました。どちらの場合でも、伝統的な浴室の床はさらに1段上に設置されています。

しかし、ヨーロッパでは浴室の床を持ち上げることは決して一般には受け入れられませんでした。持ち上げを避けるために、ParendrechtやKeyenburgなどのプロジェクトは、後方排出トイレを使用しました。太い排水管が、別途設計された蓋に覆われて、壁の中や壁の基部に沿って通っています。シャワーやバスタブも持ち上げられました。浴室床が持ち上げられた、非常に現代的で高級な台所と浴室のインフィル・パッケージは、RotterdamのKop Den Zuid地区のVrij Entrepot warehouse loft residences (1998)などの最近の適応型再生プロジェクトの大きな特徴となっています。一方では、the Adelaide Road/PSSHAKプロジェクト (1979)に設置された上げ床のバス・ユニット：Bruynzeel bath unitの使用は、ヨーロッパの居住者達の強い

反対に会いました。数十年間批判され続けているのです。

(c) 床溝

その後，主に日本の幾つかのプロジェクトで，溝がサポート・フロア構造の中に造られました。これによって二重床が不必要になると同時に排水管が必要とする傾きに対応することができました。幅が狭い溝と幅広の溝の両方が使われました。溝は，浴室とキッチン配置の多様性の実現を考慮して，住戸の真中と間仕切り壁沿いに配置されました。日本では東京の清水建設によって建設されたCHSプロジェクトがこの手法を実践しています。パリのGeorge MauriosによるThe Marelles(1975)プロジェクトも，構造柱のグリッド・パターンに合わせた縦溝を利用しました。しかし，比較的高価で付加価値が高いインフィル製品を利用することから，コスト面を考えると，コンクリート製サポートの建設に複雑な要素を加えることは工事コストを更に上昇させます。

1980年代の初期から1990年代には，方向性がある溝が広まり始めました。これは，サポートの一部として住戸の幅の長さ分の沈んでいる床ゾーンを作り出すというものでした。日本の実例では，床の空洞部をつくるために，従来型の梁/床構造を逆転して，床から上に突き出た梁が床を吊り下げる方式が試されました。プロジェクト例は，兵庫CHSプロジェクト(1997)，つくば方式プロジェクト(1998)の内の幾つか，吉田次世代住宅プロジェクト(1998)などです。東京のグリーンビレッジ宇津木台(1993)は，一つの界壁から向かい側の界壁までの長さ，住戸の奥行きの約1/3までに至る幅の溝を使用しました。その範囲内で台所と浴室は自由に設置することができます。Next21では，共有の「空中街路」という3次元ネットワーク通路の下に，公共サービスを住戸へ供給するための溝を採用しています。

(d) 二重床

二重床システムの発達はサポートの進化と平行して進んでいます。この手法を用いたプロジェクトは，1970年代初期の日本における多くのオープン・

ビルディング・プロジェクトにおいて一般的でした。現在の日本では，建築家は多くの二重床製品の中から部品を選択することができます。様々なシステムの中でも基本的に2種類が幅広く利用されています。一つめはコンピュータ用の「アクセス・フロア」を参考にしたもので，音問題対策としてゴム製の接続部を付けた高さ調整可能な台座が，パーティクル・ボードなどの固い資材で作られた浮床板を支えています。排水管と給水管などの設備システム（ケーブル，排気ダクトなど）はこの床の下を通っています。床の一部分を持ち上げることにより，間仕切壁が位置する場所を除いてどこでも線や管を取り出すことが可能です。二つ目は，「フロア・マット」です。これは簡単に言うと，給水管や排水管がその内部で供給されている頑丈な下敷きです。加工ポリスチレン，コンクリートの打ち増し層，または，粒子の目の粗い土が一般的に利用されます。フロア・マットはインフィルの一部として設置されます。よって，住戸内に置かれるものです。通常，住戸の内装工事が一旦完了した後は，特に第二層がコンクリートで固められた後にはもう簡単にアクセスすることができなくなります。

(e) 天井

天井も，通気管・電気配線・インフィル部品を水平方向に分配するための領域として，特に日本国内と初期のOBOMにおいて集中的な研究課題となっていました。オランダでは，インフィルと設備システムが単純化されており，—特に空調や天井照明器具は一般的には存在しないので—天井を張ることは不必要でした。しかしながら，日本は，部屋の用途やプロポーションに関連して，様々な天井高や部屋ごとの天井照明器具が存在するという強い文化的伝統を持っています。換気・湿度の制御・空調を行うためにますます高まった必要性に対応するために，インフィルの一部として天井を張ることは日本においてはほとんど義務的になっています。日本のオープン・ビルディング・プロジェクトは一般的に「吊り」天井を採用します。

ここ数十年間の住宅用インフィルに関する技術的な研究・開発は，床の組み立てシステムの改良や，床内の供給分配サブ・システムを開発することに

焦点を当てています。最終目的は，浴室と台所—結果としては住戸全体の間取り—が，両隣の住戸や上下階の住戸内でとは無関係に各住戸自由に配置できることを実現することなのです。いつの時代でも，自由なサポートとインフィルに向けたステップは，スタートからゴールまで簡単ではありませんでした。

6 レベル概念による方法とシステム

6.1 ティッシュ・レベル

　オープン・ビルディングに関する最近の研究成果の出版物や実現したプロジェクトは，まず第一に建物本体とインフィルの関係に着目しています。環境への介在のためのアプローチとしてみると，オープン・ビルディングは都市計画問題を本質的に包含しています，明確には言及されませんが，オープン・ビルディングは都市スケールの仕事の重要な根幹部分を対象として含んでいます。アーバン・ティッシュに関する多数の実践的研究は，特にSARの時代には，仕事を構築し，職種と専門家の仕事の中での境界を定め，絵や図と文章をすべて用いて合意事項を記録することを目的とした，都市スケールの方法論を創り出すという貢献をしたのです。

　この本の中では，実現されたティッシュのケース・スタディであるBeverwaard（1977）を紹介しています。しかしながら，SAR理論に基づいたアーバン・ティッシュ・プロジェクトの原則・方法論・歴史・技術体系に関する包括的な記述を行うには，現実のプロジェクトの範囲を超えてしまいます。アーバン・ティッシュに関連した幾つかの重要な概念・課題・方法・出版物については，付録Bで紹介します。

6.2 サポート・レベル

サポートは，占有するために供給されるスペースを提供するものです。これまで述べてきたように，サポートは様々な技術システムや部品・部材を用いて構築されます。いずれにしても，サポートは，住戸や，オフィスなどを対象に，空間を分割するためのスペースを提供します。サポートは，新築でも既存の建物からでも造ることができます。既存ストックを利用する場合には，適応可能で「オープン」な建物を建築するために幾分かの部品が残され，他の部品は取り除かれます。この決定プロセスはもっと簡略化されたプロセスで実行されるかもしれません。大抵の場合，決定はキャパシティー（受容能力）分析を基にしています。即ち，設計チームが最適なサポート・デザイン―コストや建築技術の制約の範囲内で住宅その他の用途変更を考慮した最適のキャパシティーをもつデザイン―をみつけるための一連のステップの中で繰り返し検討する分析の結果としてデザインされるのです。

6.2.1 サポートのシステマティック・デザイン

デザイン行為が，一般的な直観によるアプローチを用いるには複雑になりすぎる場合，あるいは，基準や仕様が，正式に，また非常に明確に表現されなければならない場合には，サポート・デザインのシステマティックな方法が必要です。一般的には，サポートをデザインしなければならないほとんどの場合（新築か既存建物の再生かに関らず），システマティックなアプローチが必要です。具体的には，1) 異なる利益と技術を持つ幾つかのグループが共同で意思決定しなければならない場合，2) 明確な基準と品質レベルが多様な参加者によって合意されなければならない場合，3) 後に決定される事柄に関して多くのオプションを残したままにしておくために決定が少しずつ行われなければならない場合，4) 多数の独立しているグループが整然と同時に働かなければならない場合，5) 多数のグループが，全体としてまとまって別々の作業を行わなければならない場合，です。

以上のような方法が進歩して，*Variations ; The Systematic Design of Supports*

（バリエーション；サポート・システマティック・デザイン）(Habraken 他，1976)
に著されました。この本は以下のように述べています。

　サポートに関する基礎的な考え方は，少なくとも2人の参加者が独立し，連続して決定を行っていることを想定しています。まず1人目は，サポートの設計者です。彼は，後日居住者が個々に独立した決定を行って住居をつくり上げるためのインフラストラクチュアを提供します。設計者はどのようなオプションを居住者に残すべきなのでしょうか。この問いに対してどのように分析して記述すればいいのでしょうか。2人目は，サポートの中で独立した住戸を確保するために利用される「インフィル」のデザインを調整する問題に取り組みます。以上の二つは，独立しているものの一方では同時平行して行われ，物理的には別々ではあるけれども必ずしも分離される訳でもない二つの別個の設計プロセスです。どのようにこの二つの努力を調整することができるのでしょうか。
　賃貸にするか分譲にするか，誰が住むのかも未定の住宅の発注者，即ち，投資家・デベロッパーの要求や，いい住宅とは何かという命題に対して答えを出すことが，サポートの設計者が行うべき社会的な枠組みとして求められています。最小の参加者として，設計者，基準を扱う役人，発注者の3者が存在します。この3者は，様々な一連の用途可能性にサポートが対応するかを比較して，明確に説明された規準に対応しなければなりません。最終的にサポート・デザインは多くの技術的な専門家を動員します。即ち，建築家，構造エンジニア，電気エンジニア，衛生器具エンジニア，暖房・空調エンジニア，建築業者などです。他の建築と同様に，専門家たちの様々な努力が結集されなければなりませんが，オープン・ビルディングでは，努力はすべてコスト制限や空間による制限内でフレキシビリティを実現する解答に行きつかなければならないのです。予め決定した間取りが以上のような多様な要素を調整できないとするならば，コミュニケーションとコーディネーションに関する他の方法が必要とされるのです。

サポートをつくるための基本的な建築システムは，国による条件の違いと方法の違いによって分類できます。更にその他の諸システムがサポートに追加されます。つまり，以下に述べるように，サポートは，構造骨組，屋根，ファサード，機械設備システムで構成されています。

6.2.2 サポート技術

(a) 構造の骨組み

第2編で紹介した事例では，ほとんどが鉄筋コンクリートの骨組みを採用していました。二つの基本的なタイプがあります。一つはコンクリート床・梁・柱のタイプで，もう一つはコンクリート耐力壁によって支えられたコンクリート床のタイプです。多くの事例は，様々な大きさや形態の現場打ちコンクリートを利用しています。その他の事例では混合システムを採用しています。具体的には，プレキャスト—またはポスト・テンション—部品と現場打ちコンクリートの両方を用いていたり，レンガ造耐力壁とコンクリート床—現場打ちコンクリートかプレキャスト版—を利用しています。

「トンネル・フォーム」サポートは，伝統的な住宅建築に対してもオープン・ビルディング・プロジェクトでも，オランダの至る所で広く採用されています。この方式は，低コストで工期が短く，システマティックな工事との相性

図6.1 トンネル・フォームのサポート構造(写真提供：Stephen Kendall)

が良いものです。天井は平らになります。時には厚めの塗装だけが仕上げとなります。許容スパンは住戸にとって丁度良く，Papendrecht(パペンドレヒト)，Keyenburg(ケイエンブルク)で実証されたように自由な間取りバリエーションが可能となります。

日本でのオープン・ビルディングの開発上で重要な事実は，主に地震に対応するために課された厳しいデザイン上の制約のためにスケルトンがはるかに多く必要になることです。少なくとも下記の6つの基準が，サポートの構造システムを評価するために一般的に使用されています。(深尾，1998年)

- 災害に対する安全性
- 耐久性
- 生活空間としての基本的な性能
- 居住スペースの拡大に対する受容能力
- 間取りと仕上げを変更するためのフレキシビリティ
- 老齢居住者への対応

日本のS/I住宅のエンジニアリング・デザインは，サポート/スケルトンみの多くの重要なバリエーションを生み出しました。鉄筋コンクリートやコンクリートでカバーされた鉄骨柱・梁を構造とする事例には以下のタイプがあります。

1. 梁/床/柱
   a. 梁上のフラット・スラブ
   b. 梁間の沈み床(住宅都市整備公団)
2. 逆梁/床/柱
3. 厚打中空フラット・スラブ/柱(清水建設)
4. 耐力壁
   a. 梁上のフラット・スラブ
   b. 梁間の沈み床(住宅都市整備公団)

6.2 サポート・レベル

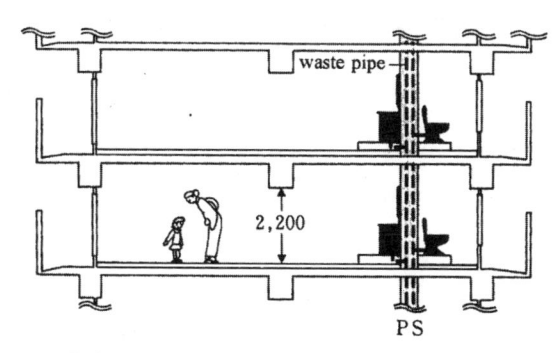

図6.2 日本の集合住宅の一般的構造システム（図面提供：建設省 建築研究所）

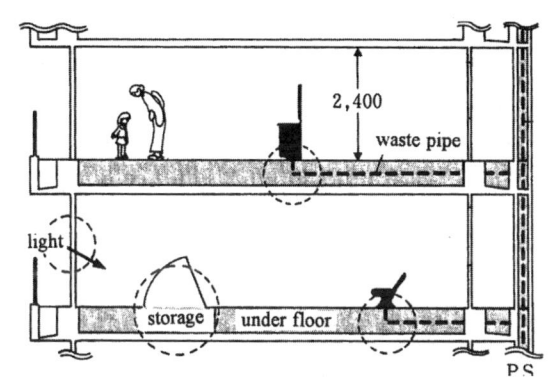

図6.3 逆梁床/梁のサポート構造（図面提供：建設省 建築研究所）

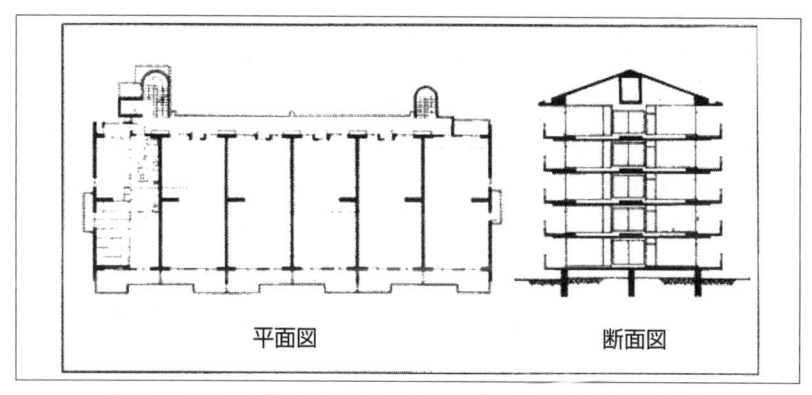

平面図　　　　　　　断面図

図6.4 フラット梁によるサポート（図面提供：住宅都市整備公団）

5. フラット・ビーム構造(住宅都市整備公団)
6. Z-梁/床/柱(住宅都市整備公団)

他には，完全な鉄骨スケルトン構造や，コンクリートの中に鉄骨を埋め込んで柱と梁を造る構造などの提案があります。多くの実験的システムが考案され，テストされ，開発され，実行に移されています。

(b) 屋根

サポートとしての屋根は，工学技術や耐候性と共に，文化と様式の伝統を反映しています。建物外皮として，集合住宅の屋根はサポートの重要な一部分として建造されます。技術的要求条件は，通常，屋根のどの部分もインフィルの一部にはしない，ということです。しかしながら，地上レベルでアクセスするテラス・ハウスや長屋建住宅プロジェクトでは，各々の家ごとに様々な屋根のバリエーションが生じ易くなります。特にオランダでは，ドーマーや屋根面のトップライトを付けることが普通で，このような窓が所有者の好みで加えられたり変更されたりすることを，特に低層集合住宅のサポートでは予想しておく必要があります。

(c) ファサード

集合住宅のファサードは，西洋の国々ではサポート・レベルの要素として一般には扱われます。ファサードは，共有資産であり，より大きな集団的な決定の一部分であると考えられています。例えば，中国の居住者は自分だけの日除け，装飾，場合によっては全く別の窓でさえ設置する権利を与えられています。しかしながら西洋の分譲集合住宅では，ファサードはほとんど均一で，同じ窓をつけようと皆で誓約したかのようです。居住者がファサードの「自分の」部分をコントロールしようとすることは，多くの国では異常なことと見做され，建物が社会的・経済的衰退のプロセスを辿る原因ともなっているのです。

建物本体の部品をインフィル・レベルへと再分配する場合に，ファサード

6.2 サポート・レベル

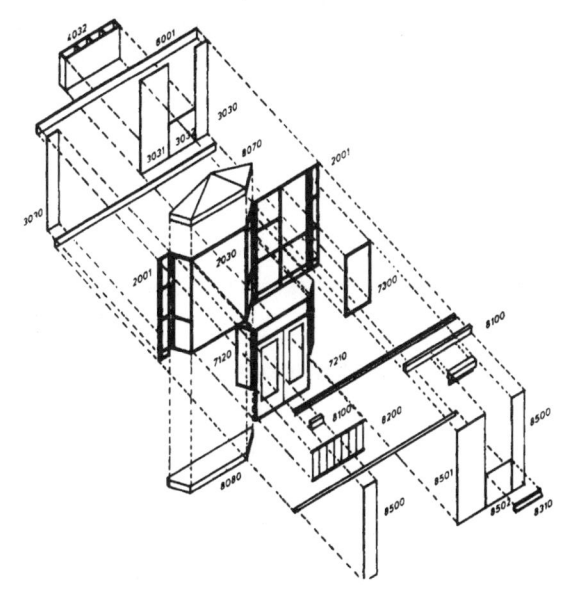

図6.5 ファサード部品のスタディ(図面提供:OBOM)

の決定は，最も議論の余地が残る対象です。公共の領域を取り扱う際に，住戸ファサードは，文化的慣習(領域，独自性，コントロールを示さなければならない)と技術的な要求(構造と包括的基準を守らなければならない)を反映します。誰が窓をコントロールするのか，誰が窓に法律上の責任を負うのか，誰が修理とメンテナンスのための支払いを行うのか，という質問は，技術的課題と社会的課題を跨ぐものです。窓は居住者によって(例えばKeyenburg，つくば方式，Next21プロジェクトのように)選択されるべきなのでしょうか。或いは，殆どの国々において伝統となっているように，選択とコントロールが建物本体に属する共有資産なのでしょうか。建築の接続部と建築ファサードに関するプロジェクトとしてOBOMで研究が継続されています。これらのプロジェクトは，工業を用いたシステマティックな製品開発のための基礎研究として，また，サポートとインフィル間でファサードを分配する際の技術的な障害を減らすための基礎研究として，建築部品の接続ルールをつくり

— 193 —

上げることを目的としています。(Cuperus, 1998)

(d) 機械設備システム

オープン・ビルデイング・プロジェクトでは，機械的システム—構造，屋根，ファサードと比べると建築プロセスへ比較的最近参加してきたシステム—は，サポートとインフィルの二つのレベルに関係しています。機械設備システムにとって重要な部分—特に給水，排水，ガス，電気，データ・信号線・冷暖房の水平方向への分配—は，インフィル・レベルの問題です。各システムの容量と技術的な(レベル内・レベル間の)インターフェイスは，大きな課題です。前述したように，「ネットワーク化した」建物の中の技術的な迷路の一部を構成しています。原則としてこれらのシステムでは，サポート・レベルの分配はほとんど垂直方向です。サポート・レベルの配線，ダクト，配管は，住戸を垂直方向に貫くか，住戸間の界壁内にある，建物内部の垂直機械設備シャフト内に通常設置されます。または，住戸玄関付近に配置された垂直孔を通るか(兵庫CHS，配管-階段室の自由配置可能なハウジング(Pipe-Stairwell Adaptable Housing)などのプロジェクトでみられる)，建物外側に露出して設置されるか，その両者を共に採用するか，という選択がなされます。

6.3 インフィル・レベル

サポート・レベルの進歩と発展のストーリーは，大部分が配管・配線・ダクトに関わる諸問題から建築を解放することが中心でした。インフィル・レベルのストーリーは，上記の諸システムに関連する技術的・専門的な仕事を緩やかにインフィル・レベルへと移すことがテーマとなります。その結果，部分的または包括的なインフィル・システムの急速な発達がみられました。オフィス用のインフィルが事務所ビルのテナント・スペースのために存在するように，包括的な住宅用インフィル・システムは住宅供給のためのものです。住宅用インフィルは，公共サービスが開通した住棟内の未完成のスペースを占める居住者にとって必要とされるものすべてを提供します。また，別々の

プロジェクトの様々な住戸に対して，一つの業者が，消費者ニーズに基づいて製造した部品を提供します。

インフィルを合理化する努力の中心は，配管，配線，ダクトの分配と設置でした。先進的なインフィル・システムは，内部の間仕切り，棚，造り付け備品・装置のインターフェイスを合理化し，標準化しました。これらの部品は，合理化しなければ，現場の多くのグループ間で予想できない程の混乱が生じる「スパゲッティ効果」(Van Randen. 1976) を引き起こしてしまうでしょう。間仕切りなどの部品は，調整の混乱と品質管理の欠如に結びつきがちなのです。

すべての機器の始めか終わりにそのシステムが位置することから，配管・配線・ダクトの設置は非常に重要です。現代の台所と浴室・洗面所は，ガス・ニップル，電気コンセント，温冷水の蛇口，水の排水，棚，電話・データ・セキュリティ用ジャック，テレビ・ケーブル，換気口，冷暖房の供給口と排出口を正確かつ整理された状態で前もって装備しておくことが必要です。伝統的な建築の方法では，このために，ソケット，通気孔，ジャック，コンセントなどの位置などが設計/開発の間に前もって決定されていることが要求されました。工事の初期の段階で，公共サービスと供給のためのコンジット・配線・配管は，床と壁の内に埋められ，時にはコンクリート内に閉じ込められてしまいます。その結果，住宅機能に関連する機器は，建物の寿命が終わるまでの間ずっと元の場所へ固定されることになります。器具の位置を少しでも変化させようとすると，様々な職人や検査官など多数の人々が，次々と住宅を訪れることになります。

インフィル・システムは，入居直前までこういった決定を先延ばしします。結果として決定は居住者によって行われ，多様で，変更が容易となります。このアプローチは，ほとんどすべての住宅が配管・配線・ダクトに繋がっている社会の中で，消費者選択を実現し，日常的な改良や新技術を用いた製品への取り換えを可能とします。

分譲集合住宅プロジェクトでは，より効率的なインフィル・システムのカスタマイゼーションが実現できます。賃貸事業プロジェクトでも，インフィ

ル・システムへ市場の要求を100%取り入れることが可能になります。また，インフィル・システムは，再生プロジェクトを行う際に1住戸のリノベーションを一気に工事することをより容易にし，古いオフィスや倉庫から住宅へと迅速で要求通りにコンバージョンを行えるようになります。関連するシステムに影響を及ぼすことなく建物の各部分の改良を行うことによって，インフィル・システムは，廃棄物を削減し，よりエコロジカルな製品や材料が市場に現れたときには取り壊すことなく部品を取り換えることを可能とするのです。

1980年代には，オランダのDelftでインフィルの技術的問題に関する基礎的研究がOBOM研究グループによって行われ，Leidingsystematiek (Vreedenburgh, Mooij, Van Randen, 1990)などの多くの重要な研究成果を挙げました。この研究から実現した革新的開発の一つとして，下に述べるように，無傾斜混合排水管を用いたMatura(マトゥーラ)のインフィル・システムがあります。配管技術におけるこの前進は，建築産業全体にとって非常に大きな意味を持っています。マトゥーラの無傾斜システムは，ドイツ・オランダ両国で住宅用インフィルとして認証されており，ERAインフィル製品にも採用されています。この原稿を書いている時点で，認定のための検査が日本で続いています。

6.3.1 包括的なインフィル・システム

インフィル・レベルの開発は，(特にヨーロッパと日本で)住宅供給プロセスに関する技術の根本的な再構築を目指しています。ヨーロッパと日本で出現している包括的なインフィル・システムは，4つの本質的特性を共有しています。即ち，1)住戸の生産を合理化すること，2)インフィル全体を統合すること，3)床から天井までのインフィル・パッケージを提供すること，4)プロセスを管理するための高度な情報システムを用いること，です。

一度そのようなシステムがしっかりと市場に定着したならば，サポート・デザインは単純化され，多くの技術的制約が取り除かれます。その結果，サポートを設計する建築家は，はるかに簡単に，建築の形態と公共スペースと

いう伝統的な対象や，建築の安全性・空間体験・ファサード・公共スペースと都市の性格の定義に再び力を集中することができます。

6.3.2 ファサード・インフィル・システム

前述したように，インフィル・システムは，住戸内部の技術的な限界によって制限されることはありません。同様に，工業生産された高品質のファサード部品を進んで利用することには利点がありますが，現場組立とするか工業生産部品を使うかの選択は本質的な問題ではありません。初期のオランダのオープン・ビルディング・プロジェクト(例えばPapendrecht(1977)，Lunetten(1982)，Keyenburg(1984))では，建物のファサードの一部がインテリアと共に決定されました。Papendrecht(パペンドレヒト)では，オランダのキャナル(運河)ハウスで何世紀も使用されてきた建築方法を適用した木製のファサード・フレームが，窓や住戸内部の間仕切の位置にある頑丈なパネルに埋め込まれました。Keyenburg(ケイエンブルク)では，窓枠の色が，用意された色パレットから居住者によって選ばれました。

Next21(1994)は，インフィルの一部分としてのファサードの概念を拡大しました。通りに面するファサードはカスタム・デザインが可能なシステムとなっています。個々の住戸のデザインには，工業生産されたファサード部品キットを用いており，このキットは取りはずされ，新しい形に再び構成されて再利用することができます。建物のファサードの全体的な視覚的統一と技術的な性能の確保は，ファサード・システム，部品，調整・組織・後々の再変更ルールに関する注意深いデザインを行うことによって可能になります。

6.3.3 インフィル・サブ・システム

包括的な住宅用インフィル・システムの開発を支え実現するサブ・システム，技術，インターフェース，基準の多くは，まず業務用建築市場において生まれました。そういった製品は，今日，住宅プロジェクトに積極的に取り入れられています。次章で紹介する住宅用インフィル供給会社の他にも多くの重要な開発が行われました。即ち，多種多様な電気ケーブルとコネクターの生

産者である Wieland （ドイツ）と Woertz(スイス)，先進的な排水管と接続器具の製造業者である DeltaPlast(オランダ)と Hepworth(イギリス)，配管と関連部品のトップ製造業者である Geberit(スイス)，冷暖房空調設備のリーディング・カンパニーである Sanyo(日本)などです。

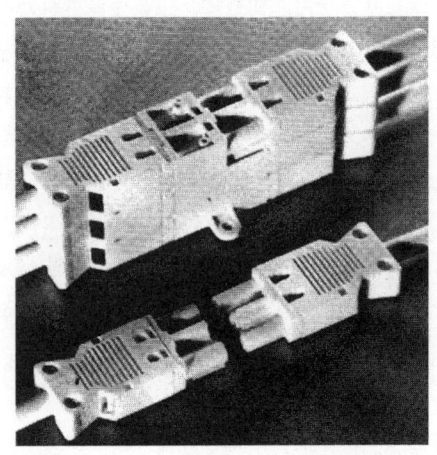

図 6.6　Wieknd ST-18 のコンパクトな接続システム(写真提供：Wieland Electric，Inc)

6.3 インフィル・レベル

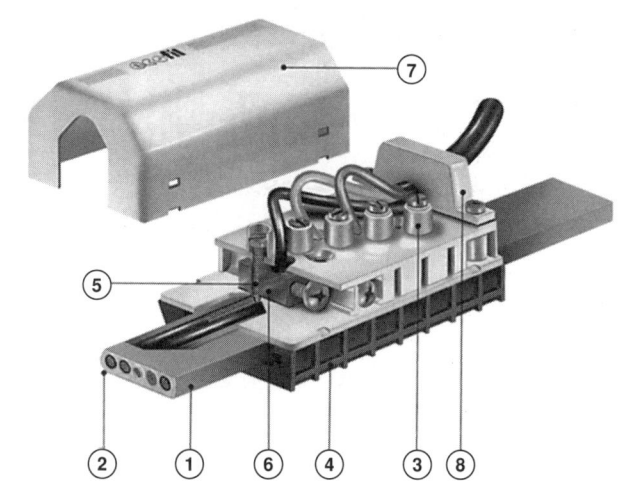

図6.7 Woertz のフラット・ケーブル・システム（図面提供：Woertz AG）

排水パイプ・ソケットの詳細

P.P.パイプ
P.P.支持クリップ
「O」リング・シール
P.P.パイプ・ソケット

バリフィックス・ソケット細部

P.P.支持クリップ
「O」リング・シール

ソケットは
P.P./ABS/Metric/Imperial Copper に対応

図6.8 Hepworth の押込み着脱方式による排水パイプ・システム（図面提供：Hepworth）

7 インフィルの
システム・部品・組織

Matura Infill System（マトゥーラ・インフィル・システム） ············ 201
ERA and Huis in Eigen Hord（ERAと思い通りの家） ················ 205
Interlevel ··· 206
Esprit ··· 207
Bruynzeel ··· 210
Nijhuis ·· 211
長谷工 ··· 213
パネ協（日本住宅パネル工業協同組合） ································ 215
差鴨居 ··· 217
Mansion Industry System（MIS）インフィル ························ 219
KSIインフィル ··· 220
フィンランドにおけるインフィル・システムの開発 ··················· 223
中国におけるインフィル・システムの開発 ··························· 224

7.1 各国の事例

Matura Infill System(マトゥーラ・インフィル・システム)
オランダ,ドイツ

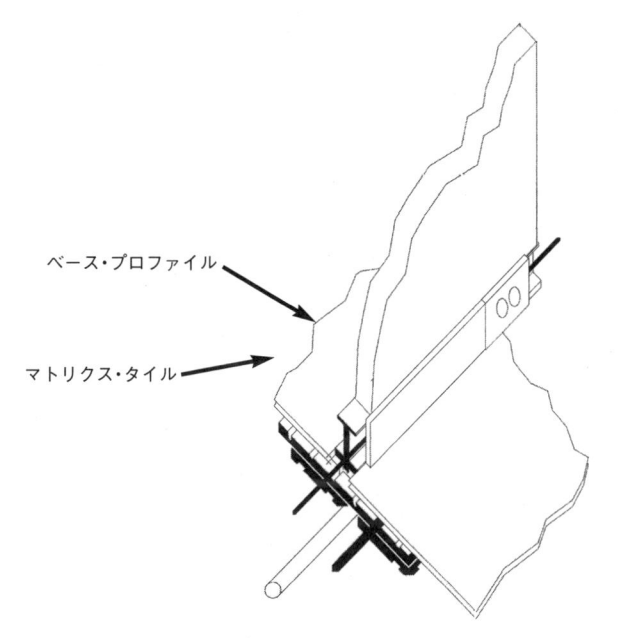

図7.1 マトゥーラの基部システム(図面提供:Infill Systems BV)

おそらく現時点で最も包括的なインフィル・システムであるマトゥーラ・インフィル・システムは,オランダとドイツで認証され,承認コードを取得した特許製品です。このシステムは,オープン・ビルディングの開拓者であるJohn Habraken(ジョン・ハブラーケン)とvan Randen(ファン・ランデン)によってオランダで発明され,インフィル・システムBVによって1993年に市場へと持ち込まれました。マトゥーラ,マトゥーラ・インフィル・システム,Base Profile(ベース・プロファイル),Matrix Tile(マトリクス・タイル(格子タイル)),Matura Cards(マトゥーラ・カード)は,商標登録された名称です。

マトゥーラ・インフィル・システムは完全にプレファブ化された製品です。またジャスト・イン・タイムに注文生産による住戸を提供します。マトゥーラの中で使用されている，付加価値を与えるための幾つかの部品によるコスト増は，住戸の工事時間の短縮（パッケージの搬入から入居可能となるまで平均10日以内），品質管理，完全に注文生産された住戸を提供する能力などで埋め合わされています。

マトゥーラは，米国，日本，中国，欧州共同体で登録され特許を取得済みのシステムです。特許は，二つの新しい部品であるベース・プロファイルとマトリクス・タイル，そして両者の接合方法とソフトウェアを対象としています。マトゥーラ・カードと呼ばれるソフトウェアは，最先端技術を用いて製品仕様，グラフィックス，積算情報を提供します。このソフトウェアは，住戸の設計から始まり，リアル・タイムのコスト計算，部材の組み合わせ図の作成，工場生産用の部品形状の指示，各住戸用に割り当てられた専用コンテナ内に順にラベルを付けた後の積み込みなどの作業を通じて，マトゥーラのプロセス全体を支援します。製品証明書は住戸全体のインフィルをひとつの製品として認定しているので，資格を有する多能工はたった1回役所を訪れるだけで済みます。

マトゥーラは二つのサブ・システムで構成されています。「下部を担う」システムは，23以上の独立したサブ・システムと，既に市場に存在している何千もの部品とを纏め上げるために，二つの特許部品（ベース・プロファイルとマトリクス・タイル）を利用します。マトリクス・タイルは住戸全体に渡って配管・高圧ケーブル・換気ダクトを通す役割があります。工場で寸法通りにカットされたベース・プロファイルは，間仕切パネルを支持し，電気配線の通り道となるべくマトリクス・タイルの上部溝へ嵌め込まれます。下部システムが標準インターフェースによって既製品の「上部システム」部品と接続するのを補助しながら，ベース・プロファイルは，必要に応じて壁の中やドアの下へ配線を行うことを可能にしています。上部システムは，間仕切り壁，棚，電気機器，造り付け備品，ドアなどです。マトリクス・タイルの上部側の溝が，各々の備品へと繋がる「ホーム・ラン（住戸内）」ラインを収納してい

るのに対して，無傾斜排水管は，マトリクス・タイルの下側の溝の中に設置されます。水やガスを供給するホーム・ラン・ラインの利用は，住宅用インフィル・システムの重要な原則です。ホーム・ラン・ラインは，漏れの最大原因となると共に工事に多大な時間を要する原因にもなる床下での接続を不要にするのです。

マトゥーラの部品とソフトウェアは，各要素に位置を割り当てるための10/20cmグリッドを使用しています。初期のSARの研究によって，何千もの部品の関係を自動的に調整できることが確認されています。住戸の端部においてのみ（ここでインフィルはサポートとぶつかる），各住戸に合わせた寸法測定，形状合わせ・切断が必要となります。包括的なデータ・ベースには，すべての部品の情報と組み合わせの可能性が入力されています。このデータ・ベースは，全部品に関する情報を扱っており，設計のスタート時に容易に情報へアクセスすることが可能です。更に，ソフトウェアは，データ・ベースと結びついたグラフィック表現の「プロダクト・コンフィグレータ（部品配置・形状表示機能）」を機能の中に含んでいます。インフィル・デザインは，このコンフィグレータで確認された後に，グリッド幅の中に記号化されてソフトウェアの画像中に配置されます。このソフトウェアは，積算，注文，在庫，生産，コンテナ・パッキング，現場での組立に必要なすべての情報を自動的に計算してくれます。前もって定義された計画の中から各住戸に適した解を探してくれるのです。

Patrimoniums Woningen（パトリモニアム住宅会社）(1990 -)などのプロジェクトでは，新たに分譲する住戸と賃貸用住戸の双方でマトゥーラ・インフィル・システムが利用されています。システムは，特別に訓練された3人の熟練工のチームによって1住戸ごとに一気に工事されます。1,100平方フィート（110㎡）の住戸の注文に対する設置工事は平均して8日間で終了します。居住者が自らデザインすることを支援するために，マトゥーラのショールームが用意されています。ショールームには，様々な技術部品，設備・備品，消費者が選択するために陳列されたその他たくさんの製品を配置したモデル住戸が置かれています。更に，利用可能な備品・仕上げ・棚のカタ

7 インフィルのシステム・部品・組織

ログを用いて入居可能性がある顧客と訪問者に対するプレゼンテーションが行われます。

　マトゥーラの流通センターには，インフィル・パッケージが準備され，設置現場への配送のための各住戸用のコンテナが待機している作業用倉庫があります。現場での廃棄と混乱を減らし，高い品質と迅速な現場工事を実現するために，部品の多くはプレファブリケーションされ，その内の幾つかは予め簡単に加工されています。ベース・プロファイルやマトリクス・タイルなどの部品は，マトゥーラの仕様に従って下請け業者によって製造され納入されます。他の部品が配達に備えて保管されている間に，納入された部品の内の幾つかは流通センターの中で切断され組み立てられます。一つの住戸用の部品は，すべてが，現場での設置手順と逆の順番に，1台か2台のコンテナに積み込まれます。作業に必要なすべての道具を積んだもう1つのコンテナが工事チームのための現場事務所として用意されます。以上のコンテナはインフィル工事の期間ずっと現場に置いておかれます。
（Vreedenburgh, 1992）

図7.2　基盤タイルと水平排水管の設置
　　　（写真提供：Stephen Kendall）

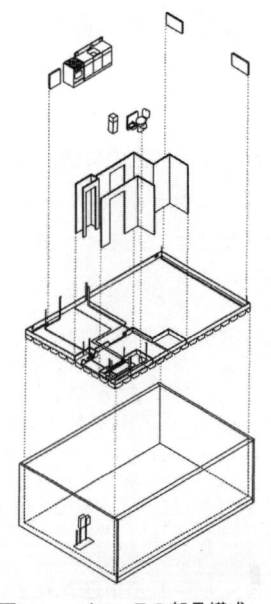

図7.3　マトゥーラの部品構成
　　　（図面提供：Infill System BV）

ERA and Huis in Eigen Hord(ERAと思い通りの家)
オランダ

　ERAは1998年に,「一住戸を一気に」の考え方に基づいた,再生・新築建物用の住戸インフィル市場に参入した大規模建築業者です。ERAインフィル・システムはマトゥーラ・インフィル・システムに類似していますが,一般的な建築部品市場で流通している通常の既製部品を利用しています。マトゥーラも同時に使用されたVoorburgの住宅再生プロジェクトで利用するために,Patrimonium Woningen住宅会社の要請に応じて開発されました。

　マトゥーラ・システムに類似したERAインフィルは,下部システムと上部システムとで構成されます。下部システムには,2層のポリスチレン・シート(5cmと3cm)がサポート床の上に置かれます。その後で,2層の無水石膏シートが浮床としてポリスチレン層の上に設置されます。水平方向の無傾斜排水管と給水管や温水供給管が,ポリスチレンの2層の間に設置されます。柔軟性を最大限にするために伝統的な設置技術が利用されています。遮音性能を有するスチール・スタッドと石膏ボードの「半厚壁」が,既存の壁の上に重ねられます。マトゥーラと同様に,上部システムは既製品の在庫型消費者製品を使用しています。

　Hague(ハーグ)の高齢者介護施設プロジェクトでは,民間のハウジング・コーポレーションが,老朽化した老人用団地を購入し,ERAインフィル・システムを使用して,フレキシブルで消費者志向の施設に転換しました。360台のベッドを備えた既存の「老人ホーム」は,160台のベッドを備え,介護支援された療養施設に変身しました。既存の20室が16室の新しい特別介護付きの部屋として造り変えられました。80室の老人住戸があった別の既存住棟内部は空にされ,インフィル・パッケージを利用して20戸の住戸へと組み替えられました。段階的な取り壊しとインフィルの挿入は,*Stripping Without Distruptionon Open Building Study*(Dekke,1997)で概説された原則や手順に従っています。その結果,老人達は工事期間中もそのまま住み続けていることができました。

7 インフィルのシステム・部品・組織

　Eigen Hand の製品である Huis は ERA プロダクトに非常に似ています。これは，Karel Rietzschel（カレル・リーツェル）によって開発され，VZOS ハウジング・コーポレーションによってハーグの50戸の新築プロジェクトで，1998年に最初に使用されました。

Interlevel
オランダ

図7.4　中間階床下の配管（写真提供：Stephen Kendall）

　Prowon（プロボン）BV はデベロッパーです。プロボンは，1984年以降，オープン・ビルディングの原則に基づいた，オフィスと住宅双方のプロジェクト事業を行っていました。伝統的な建築業者と建築プロセスの組織的な欠点に起因する問題に加えて，二重床と着脱可能な壁を実現するための，価格・取り扱いの容易さ・耐久性という製品性能上の課題が存在していました。

　プロボンは，Interlevel（インターレベル）と名付けられ，商標登録された独立した床・壁システムを開発しました。インターレベルとその他の部品を設置するために，インターレベル・トレーディングとインターレベル建設という二つの会社が設立されました。この二つの会社は，所有者と居住者に助言し，技術的な図面作成を行うことをその業務内容としていました。

— 206 —

インターレベルは，元々オフィス市場のために開発されたインフィル製品です。しかし，多くの住宅プロジェクトや小さな店舗に利用されてきました。インターレベルの主要部品は低コストの二重床です。床パネルは高密度のウッド・ファイバー・セメント・ボードで作られています。パネルは，約4-6インチ(10-15cm)の高さを維持するように，調整可能な支持部品上の木枠で固定されます。システムは，オランダの火災と音響に関する建築法規上の評価認証を受けています。インターレベルは，二重床の下に，伝統的なポリブチレンの給水配管，電気コンジット，換気ダクトを収納します。その後で，石膏ボードによって覆われた木製フレームまたはスチール・スタッドが二重床上に組み立てられます。

Esprit
オランダ

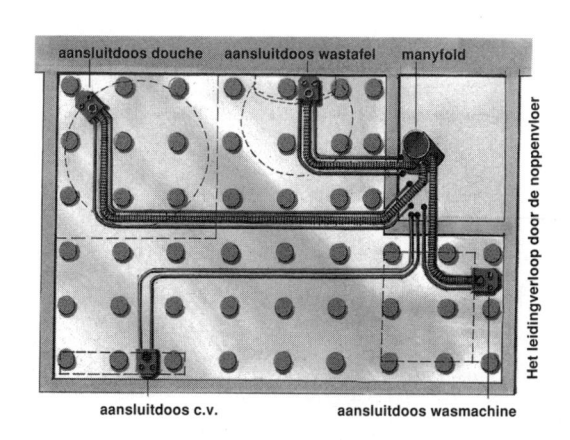

図7.5　浴室の構成(図面提供：Esprit)

エスプリ・コンソーシアムは，新築・再生両方のための，注文生産に対応した住宅インフィルの開発を1985年に始めました。システムは，「プラグ・ア

ンド・プレイ（差し込むだけで作動するしくみ）」とサポート／インフィル・コンセプトが統合されたものです (Eger, Van Riggelen, Van Triest, 1991)。初期の概念スケッチは，居住者が自分の車から箱を取り出し，荷を解き，2～3回の単純なプラグ・インを行うだけで，浴室内に新しいトイレを設置する様子を描いていました。エスプリは，工業化デザインを行って工場生産された消費者市場のための住居用インフィルを開発することを目的としていました。目的となった項目は以下です。

- オープンな住戸間取り（間仕切壁の配置の自由）
- すべての技術的設備，電気スイッチ，情報ソケットの居住者の決定による配置
- オープンな備品選択

コンソーシアムのメンバーは，衛生・台所設備・換気設備・間仕切りなどに関する技術コンサルタント，部品メーカー，建築会社でした。エスプリ製品には以下の基本的な部品があります。

- 浴室の中でのみ使用される，高さ 10 cm 未満の二重床
- 浴槽とシャワーのための緩傾斜排水管と特別に設計された排水トラップ
- 排水管と給水管へ迅速に接続することができる浴室備品
- 配管がキャビネット後部に収納された「プラグ・アンド・プレイ」台所部品
- 住戸内給水・暖房用水のための迅速な接続が可能な配管
- 新しい換気装置
- 着脱可能な間仕切壁システム
- エネルギー，データ，セキュリティ供給部品（露出配線・内部配線）
- 入口ドアの記録装置と情報操作盤

エスプリ開発には，設計から工事までの間中ジャスト・イン・タイムで物流を実行する計画が含まれています。これによって，リサイクルを促進し，工

場生産を用いたより効率的な材料利用が行われることになり，現場での廃棄物を減らそうとする継続的な努力に貢献しています。多くの実験的プロジェクトが新築・再生の双方で行われました。1999年には，エスプリは再編されました。この原稿を書いている間にも更なる実験プロジェクトが試みられています。

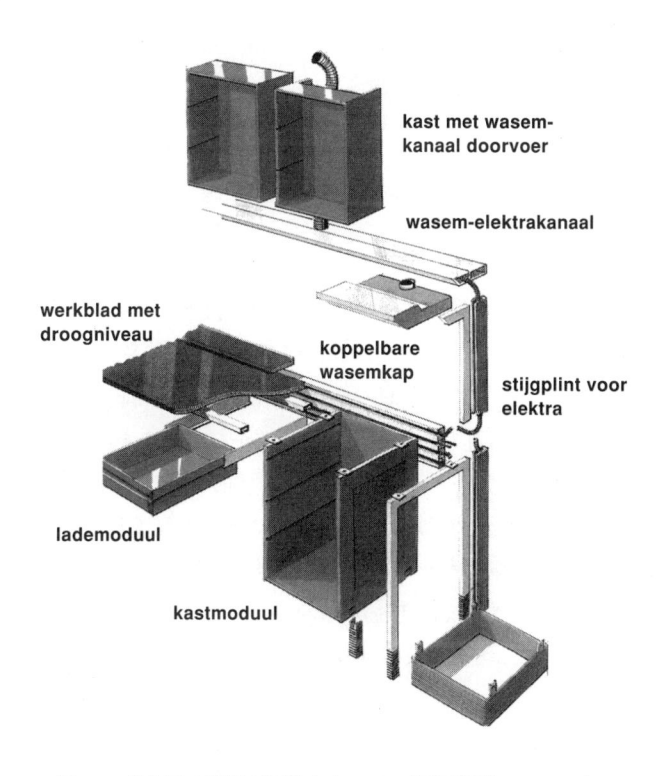

図7.6 差し込み接続が可能なキッチン（図面提供：Esuprit）

Bruynzeel
オランダ

図7.7 壁システムのスタッド
（写真提供：Stephen Kendall）

図7.8 壁ボードの設置後の様子
（写真提供：Stephen Kendall）

　Bruynzeel（ブルインゼール）は尊敬すべき歴史を持っている，とオランダでは誰もが認める会社です。その評判は何百年も前に林産物の販売によって確立しました。今日，ブルインゼールの製品は，消費者市場のための木製品，防水合板，鉛筆，高品質のキッチンにまで拡がっています。

　1970年代中頃に，ブルインゼールは，包括的な住宅用インフィル・パッケージを開発しようと，意欲的な製品研究に乗り出しました（Carp, 1974）。ブルインゼールの先駆的なシステムは，オランダのSterrenburg（1977）やロンドンのPSSHAK/ Adelaide Road project（1979）などの初期のオープン・ビルディング・プロジェクトに採用されました。このシステムは，パーティクル・ボードの壁パネルを支えるためのプラスチック・コネクタ・ブロックと，粉状にした木を固めて作ったスタッドとを繋ぐ間仕切壁システムで基本的に構築されています。プラスチック・ブロックは，垂直方向のスタッド，水平方

向のベース・プレート，トップ・プレートを連結するために使用されました。配線には露出したプラスチックの配電管が用いられました。浴室のための排水配管は二重床の中に設置されました。また，台所配管はキャビネットの後ろに置かれました。給水配管は露出設置で，クロム・メッキ管と注意深くディテールがデザインされたブラケットが使われました。この製品は，市場で従来の間仕切部品に対抗することができなかったことから，80年代後半には市場から撤退しました。

Nijhuis
オランダ

図7.9 板が設置されている様子(写真提供：Nijhuis BV)

　Nijhuis Bouw BV は 1906 年に設立された建築会社です。第二次世界大戦後にオランダへトンネル・フォームによる建築方法を紹介したのは Nijhuis でした。1970 年代の初めには，4DEE Inbouwsysteem (4DEE インフィル・システム) を開発するために，会社内の幾つかの部門が力を合わせました。自社のトンネル・フォーム・コンクリート・シェル工事を素速く完了するために開発された幾つかの部品と，プレファブの室内壁とドア枠，ファサード部品，屋根が，このシステムの内容です。4DEE は，10/20cm グリッドなどの，

SARによって開発されていた寸法コーディネートの原則を採用しました。

1971年には，Nijhuis Toelevering BV が独立会社となりました。1971年から1992年の間に，Nijhuisは，オランダ国内のおよそ50,000戸分の4DEEシステムを引き渡しました。インフィル・システムは，室内の壁，内部のドア枠と窓枠，仕上げの部品，洗面器のためのプレファブ式のつり手，電気コンジットとボックスなどで構成されています。インフィルは，2人の職人で，1住戸当たり1日のペースで設置されます。

システムのモデュラー・コーディネーションと，ファサード・配管などの他のシステムとの接続は，10/20 cmグリッドに基づいています。壁部品は2.4 mおよび2.6 mの二つの高さと1.2 mの基本幅でプレファブ生産されます。このフル・サイズ・パネルは，30, 60, 90, 120 cmの幅で切断されます。

4DEEプロダクトは各住戸単位で工場生産されます。図面は，間取り中の各部品の配置を示すためにコード化されています。この図面に基づいて工場は生産し配送を行います。現場での設置工事チームは，寸法が入った図面に従って，まずU-形の金物を天井に固定します。壁の上部はこの溝に挿入され，パネル底のスクリュー・ジャッキを用いて締め付けられ，幅木が取り付けられます。ドア枠と間仕切壁は順に設置されます。間仕切壁が中空となっていることから，電気配線は壁の中か，幅木上に露出して設置されます。

Nijhuis Toelevering BV は，建築業者を対象としたマーケティングを続けています。現在の製品構成は，木製サッシュとドア枠，プラスチック・サッシュとドア枠，プレファブ化された壁から壁・床から床までのファサード部品（ガラス窓とドア枠を含む），プレファブ化された屋根部品などです。製品は，新築住戸と再生住戸双方を対象として（Nijhuis Bouw BV その他の様々な会社によって）主としてオランダ国内で利用されています。

Nijhuisは，オープン・ビルディングの原則が，今後，より広範囲に実現していくと予測しています。新製品開発部が，住宅用インフィル・システムの商業化に関する幅広く長期的な経験を持つ専門家の指導の元に組織されました。このグループは「TRENTO」と呼ばれる概念を近年試みています。TRENTOは，住戸内の間取りとファサード部品を選ぶ際に，買い手により多くの

可能性を与えると同時に、迅速な工事を実現することを目標としています。

図7.10　4DEE の内装の完成後（写真提供：Nijhuis BV）

Haseko（長谷工）
日本

　長谷工は、日本における全国規模の大手建設会社です。また、日本の中層階級向け住宅市場をターゲットとした、最大規模のデベロッパー兼建築会社の一つです。1990 年代の初めに、長谷工は、自らの住宅生産を、サポート・壁・FORIS（FOR infill systems）の3つの区分に大きく分割しました。長谷工のこの試みは、工事の各フェーズで要求される労働力、工事管理、サブ・システムの種類が本質的に異なっているという事実に基づいています。実際のプロジェクトでは、分割された各々が独立し、コスト管理に責任を持っています。材料費と労務費は、従来のような仕事の技術上の分類ではなく、新しい分割区分単位で割り当てられます。

　20 を越える専門工事業者がインフィル工事に従事します。大工、内装業者、電気業者、環境システムの設置業者、鉛管業者、台所/浴室業者などで

す。長谷工は，インフィルの部品価格に関する協議を行うために部品メーカーと直接交渉します。その後，労務費だけをコントロールしている下請業者に対して材料費を提示します。長谷工はこのようにして労務費と材料費を正確に監視しています。長谷工は，サポート・レベルとインフィル・レベルの各々の価格を区別するために，各下請け業者と個別に契約を結びます。これは，消費者に間取り変更のための費用を伝える場合には特に意味があります。長谷工は二重床は使用しません。供給配管は天井裏に収容されます。バスタブの排水管は，日本での一般的な方法に従って床面が持ち上げられているユニットバスの床下へ設置されます。トイレ排水は，垂直管へ直接接続する後方排出とするか，壁に沿って通されるか，収納の中へ収容された排水管へ流し込みます。台所の排水管はキャビネットの後ろを通って垂直管へと接続しています。エネルギー用メーターは共用通路からアクセスすることが可能です。家庭用の給湯は専用のガス・ボイラーによって各住戸に供給されます。HVACは日本での典型的な従来の供給分配システムによって各住戸へと提供されます。

　長谷工によれば，オープン・ビルディングの普及のための要因を幾つか挙げることができます。(Kendall, 1995)

- 要求に基づかなければなりません。
- 消費者の視点に基いた独立したインフィル・システムの供給者が出現しなければなりません。
- 民間・公共のデベロッパーは，サポートとインフィルの契約を積極的に分離しなければなりません。
- 総合建築業者の仕事の方法が変化しなければなりません。

Panekyo（日本住宅パネル工業協同組合）
日本

図 7.11　二重床（写真提供：日本住宅パネル工業協同組合）

　パネ協（日本住宅パネル工業協同組合）は，1961 年に設立された全国組織です。東京に本部を置き，7 ヶ所の支社と 20 以上の地方拠点を持っています。その業務内容は，部品設計と試験，マーケティング，工事，再生事業などです。パネ協の製品の大部分は，国・都道府県・市町村によって供給される公共賃貸集合住宅や分譲集合住宅プロジェクトで使用されています。

　パネ協は，PATIS（Panekyo Total Interior System）と呼ばれるシステムを持っています。このシステムは，集合住宅住戸にトータルなインフィルを供給しています。PATIS は，二重床（7 タイプ），間仕切壁，ドア・ユニット，外周壁，天井，建具，造り付け部品，ユーティリィティ（ユニットバス，台所キャビネットと台所設備など），その他のインテリア部品などで構成されています。製品は，日本中の 250,000 戸以上の住戸で使用されてきました。

　パネ協は，集合住宅の「再編」や再生のための技術的コンセプトに関する多くの研究へ資金援助を行ってきました。報告書は，住宅の「改良」への要求を強める下記のような要因を指摘しています。

- 単身世帯と子供がない夫婦の増加
- 分譲マンションを買うよりも賃貸住戸に住もうとする傾向への変化

7 インフィルのシステム・部品・組織

- 自宅で働く傾向への変化
- 余暇時間と昼夜に跨る活動の増加
- 様々なライフスタイルと個性を受け入れる住宅への要求
- プライバシーの重要性の増大
- DIY活動への要求の増大
- 住戸再生の増加

建築業者にとって，住宅の「改良」に際して考慮すべき項目は次のようなものです。

- 汚くきつく危険な仕事をする若い労働者の反感
- 労働者の給料の上昇
- 工事や取り壊しによる騒音と混乱に対する近隣の迷惑
- 資格を持つ職人の不足

エコロジーの視点からみると，住宅の再生は，天然資源の消費と廃棄物処理が難しい材料の生成を削減することで，環境保護と環境保全に寄与します。パネ協による研究は，新しいサポートと再生を必要とする古い建物との両方を対象として，インフィル部品を供給するための多くの戦略を提示していま

図7.12　間仕切りシステム（写真提供：日本住宅パネル工業協同組合）

す。これらの戦略には，多能工による工事チームの編成と，部分的な DIY イ
ンフィルの利用の二つの方法を開発することが含まれています。インフィ
ル・システムを売ったりリースしたりするための新しい種類の部品センター
の設立，DIY インフィル・コンポーネントのための中古市場の熟成，住戸が
空室になった際にインフィル部品を売却するためのメカニズムの開発なども
戦略項目として提案されています。(Kendall, 1995)

Sashigamoi(差鴨居)
日本

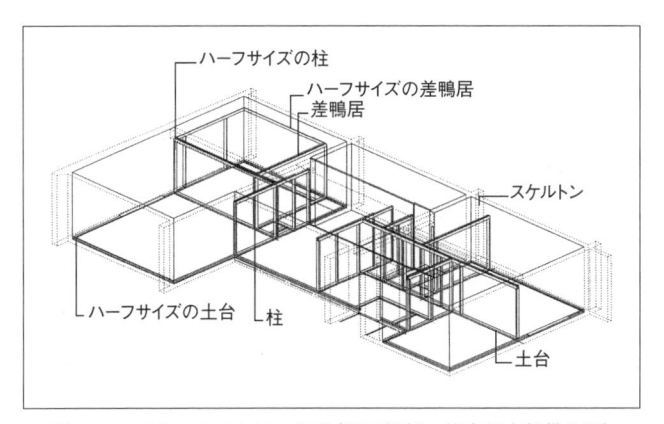

図7.13 アクソノメトリック図(図面提供：住宅都市整備公団)

　差鴨居は，伝統的な木造住宅の障子建具上部の水平方向の構造部材または
まぐさ部材を指す呼称です。差鴨居システムは，床上一定の高さで住戸全体
に水平の帯を構成します。そこを基点として，様々な天井高，装飾スクリー
ン，壁を取り付けることができます。東京近郊の多摩ニュータウンのこのプ
ロジェクトは，住宅都市整備公団によって実施され，1995年に完成しまし
た。分譲用の面積94.55㎡の6住戸が対象とされました。プロジェクトは4
つの原則に従っています。

1. 日本の木造住宅の伝統的空間特性を引き継ぐこと。
2. 木などの自然材料を最大限に使用すること。
3. 効率的な配送・設置プロセスに支援され，工場生産によるインフィル・システムを備えた，コンクリート・サポート構造を採用すること。
4. 価値が低い木材を利用して日本の林業の新しい市場を開拓すること。

　完成した6戸は同一の間取りとなっています。未完成のコンクリート・サポートの壁は「インフィル」壁によって表面が被われています。バスユニットの浮床の下で排水配管と給水配管すべてを設置できるように空間が計画されています。トイレは後部排水とし，垂直管シャフトのすぐ隣に配置します。メーター収納は正面玄関に設置されます。共用階段に隣接している「光庭」は，通常よりも奥行が深い建物の住戸内に自然光と換気を供給します。
　差鴨居上の天井高に関するバリエーションを可能とすることによって，この基本コンセプトが将来のなるべく多くのプロジェクトに使われることを意図して開発されました。差鴨居から床へ至るまでの部品は標準的で，工場でプレ・カットされ，現場で設置されます。一方で，差鴨居上部の部品はできる限り現場外で準備されますが，現場で寸法に合わせて切断されて設置されることもあります。他に，標準部品で構成された下部システムと，各住戸の条件に対してある程度柔軟に適応できる上部システムも存在しています。
（Kendall, 1995）

Mansion Industry System (MIS) Infill
日本

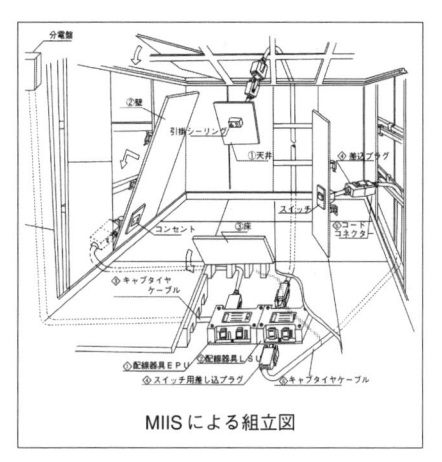

図7.14 MISインフィルの組立図(図面提供：大京)

　マンション工業化システム(MIS)は，1992年に成果報告が出版された，建設省が主導した中高層集合住宅プロジェクトです。福岡で実施されたプロジェクトは，大京と前田建設によって行われました。1994年に14階建250戸の分譲マンションが建設されました。マンション外装工業化システム(MEIS)，マンション内装工業化システム(MIIS)，M(M&E)IS(マンション機械設備工業化システム)の3つの新しいシステムが用いられました。

　住戸には異なる6つのサイズが用意されています。すべてのタイプに固定された浴槽ユニット，トイレ，台所が設置されます。各住戸の残りの空間はある程度まで自由設計とされました。平面計画の決定はスケルトン・デザインの後で行われました。境界外側の縦配管はスケルトン・デザインの一部として設計されました。しかしながら，各住戸の間取りが決定するまで，住戸が予定されているゾーン外の縦管シャフトは設置工事が行われませんでした。すべての設計決定した後に工事がスタートしました。MISの主要な目的の1つとして，資材コストと労務コストが厳密に区別されました。

　排気ダクトは，内装仕上げに先だって独立して設置されました。排水管と

ガス配管もまた専任の職人によって工事されました。その後，別の数人のチームが1週間に1住戸のペースで工事を進めました。このプロセスは，内部間仕切壁の設置から始まり，松下電工によって開発された「カチッと嵌める」新しい配線システムが床下に用いられている二重床の工事がその後に続きました。

配線は壁と天井裏にも行われました。クリップ留め式壁パネルは，自動車生産技術を応用した金属スタッド・フレームの上に固定されます。温冷給水配管工事は，一般的な内装仕上工事と同じ職人によって，簡単に接続できる給・排水管を使用して行われます。その他の部品は，すべて現場外で前もって準備され，設備・電気業者によって現場へ運び込まれました。

MISの特徴の一つに，部品(配管，配線，ダクトなど)が，各メーカーに直接注文され，様々な内部工事チームの工事作業に対してジャスト・イン・タイムに届けられる点が挙げられます。(Kendall, 1995)

KSI Infill
日本

図7.15　二重床(図面提供：住宅都市整備公団)

KS/I 98プロジェクトは，住宅都市整備公団の一連の実験プロジェクトの

一つとして行われました。このプロジェクトの目的は，サポート工事の新しい原則と，新築・再生両方に対する新しい住宅用インフィル・システムを提示することにありました。このシステムは，公団，民間双方で使用することを想定して開発されました。提案された工事技術は10階建の建物までに適用可能です。公団は，720,000戸の賃貸住戸を所有しています。その内の多くが今後十数年間に再生工事が必要です。

　これまでによく知られている多くの住宅用部品の場合と同様に，KSIインフィルの実験プロジェクトによって多くの部品が新しい提案に繋がりました。基本的なサブ・システムは次の通りです。

非耐力壁

- 外周壁は乾式構法であり，内部の間取りに対応して配置される窓とドア枠を含めて設計されます。
- サポート部品として構成される界壁は，防火・防音性能を向上させました。

インテリア

- 高さ調整可能な支えで持ち上げられた浮床は，最大でスラブ上30cmにセットすることが可能で，すべての配管工事が完成した後に設置されます。
- 金属スタッド間仕切壁フレームは，予め組み立てられ，片方の石膏ボードだけを取り付けた状態で現場へ運び込まれます。間仕切パネルは浮床上の定められた場所に設置され配線されます。その後，もう一枚の石膏ボード・パネルが間仕切壁の反対側に取り付けられます。
- 水平方向の梁は，内部の間仕切の設置が予定される部分のまぐさ位置に設置されます。

機械設備

- 設備ユニットには冷暖房のための電気ヒートポンプを含まれています。
- 浴室の排気には住戸全体から排出する空気を引き出すファンを使用しています。

- 台所用の空気取入れ設備は台所内の二重床内へ直接置かれます。

配管
- 給水は，各機器に繋がる樹脂配管を使用した温冷水両用住戸内配管を特色としています。
- 緩傾斜混合排水管を用いて垂直排水管に繋がるヘッダーに各機器を接続します。

配線
- ビニール配線が，二重床内，間仕切壁の中，浮床周囲に各々位置する配電管の中に設置されます。
- 平板型配線は，現状の建築法規では未だ使用認可されていませんが，将来的には天井面に設置される予定です。

図7.16 電気配線用の溝（図面提供：住宅都市整備公団）

7.2 フィンランドにおけるインフィル・システムの開発

　フィンランドにおける住宅用インフィル・システムの開発は，産業界と政府双方からの資金提供を増やしながら進行中です。建物の一生を通じてより容易に間取りや水周りを変更し，HVACシステムを維持するために，様々な構造上の解決策が試行されました。ユニット・バスルームは現在市場に出回っています。サービス供給の水平方向への分配アクセス改善を可能とする軽量二重床が開発されました。発砲ポリスチレン軽量コンクリートと，鋼製または木製の「枕木」に載ったボードとで構成される実験的床システムが採用されました。二重床は独立した部品ではありません。ほとんどの場合，二重床は複数のメーカーの部材を使用して総合工事業者によって組み立てられます。

　変形可能なスチール・フレームを用いたバルコニー・外壁部品システムが以前から存在していましたが，インフィル用部品としては使われていませんでした。ファサード・インフィル・システムの実験は，バルコニー手すりの材料や窓のサイズに関する選択肢を消費者に与えました。

　統合された電気部品を備えた着脱可能な間仕切システムが，幾つかのプロジェクトのためにデザインされました。しかしながら，実際には，普通の軽量間仕切へと工事中に取り換えられることがありました。障害のある利用者や特別な要求を持つ利用者のための，キッチン・キャビネットの高さの可変性への要求が高まったことから，高さ調節可能なキャビネット・システム，テーブル・トップ・システム，電気操作によりそれらを統合したシステムの開発が急がれました。

　フィンランドでは，現在まで，ひとまとまりの完全なインフィル・システムやインフィル・パッケージを組み立てるために使用される部品倉庫は，未だ開発されていません。プロトタイプ・システムの中の二重床と着脱可能な間仕切壁の実験は，利用者にとって完全に満足するまでには至っていません。
(Tiuri, 1998)

7.3 中国におけるインフィル・システムの開発

　中華人民共和国におけるインフィル・システムの開発では，日本や西欧の標準的水準まで部品（と熟練工）の能力を高めることがまず目標とされました。開発された部品は，金属製スタッドと石膏ボードによる間仕切壁と，排水システムのためのプラスチック管，様々な台所・風呂用の給水・備品・棚・機器，ドアとドア枠などです。

　北京で実施された配管・階段室・自由配置住宅プロジェクト(1994)は，様々なメーカーのインフィル・システムの評価を兼ねたサポート実験として実施されました。マトゥーラ・インフィル・システムは，中国での特許承認を申請し，1998年に特許登録されました。同時に，マトゥーラの中国市場参入を手助けしてくれる中国の会社を探す努力が今も続けられています。適応可能な住宅のためのユニバーサル・インフィル・システム研究チームが北京で設立され，新しいインフィル・システムとサポート・デザインを住宅市場へ導入する努力を続けている南京の南東大学のオープン・ビルディング研究センターの一員に加わりました。

　中国政府の政策は，各世帯の集合住宅住戸の購入を推進しています。「オープンな」住宅に対する一般的な概念も促進されています。中国の伝統的な方法を踏まえたオープン・ビルディング住宅の供給方式では，開発者は内装を仕上げることなく住棟を完成させます。インフィルは個々の買い手が依頼した別々の工事業者，またはDIYに任されます。この原稿を執筆している時点では，中国における整理されたシステマティックな手法や部品は，品質レベルを満足させながらインフィル工事の効率を上げたりコストダウンに繋がる程にはまだ熟してはいません。

謝 辞

　第3編は，CIB Task Group26内外の世界中の多くの友人と同僚から得られたタイムリーかつ大量の情報の賜物です。

　オランダ：インフィル・システムの議論において，ファン・ランデンは，マトゥーラとヨーロッパの開発状況の背景に関する情報を提供し手助けしてくれました。ジョン・ハブラーケンは，デジタル・グラフィックスと多くの知識と情報を与えてくれました。オープン・ビルディングの代弁者・実行者・クライアント・研究者の役割を結びつけるユニークな視点から，カレル・デッカーは，新しいインフィル・システムと実践に関する情報を提供してくれました。HBGのFrits Scheublin(フリッツ・シェブリン)はオープン・ビルディング・アプローチを利用している再生計画に関する情報を提供してくれました。OBOM内での建築の接合部の研究に関するJoop Kapteijns(ヨープ・カプテインス)の研究とイペ・キュペラスの受容能力に関する研究は非常に重要でした。NijhuisのRene van Riggelen(レネ・ファン・リヘレン)とWimde van de Does(ヴィムデ・ファン・デ・ドエ)と共に，Bruynzeel KeukensのDirk Kuijk(ディルク・クイーク)は，大変有用な背景情報を提供してくれました。Prowon BVの社長であるGeorge Kerpel(ジョージ・ケルペル)はインターレベルのインフィル部品に関する情報を提供してくれました。

　日本：鎌田一夫(住宅都市整備公団研究所)，深尾精一，近角真一は，日本のインフィル・レベルの開発に関する背景情報を入手し分析する作業に貢献してくれました。*Developments toward Open Building in Japan*(日本におけるオープン・ビルディングに向けての開発)(Kendall, 1987)という以前の研究の資料となったインタビューは，山崎雄介(清水建設)，大野勝彦，倉澤靖児(長谷工)と奥田尚爾(市浦都市開発建設コンサルタンツ)との意見交換の産物です。以上の人達は重大な情報を提供し続けてくれています。筑波の建設省建築研究所の小林秀樹は，その情報なくしては土地開発に関するつくば方式の部分を書くことができなかったであろう多くの図版や背景情報を提供してく

れました。日本のその他多くの専門家が，オープン・ビルディングへの開発と関連する情報の提供に大きく寄与してくれました。残念なことにページの制約で世界的な開発と協力に対する彼らの著しい貢献について一部しか述べることができませんでした。

　Ulpu Tiuri（ウルプ・チウリ）はフィンランドにおけるインフィル・レベルの開発を，ZhangQinnan（張欽楠）は中国でのインフィル・システム開発の複雑な状況の理解を助けてくれました。

—— 参考文献 ——

· Bijdendijk, F. (1999) *Buyrent : the smart housing concept*. Het Oosten, Amsterdam.
· Carp, J. and van Rooij, T. (1974) De Ontwikkeling van een taal : het gebruik van een taal. *Plan*. no. 1.
· Carp, J. (1979) SAR Tissue Method : An Aid for Producers. *Open House*. 4no. 2. pp. 2-7.
· Carp, J. (1981) Learning from Teaching. *Open House*. 6no. 4. pp. 29
· Cuperus, Y. (1998) Lean Building and the Capacity to Change. *Open House. International*. 23no. 2. pp. 5 13
· De Jong, F. M., van Olphen, H. and Bax, M. F. Th. (1972) Drie Fasen van een Stedebouwkundig Principe. *Plan*. no. 2 pp. 10-52
· Dekker, K. (1997) *Stripping Without Disruption*. KD Consultants, Voorburg, Netherlands.
· Eger, A. O., van Riggelen, R. and Van Triest, H. (1991) *Vormgeven aan Flexibele Woonwensen*. Delwel Uitgeverij, 's-Gravenhage, Netherlands.
· 深尾精一 (1998) A Study on Building Systems of Support and Infill for Housing in Japan. (ed Wang, Ming-Hung)*Proceedings : Local Transition and Global Cooperation. 1998 International Symposium on Open Building*. Taipei, Taiwan. pp. 100-102.
· Habraken, N. J., et al. (1976) *Variations : The Systematic Design of Supports*. MIT Press, Cambridge, Mass.
· Habraken, N. J. (1998) *The Structure of the Ordinary : Form and Control in the Built Environment*. (ed J. Teicher)MIT Press, Cambridge, Mass.
· Kendall, S. (1995) *Developments Toward Open Building in Japan*. Silver Spring, Maryland.
· Stichting Architecten Research. (1974) SAR 73 : *The Methodical Formulation of Agreements Concerning the Direct Dwelling Environment*. Eindhoven.
· Tiuri, U. and Hedman, M. (1998) *Developments Towards Open Building In Finland*. Helsinki University of Technology, Department of Architecture, Helsinki.
· van Randen, A. (1976) *De Bouw in de Knoop*. Delft University Press, Delft.
· Vreedenburgh, E. (ed) (1992). *De bouw uit de knoop... '/Entangled building...?* Werkgroep OBOM, Delft.
· Vreedenburgh E., Mooij M. and van Randen, A. (1990) *Leidingsystematiek*. Werkgroep OBOM, Technical University of Delft, Netherlands.

第4編

経済的側面

8 オープン・ビルディングの経済学

8.1 基本的な経済原理

　オープン・ビルディングが経済的に優位となる根拠は，原則として，プロジェクト・コスト，長期的コスト，社会の利益を考慮した価値，という3つの項目に分けることができます。

　短期的コストや初期建築投資を考えると，オープン・ビルディングを正当化することはできないのだと，長い間考えられていました。サポート構造には，より高コストの要因となり得る柔軟性が要求されます。様々な知見によって価値を加えられたインフィル製品は，従来の内装工事以上にコストがかかります。したがって，居住者の選択を可能にすること，そして，長期的な社会利益を提供することにオープン・ビルディング・プロジェクトの意味があるのだ，と長い間説明されてきました。

　実際には，オープン・ビルディングの短期的な経済的利益をプロジェクト・データで立証できます。100以上のプロジェクトから得られたデータを分析した結果，住宅用オープン・ビルディングに初期コストの有利性があることが分かりました。初期コスト・メリットは，主に3つの要因の結果として生じます。：1)インフィルへの投資を長期的に最適化する能力；2)工期短縮によるサポート建設コストの低減；3)コーディネーション・コストの削減，です。サポートを建設する上での以上のようなコスト削減は，多くのプロジェクトや市場で，プロジェクトへの初期投資を伝統的な建築方法よりも減少さ

せます。そして，先進的なオープン・ビルディング・インフィル・システムを利用する動機ともなるのです。経済的有位性が実証された結果，居住者による選択の自由がプロジェクトの目的ではない場合でも，デベロッパーはよく計画された住宅プロジェクトでインフィル・システムを購入し用いるケースが生じました。以上のような状況が，新築のプロジェクトと再生やコンバージョン・プロジェクトで起こっているのです。

オープン・ビルディング・プロジェクトによる建物も，伝統的なやり方で建築された建物と同じスピードで価値が減少していきます。詳細にみると，2つの異なる速さで（一つはサポートの，もう一つはインフィルの）価値は下がっていきます。オープン・ビルディング・プロジェクトの部品は，これまでの建物よりもより簡単に，より高い品質へグレードアップしたり，取り替えたりすることができます。オープン・ビルディングのサブ・システムは，効率的に取り外され，再利用され，最終的には廃棄されます。長期的な変更に対応できるように建築されたサポート／インフィル・プロジェクトは，お金がかかる修繕工事を減らし，より長い寿命を実現します。問題を単純にするために，オープン・ビルディングと伝統的なやり方の初期投資が変わらないものとしましょう。伝統的なやり方の建物がバリュー・エンジニアリングによって経費を節減したとしても，その建物の寿命が終わった後何十年も長く，オープン・ビルディングによる建物は生き続け経済的メリットが生じ続けます。伝統的なやり方と比較したオープン・ビルディングの利点と実現可能性は，建物性能をより長期的に分析することによって実証されます。

通常の財務分析では，建築コストは投資と生産の合計として計算されます。このような財務分析を行うと，時間や変化を考慮した経済効果を過小評価することになります。すべての建物は，その寿命を全うする間，それぞれ独自の周期的な変化の間隔をもっています。こういった変化は，内部（建物の詳細）と外部（市場と経済）の両方に影響されます。建物の寿命の間に起こる予測可能な事実は，大きくみると変化は連続的であること，比較的長時間建物は同じ状態のままでいる，ということだけなのです。

ある特定の用途・システム・部品が，他のものよりどれ程早いサイクルで変

化するか，というデータが分析により定量化されました。もし大規模な解体や混乱や対立を招くことなしに工事が可能であるならば，サブ・システムが整備された建築は，多くの場合もっと短い周期でアップグレードや取り替えを行うようになり，結果として利益を得るでしょう。例えば，台所と台所器具，台所の棚や仕上げなどは，浴室よりも速い速度で変化します。浴室では，模様替えが行われるより早く，備品や仕上げが交換されます。いずれにしても，台所と浴室は共に，住居内の他の部屋より頻繁に変更されます。電子機器とコンピューター関連設備が普及するにつれて，エネルギー需要の増大を満たすための建物のアップグレードが必要となりました。現在，当然のこととして，住宅内へ動力・データ・信号のラインと接続口が装備されますが，つい6年前にはそういった設備は一般的ではありませんでした。

オープン・ビルディング・プロジェクトは，時間を考慮した経済的計算を行うために関連主体を幾つかのグループに分けます。

- 短期的利益に関わる開発業者あるいは建築業者
- 短・中・長期的利益に関わる個々の居住者(あるいはその代理者)
- 中・長期的利益を中心に考える所有者(特に公的所有者：米国では不動産投資信託(REITS))

各グループに関係する経済的情報は別々に計算することができます。オープン・ビルディングの言い方で表現すると，サポートとインフィルという異なる決定クラスタに各々対応する物理的な要素に基づいて計算されます。インフィル決定クラスタが与えられることによって，これがなければ単に資産の減価償却を待つしかなかったはずの居住者が，投資を行う機会を得ることができます。居住者による本格的なインフィルへの投資は，建物とプロジェクトのコストを大幅に増加させます。しかし，所有者や投資家の建物へのコスト負担はそれ程増加しません。建物所有者の資産価値は上昇し，部分的に定量化できる大きな社会利益が長期間に亘って生じます。このように，インフィルへの投資は長期的な建物価値の評価へ明らかに影響を与えますが，直

接的には所有者のコスト負担とはならないのです。

オープン・ビルディングの評価に関わる経済的なインセンティブやディスインセンティブは，国や地方の政策や施策(投資，課税構造など)によって大きく変化します。しかしながら，評価のための不変の原則が，オープン・ビルディングを実行しようとする大きな動機となります。

1 長期要因の評価

投資の長期的結果が非常に重要な場合，そして，短期的投資の不利益分がすべて完全に計算される場合，オープン・ビルディングは，建築戦略として最適となります。

2 レベル上での意思決定の分離

投資家，所有者，プロジェクト・チームが初期投資を再検討する場合，オープン・ビルディングの経済的利点は最適化されます。インフィルとスケルトンを設計・工事する際にはレベルによって各々異なる決定クラスタが必要です。

3 「ターンキー」インフィル・パッケージのコーディネート

消費者を志向した経済面を考えると，インフィルが総合的な製品パッケージとして提供されれば，オープン・ビルディングの有効性は劇的に上昇します。購入時の特注オプションや外観の自由な選択に対応している自動車やコンピュータのように，一つの「ターンキー」パッケージとして消費者に提供され，一つの信頼できるグループによって迅速に配達され現場に設置される場合にインフィルは最も有益です。

4 製品としてのインフィルの認定

インフィル・システムを建築法規と製造基準を満たす一般的な製品として認定することができます。認定は，現場検査の省略・削減と，製造効率の向上と建築許認可管理の効率化に繋がります。実際，このような認定はドイツとオランダにおいて，Maturaシステムに対して現在実施されています。

各主体がどのように責任とコストを分担するのかを，これまでと異なる方法でオープン・ビルディングは再定義します。その結果，プロジェクトをより正確に評価し，プロジェクトの資金調達と長期的資産管理を革新する新しい方法が生じるのです。次節以降では，オランダと日本における，オープン・ビルディングを実現するための全く異なる2つの経済的アプローチを紹介します。

8.2 つくば方式

オープン・ビルディング・プロジェクトの1つであるつくば方式の実施は，数年の研究開発の後，1995年に始まりました。このプロジェクトの目的は，「利用権」に関する法律と住宅金融に関する様々な問題に対応するために，日本における土地所有形式と住宅への出費の新しい概念を開発することに設定されました。その目的の達成のために，住宅の二段階供給方式が採用されました。本稿を執筆している時点で85戸以上の住戸を対象とした8つのプロジェクトが実施済みです。最初のプロジェクトは建設省によって進められましたが，直近のプロジェクトが民間主導で行われていることは大変意義深い事実です。

ライフステージの変化に対応した住宅の住み替えは，日本社会の中に深く染み込んできました。若い夫婦は，「標準的品質」の集合住宅住戸から新生活をスタートするのが一般的でした。しかし近年，最初の5～10年間はそのような一時的な住宅で生活した後に戸建住宅を購入し維持するという従来のやり方を実行するための十分な資金的余裕がなくなってきました。このような克服し難い住宅コストの上昇は，日本独特の土地所有関連法規が主たる原因ですが，住宅を建築するための土地が深刻なまでに不足していることにも起因しています。

さらに，日本における高コストは，地主が自分単独で土地や建物を活用するのを消極的にさせます。したがって，地主は建物を建設することが可能な別のグループに土地の「利用権」を譲渡するのです。地主は，法律上は所有権

8 オープン・ビルディングの経済学

をそのまま保持します。その結果，地主は利用権の返還を要求する権利を理論上は全面的に持ち続けます。しかしこれまで実際は，「利用者の権利」が優先されてきました。地主は，利用権を得ているグループを立ち退かせることも所有状態を回復することもほとんどできなかったのです。つまり，リスクが大き過ぎて地主にとって利用権を売るメリットはありませんでした。その

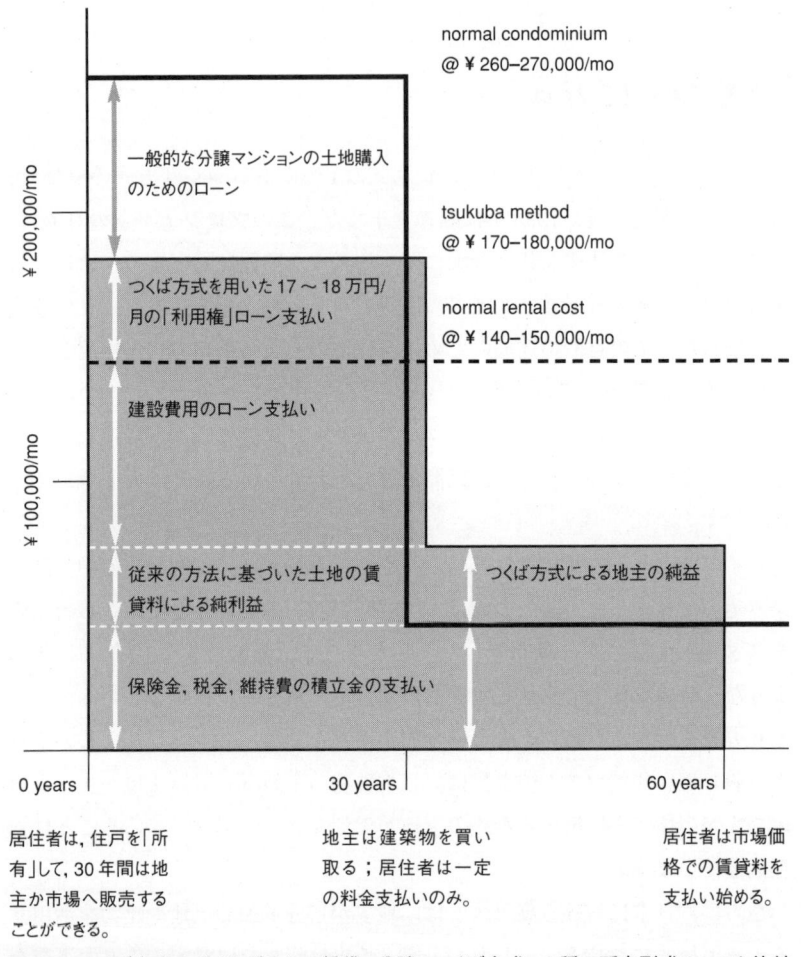

図のラベル:
- normal condominium @ ¥ 260–270,000/mo
- 一般的な分譲マンションの土地購入のためのローン
- tsukuba method @ ¥ 170–180,000/mo
- つくば方式を用いた17〜18万円/月の「利用権」ローン支払い
- normal rental cost @ ¥ 140–150,000/mo
- 建設費用のローン支払い
- 従来の方法に基づいた土地の賃貸料による純利益
- つくば方式による地主の純益
- 保険金，税金，維持費の積立金の支払い
- ¥ 200,000/mo
- ¥ 100,000/mo
- 0 years / 30 years / 60 years

0 years: 居住者は，住戸を「所有」して，30年間は地主か市場へ販売することができる。

30 years: 地主は建築物を買い取る；居住者は一定の料金支払いのみ。

60 years: 居住者は市場価格での賃貸料を支払い始める。

図8.1　つくば方式のダイヤグラム：賃貸・分譲・つくば方式　3種の所有形式のコスト比較
（資料提供：建設省　建築研究所）

結果，住宅を建設するための土地を見つけることは，困難であり，高いコストが必要だったのです。

つくば方式は，土地所有の新しい形式を実現し，人々が集合住宅の住戸に長期に亘って幸せに住み続けたいと感じる居住条件を整備することを目的にしています。

つくば方式(図8.1)では，ロンドンのフリー・ホールドのように，土地所有者は所有権を維持したままで協同組合に土地をリースします。長期的に利用権が厳密に制限されることと引き換えに，協同組合のメンバーは，低い初期コストと長期コストの事前予測を享受することができます。メンバーは当初30年は建物の所有権と土地の利用権を保持しています。31年目に土地の利用権は事前の契約に従って地主へと戻ります。次の30年間，居住者は土地のリースに対して分譲集合住宅のようにただ維持管理費用とわずかな土地賃貸料だけを支払えばよいのです。60年目にすべての住戸は自動的に土地所有者のものとなり市場相場で賃貸することになります。

それまで二段階供給方式の最も難しい問題は，プロジェクトの資金調達をすることでした。日本の不動産法では，建物と土地の所有権を分割することができます。土地の抵当価値は建築より高いのが普通です。日本住宅金融公庫は，この問題を研究し，土地ではなく建物だけを抵当対象とする新しい賃貸ローンを開拓しました。つくば方式の実現に寄与するこの新しい住宅ローン・システムを実施することで，住宅金融公庫は「共同発明者」としての重要な役割を演じたのです。今では土地への抵当件を設定することなく建築費の80％の融資を受けることができるようになっています。

8.3 バイ・レントの考え方

バイ・レント(*Koophuur*)は，賃貸集合住宅の居住者が，自分が住む住戸のインフィルを買い取ることができるという，オランダで新しく実現されたシステムです。税控除による利益と，住戸内部を自分で改良する権利が生じる点が，インフィルの買い手の所有メリットです。

バイ・レントのアイディアは，アムステルダム最大の非営利ハウジング・コーポレーションである Het Oosten（ヘット・オーステン）の社長である Frank Bijdendijk（フランク・ビーデンディーク）によって1988年に最初に紹介されました。バイ・レントが実際に動きだすための革新的な手法と必要な法的・財政的措置の開発には，9年と3百万オランダ・ギルダー（150万USドル）という時間と費用がかかりました。実現に当たっては，オランダ住宅計画省（VROM）と財務省との慎重な調整が必要でした。インフィルの買い手に賃貸助成金を受け取る資格を引き継ぐにはどうしたらよいのかという問題や，インフィルの購入によって生じる抵当利息を差し引くことを居住者にいかに許可するかという問題などを解決しなければなりませんでした。この実験のための更なる認可をアムステルダム市公営住宅基金（Waarborgfonds Sociale Woningbouw, WSW）が与えました。ヘット・オーステンは，自社が所有する建物だけではなく，他の集合住宅の所有主体にもバイ・レントを広める予定です。

最初のバイ・レントの実験は，250戸の住戸を対象に実施されました。実験は1998年に評価のための調査が行われました。主な評価結果を次に挙げます。

- バイ・レントは，すべての年代，年収，住居の種類と家族タイプなどの幅広い市場にアピールします。
- 収入が比較的少ないグループによる住宅市場への参加によるに，バイ・レントは新しいオプションを提示します。
- バイ・レントは公共住宅でのユーザー参加を促進するための管理ツールを提供します。
- 住戸ごとのコストを評価する革新的な方法などのバイ・レント・ツールが実際に機能することを証明しました。
- バイ・レント・プロダクトは居住者に2つのメリットを示しました。所有権の提供と，長期の居住コストの選択に様々なオプションが用意された柔軟な資金計画案を提示したのです。

所有権の取得によって節税メリットが生じ，また，住戸内部を自分の好き

なように変更することが可能となります。変更によってインフィルの再販価値は上昇します。しかし，様々な変更による経済的影響とは無関係に，立ち退き時には，どのようなインフィルが次に設置されるのかという点ではすべての住戸は全く自由なのです。

　バイ・レントは，全体の居住コストだけではなく，月々の返済条件の選択を所有者へ与えます。インフィルの買い手は，最初は低く徐々に増加する毎月の支払いパターンや，当初は支払い金額が高く次第に減少する月々の支払いパターンの選択などが可能です。アムステルダムでの最初のバイ・レントの実験結果によると，バイ・レントは，ほとんどの実験参加者の居住コストを実際に減らしました。驚くべきことに，毎月の支払い方法を各家庭の状況に合わせて選択できることが，他のどのような手段よりも居住者の居住経費を減らすことに寄与したのです。

　ナショナル・バイ・レント財団(National Buyrent Foundation)が1997年に設立され，巨大企業であるエイゴン・ネーデルランド(Aegon Nederland BV)保険会社やヴィステダ・マネージメント社(Vesteda Managemennt BV)などでバイ・レントに対する積極的な取り組みが始まりました(ナショナル・バイレント財団は，以前のABP住宅基金です。ABPは，オランダで設立された最も大きい年金基金であり，世界全体でも最も大きいものの1つです)。

　この新しい住宅ファイナンス手法の展開は，当初，法律界で激しく大々的な議論を巻き起こしました。バイ・レントのスキームは，集合住宅住戸の所有権を合法的に共用スペースと分離します。結局は，大多数の弁護士達がオランダの法律上での合法性を認め，有効な所有権分離の考え方であると結論付けました。この本を執筆している時点で，独立したバイ・レント金融会社が設立されようとしています。契約法上・管理上・ファイナンス上の仕組みとして，オランダのどんな借家人でも，借りている住戸のインテリアを買ったり，買うための資金を借りたり，合意を取り付けたりすることができるようになりつつあります。

　エイゴンとABPはこの開拓者でありパートナーです。この2社は，バイ・レントを更に広め，高級住宅市場へと拡大しようとしています。高収入者を

対象とした賃貸物件では，分譲マンションの所有者のように，前のインフィル所有者が新しい借り手に直接インフィルを売却することを想定しています。

8.3.1 バイ・レントの法律上の解釈とファイナンス

バイ・レントの合意形上では，住戸の所有権は，建物本体と内部(間仕切，床，設備，仕上などの非荷重の部材を含むインフィル)に分けられます。内部の所有権はバイ・レント組織との契約によって得られます。バイ・レント参加者は，建物の所有者から建物内のスペースを借ります。そして，インフィル・パッケージを買い，住戸を完全な管理下に置き，メンテナンスや部品の取替えのための投資に責任を負います。

バイ・レント参加者には購入に際して特別な保護が与えられます。バイ・レント契約には，建物内のスペースの賃借とインフィルの再販売成立の権利を含んでいるのです。バイ・レント参加者は，契約終了時に建物所有者にインフィルを買い戻して欲しいという書類を提出します。インフィルの買い取り価格は，バイ・レントのために特別に開発された査定方法に従って中立の査定者によって決められます。インフィルの価値は，設備と，ユーティリティのメンテナンスレベルと品質レベル，そして，内部部品の技術的な質などによって決まります。その他の価格決定要素としては，賃貸住宅政策，その時点での利率，インフレ上昇率などが考慮されます。建物所有者は，住戸内の権利を買い戻す時に，伝統的なやり方で住戸を貸し出すか，バイ・レント用にもう一度契約するかを決めます。

固定利率ローンもバイ・レントへの融資方法の選択肢の一つです。「持ち家ルール」というオランダ財務省の方針に基づいて，ローンに支払われた利子は従来の住宅ローンの場合と同様に所得控除できます。結果として，インフィルを購入するためにお金を借りるバイ・レント参加者は，住宅ローンを支払っている他の持ち家の買い手と同じ税制上の優遇措置を受けることができます。将来的には，バイ・レントに対応するために，これまでの住宅ローンの対象が拡げられることになるでしょう。

8.3.2 住宅と所有者にとってのバイ・レントの意味

　買い取りの査定方法は，メンテナンスと改良の主導権を居住者に持たせることを目指しています。バイ・レント参加者が内部を上手く維持管理して，定期的に必要な部品取替えへ投資した場合，インフィルの資産価値は上昇することになります。同様に，基本的な材料・仕上げ・備品を改善するための投資は査定類の向上に反影されます。

　これまでの賃借人と比較すると，バイ・レントの参加者は自分の住戸内を自由に変更すること以上に大きな自由を持っています。絵を掛けることから，棚をつくること，間仕切りの変更，バスとキッチンを一新することなどのすべての変更レベルでの自由を持っているのです。自由に変更可能なインフィルに投資するバイ・レント参加者は，自らのニーズに応える生活空間を創造することができます。バイ・レントは，現在の住宅に満足せず，もう引っ越すしかないという住民へのもう1つの選択肢を提供しているのです。替わりに住む場所を捜すことが無意味に思えることでしょう。

　その結果，建物の所有と近隣関係に安定性が生じます。バイ・レント居住者自身が建物の中で最も激しく変更が行われるインフィルの維持管理を行うため，建物所有者の維持管理の手間が減ります。早過ぎる老朽化や不適当な使用方法によるリスクは減少します。

　バイ・レントは，建物本体の維持管理には影響を及ぼしません。建物所有者は，以前と同じように，建物の維持管理に責任があります。しかし，自分のインフィルを持つバイ・レント居住者が大幅に増加した場合には，建物本体の維持・管理への関心と責任が全体として増加することになると考えられます。バイ・レント居住者は，建物本体の状態に対してより注意深くなり，より多くの投資とより高い質を要求するようになるでしょう。

　所有者の取引と管理に関する初期コストは，従来の賃貸住宅の場合よりバイ・レントの方が高くなります。この直接経費の上昇に対しては，居住者の入れ替わりが少ないこと，それによって契約期間が長くなり管理コストが減少すること，建物の評価が上昇することで十分おつりがきます。(Bijdendijk, 1999年)

9 オープン・ビルディングの実現に向けて

9.1 組織に関する流れ

　居住用のオープン・ビルディングが多様な建築文化と国家体制の中で見事に根をはり発展し始めた地域には，ある一群の背景がありました。オープン・ビルディングが定着しつつある世界中のすべての場所の原因と影響を一般化することは非常に難しいことです。しかし若干の共通する脈絡を取り出すことは可能なのです。

9.1.1 摩擦と対立の縮小への要求

　共通する脈絡の第一は，住宅供給プロセスに関係する主体間の摩擦と対立を減らしたいという切実な願望でした。消費者中心の社会では，各々の家庭のライフスタイルと，公的機関・開発会社・様々なレベルの組織などによって押し付けられる制約との間の対立があります。摩擦の減少を必要とする建築業者・専門家・技術システムは，とても広い範囲にわたっています。対立と摩擦を解決することは，オープン・ビルディングに重大な歩みを始めた国々での共通の関心となっているのです。

　プロジェクトが崩壊するのを防ぐためには，技術的な解決よりも対立の解消がより大きい利益をもたらします。この比較は，住宅を設計し，施工し，管理し，そして再生するプロセスを通じての対立を解決するために必要となる時間と資金の投入量を検討した結果です。競争的で相容れない願望やなわ

張りの重なり合いから生じる対立と，非常に複雑な建築プロセスが引き起こす，多種多様な取引と手続きが衝突を巻き起こします。これらすべての要因の間に密接な相互関係が存在していることから，一つの領域での問題(または解決)が他の領域に大きな影響を与えます。

多くの建築プロセスと規定プロセス，技術的な成果と技術そのものは，やがて従来のやり方の中へと定着し，常識となっていきます。関連主体間の摩擦減少に寄与することで新しいプロセスや技術は生き残るのです。即ち，建築を行う上での利害関係者へ，最大限の独立，利便，効率と自由を提供することができるかどうか，という判断基準で，建築プロセス・建築製品・建築技術は持続的に利用されるようになっていくものなのです。

典型的な例は，公共インフラストラクチュアと公共道路に接続している敷地に建てられる戸建住宅です。郊外居住というライフスタイルへ住宅を供給する解決法として最適の方法であると考えられてきました。戸建住宅は，簡単にカスタマイゼーションが可能です。様式・空間の特徴・内装・ものの保管方法・設備と備品に関して，個々の好みを反映する住宅をつくることが可能です。独立している戸建住宅は容易に変更や工事ができます。従来の戸建住宅は，システム上・手続き上の大きなもつれがあるにも関わらず，家族をタイプ分類し，社会環境との折り合いをつけることによって，デザイン技術の非効率をある程度和らげて，問題と正面から向き合うのを避けているのです。住宅の定期修繕が何ヶ月も長引くといった事態が，あちらこちらで盲目的に受け入れられているのです。現場では，様々な専門工事業者達が，住宅に手を入れるために，全く組織立っていないプロセスに組み込まれて現れ去って行くのです。このようなやり方は，紛争・工事のやり直し・工事費超過などの品質管理問題を引き起こす原因となります。けれども一般的に，戸建住宅モデルでは隣接した住宅間に相互影響はありません。

住宅地がより高密になり，長屋建住宅や共同住宅が発達し，より持続可能な都市環境が求められている状況の下で，戸建住宅に存在している非効率性を受け入れることはどんどん難しくなってきています。一方で，隣に住んでいる家族が互いにある程度の自治と自由を要求する中で，建築は個人とグ

ループ双方の要望を満たさなくてはなりません。消費者文化が広がった結果，前もって用意された選択肢から選択するというやり方を，個人へ強制することをやめさせようという圧力が建築法規に対して大きくなってきています。他方では，建築要素の変更の際に，個人の自由がコミュニティへ不利益を与えることは許されません。居住者が自由に住戸内の設備・配線・配管システムを自由に変更することは，コンピュータの電源プラグをコンセントに差し込むことと同じくらい単純で，どんな器具を操作することよりも安全でなければなりません。

住宅建設分野での専門的システムの長い間の蓄積—1世紀以上の間続き，過去40年に亘って加速してきたプロセス—が，もつれと対立の危機に瀕していることに，オープン・ビルディングの専門家達は気付きつつあります。オープン・ビルディングの専門家達は，建築プロセスを再構成することによってサポートとインフィルの区別を行い，もつれと対立の圧力と混乱を解決し，より高い品質とより良い選択を実現しようとしているのです。

9.1.2 建設・公共サービス・生産の変化

建築産業は，コミュニティと個人の不動産資産を守ることが役割の一部として与えられてはいますが，公共の健康・安全・福利を保護することが何よりも要求されます。したがって，防火基準と安全基準に関するすべての問題が完全に解決されなくてはなりません。同様の理由で，電気・配管・暖房・冷房・換気システムの安全性も満たされなくてはいけません。オープン・ビルディングに向かう建築産業の進歩は，それぞれの国特有の文化と産業構造に依存する一方で，法規・供給システム・製造業などの，次節以降で述べるような幾つかの項目が鍵となります。

9.1.3 建築許可プロセスとインフィル・システム

オープン・ビルディングを実行するためには，幾つかの建築法規と建築許可プロセスを改正しなければなりません。特に，包括的なインフィル・システムを導入する場合には不可欠です。住宅用サポートのための建築許可手続

きは，現在，北米の業務用建物を対象に行われているやり方を理論上の参考にするべきでしょう。このモデルでは，住戸サイズ，床面積ごとの安全，法律などに関する建築許可手続の細分化は，仕様で指定するのではなく性能で規定するという考え方に基づいています。住宅用オープン・ビルディング・プロジェクトの認可にあたって，様々な大きさの住戸のための，様々な安全規定が適用されることになる多様なインフィルにも，サポートと同様に一括許可による性能保障をすることが可能です。サポートとインフィルの性能を確保することによって，サポートの長期的価値と安全性が保証されます。密度や駐車場などに関する近隣への影響も上手く制御することができます。一方で，居住者とデベロッパーは自らが望むインフィルを自由に選択できるのです。

　結果的に，許認可プロセスは3つの手続段階に分けられます。：サポートへの許可，各区画への許可，インフィルへの許可の3つの手続きです。手続きを分けることによって，最終的な住戸タイプの割合や実際に造られる住戸サイズごとの戸数を確定することなしに建築本体の建築許可を行うことが可能になります。また，このようにプロセスを再編成することによって，インフィルの内容が決定される際の公共からの影響が減少し，住宅建築に対する公共の関わり方が合理的になります。即ち，私的な事柄への責任から，具体的には，住民のライフスタイルや家計などへの過剰な関わりから建築に関わる役人を解放することで，サポートという公共レベルに時間を集中的に使うことを，このプロセスは可能にするのです。

9.1.4　公共サービス組織の協力

　インフィル・システム導入のための2番目の鍵となる基本的な必要条件とは，電気・電話・水・排水設備・ガスを提供し，供給システムを運営している公共サービス（資源の供給システム）関連会社の協力です。オープン・ビルディング・プロセスでは，インフィル部分の公共サービス・システムに関しては居住者自身に責任があります。一方で，建物を安全に維持するためには，建物の共有部の公共サービス設備に居住者が損害を加えないことを担保する必要があります。個々の居住者の決定が，同様の公共サービスを受けている他の

人々へ混乱を与えてはなりません。最近，電話線についてはこのような分離が可能になりました。給水やガス供給においても方向制御を利用することで末端ユーザーの独立性が確保されています。電気的な住宅用安全装置が，ホーム・バス・システム (Home Bus system) の一部として欧州共同体によって開発されつつあります。

1994年にオランダの公共サービスは，オープン・ビルディングの実現に向けた新しい方針を実行に移しました。これは，熟練した多能工である認可済業者 (QCI：quality certified installer) が複数の作業を行えるように一枚の工事認可証明書を出す仕組みです。この新しいプロセスのおかげで，工事の間に次々と必要であった多数の検査へ対応するために，各々の工事計画を工事前にチェックする必要がなくなりました。インフィル設備の品質を保障するために，会社および指名された職人は，作業対象の部品を据え付ける資格を証明しなくてはなりません。このような許可がすべての各種公共サービス団体から与えられます。建築関係の地方自治体職員が行使している許認可を合理化し，主体間の対立を減らそうとする，多くの地域からの圧力で，このような団体が次々と設立されました。これまでのような役人によるコントロールが行われているままでは，許認可プロセスが滞り，コストが増し，工程遅れを引き起こしているままであったでしょう。(Vreedenn burgh, 1992)

9.1.5 生産

生産は，産業革命以降，建築にとって極めて重要な側面となっています。19世紀・20世紀の建築の歴史は，現場作業へ工業化部品が次第に導入されていくストーリーなのです。製造業は建築生産における指導的役割をどんどん強めています。21世紀には，知識集約的な生産部品が用いられる機会が増加することでしょう。個々の家庭と，家庭が属するコミュニティ双方の要求と好みを，生産される部品がどのように満たすことができるのか，という方向性を定めることは重大な課題です。

開かれた建築 (オープン・アーキテクチュア) ―安定と変化の両方に留意した建築―は，今，製造業界の新しい提案を必要としています。提案は，レベ

ルごとに再編成され，一連の新しい要求性能条件を満たすことでしょう。プロジェクトを行おうとするデザインチームとクライアントは，総合化された完全な建物を作ることができなくなってきている事実に気付いています。また，彼らが建物の全体を同時に把握しようとすることは望ましいことでも生産的なことでもありません。つまり，レベルごとに区分した総合化が鍵となるのです。生産—そして生産と結びついている流通網—は，オフィス・システム産業に対して以前に加えたのと同じ圧力に応える方向で，住宅産業の製品とプロセスの変革が必要であると考え，徐々に行動し始めています。

　生産と産業に関する法規—安全性，リサイクリング，廃棄物など—に対応するという基本的な条件を踏まえた上で考えると，今，消費者市場のための住宅部品開発が次の課題となっています。この課題を解決するための，オープン・ビルディング部品の今後の開発の方向性としては，次のような項目が挙げられます。

- 多くの国で成長しつつはあるものの，十分に活用されていない工業力。
- 居住者選択へ対応した製品に関して，競争力がある価格が実現するのに十分な消費者需要。
- 長寿命かつ変化可能な建築環境への公的施策—経済面その他のインセンティブなど—。
- 公共の利益が最優先されるべき事柄と，安全性を確保した上で個人に任せるべき事柄の，法規と性能規定面での明確な区分。ここでは住宅をひとつの「プロダクト」と考えた標準的住宅性能を規定すべきではありません。むしろ，レベルごとに規定を定めるべきなのです。
- 上記のような課題に対応し，技術上のインターフェイスを減らして設計・施工間の情報のやりとりを単純化するような部品・プロセス・設計・施工技術の開発。

9.2 まとめ

　オープン・ビルディングへ向けた開発と進化によって，これまで全く経験したことがないような状況が世界中で生まれています。オープン・ビルディングの原則は決して新しいものではなく，強力で順応性があるバナキュラーな環境をその源としていますが，20世紀後半の建築環境の技術的・組織的実態は大きく変化しようとしています。新しい建築方法の出現・時間要因を含めて評価する経済的分析の新しい方法・所有権の分割という，法律面と経済面での具体的な方法論に裏付けられた，新しく高度な手法がその象徴です。

　私たちの日常生活は，複雑でもつれた技術的システムとますます深く関わるようになっています。一方で，私たちは，住棟と住戸が個人・家庭・コミュニティ各々個有の要求を満たす存在であって欲しいという強い期待を持つようになっています。このような状況が社会の期待と結びついて，専門家の知識をユーザー・インプットに用いたり，住宅供給プロセスで起こる様々な事柄の取り扱いに大きな挑戦を始めようとしています。住宅へのニーズは事前には予測することができないことから，家族それぞれの要望可能性を専門家が判断した上で試みが実行に移されています。

　現在のルールと方法のままでは，ますます複雑さと摩擦を増すであろう技術的問題で21世紀に住宅生産が苦しむことになるのは明らかです。ポスト・マス・ハウジング時代のコントロールの方法は，分配されてはいますが決して合理的でも平等でもありません。意思決定を行い部品に秩序を与えるためにレベルの概念を用いるという，オープン・ビルディングの基本的な原則は，対立を減少させ，意思決定と部品を制御することで，21世紀のますます難しくなる技術的・組織的な課題を解決するでしょう。その意味で，対立と紛争の減少と責任の分配は，住みやすく調和した建物群と近隣の成長のためにも欠かせない原則なのです。

謝　辞

　オープン・ビルディングの経済的側面については，Herman Templemans Plat(ヘルマン・テンプレマンス・プラット)，Karel Dekker(カレル・デッカー)の多くの論文や寄稿，並びに，Paul Lukez(ポール・ルケズ)(1986)著「*New Concepts in Housing : supports in the Netherlands*(住宅生産の新しい概念：オランダのサポート)」を参考にしました。ジョン・ハブラーケンは，数年前にバイ・レント計画の存在を我々に教えてくれました。

　ハブラーケン氏には，その後，開発情報を逐次送っていただき，ビジョンから実現へとプログラムを導いたフランク・ビーデンディーク氏から資料をいただくことに積極的に御助力いただきました。ハブラーケン氏は更に，入手した資料の主要部分を翻訳してくれました。Nils Larsson(ニルス・ラーソン)とカレル・デッカーは，オープン・ビルディングとサステイナビリティとの関係についての議論を通じて，我々に示唆を与えてくれました。

―― 参考文献 ――

・Bijdendijk, F.(1999)*Buyrent : The smart housing concept*. Het Oosten, Amsterdam.
・Dekker, K.(1982)：Supports Can Be Less Costly. *Dutch Architect's Yearbook*,the Netherlands.
・Hermans, M.(1998)The changing building market as an impulse for flexible,industrialized building. *Open Building Implementation Conference, Helsinki*. June.
・Lukez, P.(1987)*New Concepts in Housing : Supports in the Netherlands*. Network USA, Cambridge, Mass.
・Tempelmanns Plat, H.(1998)Analysis of the primary process for efficient use of building components. *Proceedings : CIB World Congress on Construction and the Environment*. Gävle, Sweden.
・Tempelmanns Plat, H.(1996)Property values and implications of refurbishment costs. *Journal of Financial Management of Property and Construction*. Newcastle, UK. pp, 57-63.

・Tempelmanns Plat, H. (1995) Annual cost and property value calculation based on component level. *Journal of Financial Management of Property and Construction*. Newcastle, UK.
・Tempelmanns Plat, H. (1990) Towards a flexible stock of buildings : the problem of cost calculation for buildings in the long run. *Proceedings : CIB Congress, Wellington, New Zealand*.
・Boas-Vedder, D.E. (1974) *Het Dynamisch Groeiproces : een nieuwe wijze van stads-centrum-ontwikkeling*. Vuga Boekerij, The Hague.

第5編

要約と結論

10 各国のオープン・ビルディング

　近年，世界中でオープン・ビルディングを実行している国の割合が増え続けています。どのような書物も，現在各国で行われている取組みの範囲と規模と多様性を公平に扱うことはできませんが，第5編では，進行中のオープン・ビルディングの活動と展開，オープン・ビルディングのために精力的な取組みを続けている人々について取り上げます。次に，本書において以前の章では扱わなかった活動と提案を紹介します。更に，その他の皆様に知っておいていただきたい人々，研究プロジェクト，準備調査，出版活動について述べた上で，積極的にオープン・ビルディングへ向けた開発へ投資や支援をしている政府や団体を簡単に紹介します。

10.1 オランダ

　住宅生産技術・建築技術の革新と研究活動を支援するための継続的な資金が，政府とEUなどの様々な組織からオランダに対して投資されてきました。オープン・ビルディングの実現に取り組んでいるOBOMなどの研究グループとメーカーが，互いに協力し，または単独で，革新的な仕事を支援するための資金供給を活用しました。オランダにおけるオープン・ビルディング活動は様々な組織によって引き続き継続されています。オープン・アーキテクチャーとオープン・ビルディングに類似した手法を支持する人々は，多くの場合，サポートとオープン・ビルディングに関する初期世代の先駆者達の周辺の限られた範囲のグループを形成してきました。幾つかの開発は非常に最

近行われたものなので，ここでは十分に報告することができません。また，活動の中には数十年前に始められた開発を今も継続して行っているものもあります。

10.1.1 大学

10.1.1(a) Technical University of Eindhoven (アイントホーフェン工科大学)

ティッシュ・モデル概念の発展に深く関わったSARのスタッフであるThijs Bax(ティース・バックス)は，オープン・ビルディング理論の展開を行う伴らで，建築学部を長年に亘り率いました。Paul Rutten(パウル・ルッテン)は，世界中の複雑な建物に設置するための，情報化され容易に変化に適応可能な機械設備に関するオープン・ビルディングの応用的研究を行っています。Herman Templemans Plat(ヘルマン・テンプレマンス・プラット)は，オープン・ビルディングの経済的側面に関する革新的な研究成果を早い時期に発表し，欧州各地から大学院生が研究に参加してきました。Jan Thijs Boekholt(イアン・ティース・ボークホルト)は，オープン・ビルディングへのコンピュータの利用方法について精力的な仕事を続けています。Jan Westra(イアン・ヴェストラ)は，オープン・ビルディングを始めとする住宅生産の革新に関連した様々な主導的活動を行い，BOOOSTING building innovation groupの役員として仕事をしています。

10.1.l(b) Technical University of Delft(デルフト工科大学)

OBOM(オープン・ビルディング・シミュレーション・モデル)の所長であるイペ・キュペラスは，オープン・ビルディングの方法論と実践に関する研究と出版活動を続けています。イペは，オープン・ビルディングの情報を求める世界中の組織団体間を繋ぐ貴重な連絡役をOBOMを代表して引き受け，主にオランダ国内のオープン・ビルディング関連出版物の包括的なリストを更新し続けています。同じくOBOMでは，Joop Kapteijns(コープ・カプテインス)が，サブ・システムを完全に独立させるために不可欠な作業である「建築の接合部」と「ファサード」を体系化するための先進的な研究を続けていま

す。SARの初期の時代から活発にオープン・ビルディング活動を行い，1970年代のアーバン・ティッシュに関する研究で知られるヨープは，住宅や業務用建築を対象としたオープン・ビルディング・プロジェクトでの実務も行っています。OBOMの創設者でありデルフト工科大学建築学部の前学部長であるファン・ランデンは，インフィル・システムの専門家として，また，インフィル・システム BV のパートナーとして，オープン・ビルディングを探求し，進歩に貢献し続けています。Rob Geraedts(ロブ・ゲレーツ)は，住宅用・業務用双方を対象としたオープン・ビルディングに関するプロジェクト・マネージメント分野の多数の研究を教え，実行しています。以前にはSARで多くの研究プロジェクトに参加しました。1984年に設立されたOpen Building Foundation(オープン・ビルディング財団)は，オープン・ビルディングの実践のためのアイディア・原則・機会を広め，科学的研究を行うことによってオープン・ビルディングの促進に寄与することを目的としたネットワークです。財団の事務局と出版・情報センターは，デルフト工科大学のOBOMのオフィス内にあります。財団は，1997年5月にCIBのTask Group26(オープン・ビルディング・インプリメンテイション)のシンポジウムと会議を主催し，OBOM・オープン・ビルディングの仲間達・支持者達の輪を広げました。

10.1.1(c) アムステルダムの自由な大学

Koos Bosma(クース・ボスマ)，Dorine van Hoogstraten(ドリネ・ファン・フークストラーテン)，Martijn Vos(マルティン・フォス)は，1999年秋出版予定のSARの歴史を著した本である *Housing for the Millions*：*John Hobraken and the SAR*：*1965-2000*(数百万人のための住宅：ジョン・ハブラーケンとSAR：1965-2000)をほぼ完成させようとしています。John Carp(ジョン・カープ))は，1976年から10年間のSARの所長で，適切な情報を提供しています。

10.1.2 実行者達

Fokke de Jong(フォック・デ・ヨンク)と Hans van Olphen(ハンス・ファ

ン・オルフェン）は，（J.O.B. Architects としてティース・バックスと共に仕事をしていた頃に）業務用，住宅用，複合用途などを機能とする，すべてのレベルのオープン・ビルディング・プロジェクトを実行し，数十年間共に仕事をしていました。De Jong Bokstijn（デ・ヨンク・ボクスティン）は，新築と再生双方を対象として，オープン・ビルディング・プロジェクトを設計し続けています。その内の幾つかは伝統的なインフィルを使用し，他のものはMatura インフィル・システム などの最先端の包括的なインフィル・システムを使用しています。

Frans van der Werf（フラン・ファン・デル・ベルフ）は，あらゆる環境レベルでのオープン・ビルディングの実施方法について，特に米国・中国・フィンランドを中心とした世界中の国々で教え，コンサルティングを行っています。ファン・デル・ベルフは，Christopher Alexander（クリストファー・アレグザンダー）のパターン・ランゲッジと，受賞に至ったエコロジー・デザインと，オープン・アーキテクチュアの原則とを繋げたオープン・ビルディング・プロジェクトを実行し続けています。ファン・デル・ベルフは *Open Ontwerpen* (*Open Building*)（1993）の著者です。

Reijenga, Postma, Haag, Smit, Scholman（RPHS：レイエンガ・ポストマ・ハーク・シミット・ショルマン）Architects の Henk Reijenga（ヘンク・レイエンガ）は，アーバン・ティッシュ・デザインと住宅生産の両方を対象として，オープン・ビルディングに基づくアプローチを行っています。ヘンクのプロジェクトは，新築と再生両方を含んでいます。

TNO建築技術研究所の戦略研究・品質保証・建築法規部門長であるKarel Dekker（カレル・デッカー）は，CIB TG 26のコーディネーター兼ウェブ・マスターです。デッカーは，サステイナビリティのテーマを掲げながら，ヨーロッパを始めとする世界中でオープン・ビルディング提唱の最前線に立っています。彼の経済学分野の応用的成果は，最近行われた幾つかのオープン・ビルディングに基づく再生プロジェクトの土台となりました。

建築家，工業デザイナー，前OBOMスタッフであるEric Vreedenburgh（エリック・フリーデンブルク）は，自身のプロジェクトにおいてオープン・ビ

ルディング・アプローチの可能性と限界を常に探究しています。彼の仕事はある種の文化的テーマに基づいており，最近，オランダで *Inevitable Cultural Revolution*(不可避の文化革命)と題して出版しました。

　HBG Bouw & Vastgoed(HBG 建築・不動産)の関連会社である HBG エンジニアリング社の役員である Frits Scheublin(フリッツ・シェブリン)は，ヨーロッパ最大の建設会社の中にあってロッテルダムの Vrij Entrepot loft 住宅などのオープン・ビルディングへの取り組みを積極的に支援しています。建築工事が，より安全で，より汚染が少なく，より安価で，より速く，より変更が簡単で，より耐久性が増すように進歩することに，彼の努力は向けられています。その他の建築家と建築業者：Karina Benraad(カリーナ・ベンラード)；Teun Koolhaas(テウン・コールハース)；Duinker, van Der Torre, Vroegindewei(デュインカー，ファン・デル・トーレ，フローヒンデヴァイ)；De Jager and Lette(デ・イエガー，レッテ)；Buro voor Architectuur en Ruimtelijke Ordening Martini BV；HTV Advisors BV；Bouwbedrijven Jongen, BV；Architect Office Lindeman；Andre van Bergeijk などが，オランダ国内外で，住宅用のオープン・ビルディング・プロジェクトを建築し続けています。完全なオープン・ビルディングとは必ずしも断言できませんが，その他多くの人々が類似のプロジェクトを行っています。

10.1.3 研究組織

　前述したグループ以外に，多数の会社と組織が，何十年間もオープン・ビルディング関連の研究を活発に行っています。そういった活動は，ここ 10 年間に以下のような組織，プロジェクト，部品に影響を与えました。

- EGM Architecten BV は，オープン・ビルディングの有効性に関する調査を行い，オランダ政府のための政策提言を作成しました。
- Nederlandse Herstructurerings Maatschappij(NEHEM)は，オープン・ビルディングの実現を支援しました。
- DHV Raadgevend Ingenieursbureau BV は，ランドマーク・コスト研究

を実施し，オフィスビルのインフィル工事に関するオープン・ビルディング研究を行いました。
- Nederlandse Woningraad(NWR)と Nederlands Christelijk Instituut(NCIV)は共同でオープン・ビルディングに関する政策を提言しました。
- Onderzoeksinstituut Technische(OTB)はオープン・ビルディングの法律面と資金面の研究を行いました。
- デルフト工科大学は，モデュラー・コーディネーション，方法論，システム開発，建築組織の研究を継続しています。
- University of Limburg(リンブルク大学)の法律学部は，オープン・ビルディングの実践に伴う法律上の問題の研究を行いました。

多くの組織や個人が，その数をどんどん増やしながら住宅用のインフィル・システムやサブ・システムを研究・開発し，マーケティングを行っています。その中の主だった会社は以下の通りです。Bruynzeel BV；ERA；the ESPRIT consortium；Infill Systems BV；Nijhuis Bouw BV；Prowon BV；Infra＋；and Karel　Rietzschel。

10.1.4　その他の政府機関と財団

様々な行政機関がオープン・ビルディングの考え方と関連する開発をより完全に理解するためのプロジェクトと研究を推進し続けています。Flexible Housing(フレキシブル・ハウジング)(オランダ住宅環境省による32ページの近著)は，5つのオープン・ビルディング・プロジェクトを取り上げ，関連する部品メーカー，デザイナー，建築会社をリストアップしています。1999年の前半に，本格的な政府助成金事業であるIFD-Bouwen(Industrial Flexible Demountable Building(工業化されフレキシブルで部品着脱可能な建築))が始動しました。この事実には，多くのオープン・ビルディングの原則が組み入れられました。また，試行プロジェクトの実現の促進を目指していました。

オランダ・バイレント財団が1997年12月に設立されました。Aegon(保険会社)とVesteda Management BV(以前のABP住宅供給基金，世界でも最

大規模の基金の一つであるオランダ最大の年金基金)による,住戸内インフィルを居住者が所有するためのマーケティング,ファイナンス,法的な実現可能性に関する支援を得て,Het Ousten住宅会社の主導によりバイレント財団は動き出しました。

また,産業,デザイナー,建築家によるジョイント・ベンチャーであるNetherlands Industrialized Building Foundation(オランダ工業化建築財団)が1988年に創設されました。この財団は,*BOOOSTING in business*:建築生産におけるデザイナー・デベロッパー・事業家の35のプロフィールというタイトルの本を出版しました。(3つのOはOntwerp・Onderzoek・Ontwikkelingの頭文字で,デザイン・研究・開発を意味するオランダ語です。)その他多くの民間組織と役所もまた,建築の革新を目指した研究・開発活動を支援し実行しています。

10.2 日本

10.2.1 政府と公的団体

日本では,住宅都市整備公団(HUDc),建設省(MOC),通商産業省(MITI),財団法人日本建築センター(BCJ),財団法人ベターリビング(BL),NPO全国コープ住宅推進協議会,大阪府住宅供給公社を始めとする地方自治体などが,オープン・ビルディング住宅の実現に向けて重要な役割を担い続けています。日本の政府機関は,その機関自身,他の政府組織,第三セクター,各種協会,民間会社などを通じて,新しい研究,手法,プロジェクト,プロセスの発展を,伝統的に奨励し,調整してきました。市場の低迷期や景気の後退期でさえ,長期的な技術開発プロジェクトなどの研究活動へ強力な支援を行い続けています。このような包括的プロジェクトに,学術研究者や,互いに競合する企業や団体を呼び集めて,複雑で混ざり合ったプロジェクト・チームをしばしば結成しました。以下は,日本におけるオープン・ビルディング関連の主要組織リストです。

10.2.1(a) 住宅都市整備公団

住宅都市整備公団は，1970年代に始められたKSIプロジェクトやKEPプロジェクトといった初期の先進的な努力以来，オープン・ビルディングを積極的に支援し続けています。住宅都市技術研究所所長の鎌田一夫とデザイン部門の責任者である小畑晴治は，様々な方法でオープン・ビルディングを支援し発展させています。KSIプロジェクトはまた，日本とオランダで提案されたインフィル・プロジェクトとインフィル・システムのショーケースの役割を果たしています。

10.2.1(b) 建設省建築研究所

建築研究所（BRI）の住宅計画研究室の責任者である小林秀樹は，二段階供給方式に基づく土地開発の新しい原則を広げるプロジェクトを提案し，実行に移しました。更に，建築研究所は，日本全土にS/I住宅を広めるきっかけとなったスケルトン住宅と仮に名付けられた画期的研究に資金を提供しました。この文章を執筆している時点では，その研究報告書はまだ公になってはいません。

10.2.1(c) 通商産業省

通商産業省は，長年の間，輸出製品に繋がる研究・開発活動を支援してきました。こういった製品には，サポート理論に基づいたインフィルに対応する部品，機械設備，インテリア・システムなどが含まれています。通商産業省は，数年間をかけて数多くの大規模開発プロジェクトを支援しました。直近のプロジェクトには「ハウス・ジャパン・プロジェクト」があります。

10.2.1(d) 財団法人 日本建築センター

日本建築センターは，岡本伸部長の指揮の下，CIB TG 26の第一回研究ミーティングを1996年に主催しました。日本建築センターは，オープン・ビルディングや建築産業に存在するその他の多くの問題に関する学際的なミーティングやカンファレンスを長年に亘って主催しています。

10.2.1(e)　財団法人　ベターリビング(BL)

ベターリビングは，1973年に建設省の支援によって設立された独立組織です。BLは住宅のための「オープン」部品を評価し認証しています。

10.2.1(f)　NPO全国コープ住宅推進協議会

全国コープ住宅推進協議会は，日本のコンテクストを踏まえたコーポラティブ方式の集合住宅の考え方を広めることを目的としています。20年以上責任者を務めた中林由行の指導の下で，協議会はオープン・ビルディングと密接に関係する多くの開発を支援しました。

10.2.2　大学

10.2.2(a)　東京大学

内田祥哉は，長く輝かしい建築学科教授在任期間中に，オープン・ビルディングと密接な関係がある多くの提案とプロジェクトに関与しました。その中には，日本における住宅生産の工業化を促進させる大きな切っ掛けとなったセンチュリー・ハウジング・システム(CHS)(1980-)，大阪ガスが後援した実験プロジェクトNext21(1994)が含まれています。まずは東京大学で，そして次に明治大学で教鞭を取り，世代を越えた著名な建築家達と研究者達を指導し刺激を与えました。野城智也と，オープン・ビルディングのシンパである松村秀一は，共に東京大学で多数のオープン・ビルディング関連の調査研究を非常に活発に行っています。

10.2.2(b)　京都大学

巽和夫は，二段階住宅供給方式を立ち上げ，内田と共にCHSプロジェクトと大阪ガスNext21プロジェクトに大きく貢献しました。更に，インフィル部品を組み立てる地場産業の振興などの多くの仕事を関西圏で行いました。巽の仕事は，高田光雄がその後を継ぎ，京都大学で進めています。

10.2.2(c)　その他の大学におけるオープン・ビルディング

　その他の大学も，日本におけるオープン・ビルディングの教育・研究を様々な方法で促進しました。大学側は，深尾精一を始めとするオープン・ビルディング分野のたくさんのリーダー達の仕事を積極的に支援しました。深尾(東京都立大学(当時，現首都大学東京))は，多くの重要なオープン・ビルディング・プロジェクト関係者を指導して，CIB TG 26 で重要な役割を果たしている建築家です。彼が関係したプロジェクトは，Next21 や，オープン・ビルディングの実践のための様々な視点に関する長年に亘る研究調査などです。深尾は日本建築センターでオープン・ビルディング・グループを主催しました。

　日本のオープン・ビルディングに関する大学関係のその他の指導者を以下に挙げます。

- 安藤正雄(千葉大学)は，長年に亘り，建築家兼研究者としてオープン・ビルディング関連の多くの開発に参加しました。ここには，住宅用インフィルのための間仕切システムに関する実現可能性研究が含まれています。
- 建築家である藤本昌也(山口大学)は，多くのオープン・ビルディングとコーポラティブ・ハウス・プロジェクトを設計しました。
- 藤沢好一(芝浦工業大学)は，オープン・ビルディングに関係する多くの研究開発プロジェクトを行っています。
- 村上心(椙山女学園大学)は，多様な国家背景を踏まえた集合住宅の再生に関する研究を行ってきました。

10.2.3　その他の実行者・建築家・研究者

　その他多くの日本の建築家や研究者が，何年もの間，個人的な建築上の実践を行ったり，オープン・ビルディングに関する政府による研究促進施策へ参加したりしながら，積極的にオープン・ビルディングを推進させ，実行しています。そのような人々を以下に挙げます。

- 近角真一(集工舎建築都市デザイン研究所)は，Next21 プロジェクトに深

く関係していました。近角は，吉田CHS プロジェクトなどの多くの重要なオープン・ビルディング研究と関連プロジェクトを考案し，また参加しました。
- 建築家である三井所清典は，内田教授と共に多くの住宅プロジェクトの設計を行いました。
- 澤田誠二は，日本で最初のオープン・ビルディングの提案者の1人で，数十年前に最初の公的な日本代表団をSARに連れていきました。その後，研究と著述活動を積極的に行い，鍵となるヨーロッパのオープン・ビルディング関連文書を次々と日本語に翻訳しました。そして，日本とドイツにおけるオープン・ビルディングに関する重要な繋ぎ役として，また，CIB TG 26の主要メンバーとしての役割を果たしています。
- 大野勝彦は，建設省の支援を受けてスケルトン軸組にインフィル住戸を収容するという先駆的なプロジェクトなどの多くの研究とプロジェクトを指導しました。更に近年，何百という会社やコンサルタントが参加した中高層集合住宅研究プロジェクトを指揮しました。
- 岩下繁昭(株式会社アティアス)は，世界中のオープン・ビルディング・システムを研究しました。
- 大西誠(住宅都市整備公団)は，スケルトン/インフィル住宅システムに関する住宅都市整備公団の永きに亘る研究活動における中心的な研究者です。
- 建築家の杉立利彦と研究者の川崎直宏(市浦都市開発建築コンサルタンツ)は，住宅都市整備公団のために兵庫センチュリー・ハウジング・システムと新しい住宅供給システムの開発を共同で行いました。

10.2.4 その他の企業と団体

　オープン・ビルディングの実施に直接関係する研究・開発の継続的な推進に対する，広範囲かつ長期的な日本の企業投資は，非常に独特なものです。オープン・ビルディングの開発を行おうとする民間企業は，日本国内でも大規模でよく知られた企業がほとんどです。具体的には，大京，長谷工，前田建設，日建設計，大阪ガス，パネ協，積水，清水建設，竹中工務店，大成建

設，東京ガス，トヨタなどの企業です。公的組織と民間企業が，政府が提唱した多くのプロジェクトに協力し，オープン・ビルディングへ投資しました。その際に，大学所属の多数の研究者が支援しました。このように，会議と主導権とプロジェクトが複雑に折り重なる構造の中で，日本の主要な建築会社とデベロッパーは，協力的な役割と競争する役割をほとんどの場合同時に担っているのです。

10.2.5 出版物

　日本は，オープン・ビルディングに向けた研究と，その結果としての出版物において世界をリードし続けています。しかし依然として，多くの取り組みが世界にとっては閉鎖的で近寄り難いままです。言語と文化の障壁と翻訳資金の供給が行われないことが，オープン・ビルディングに向けた日本の取り組みに関する知識を広めることを妨げています。最も重要で最も総合的な最近の出版物の中に，建設省建築研究所に委託され，近角真一などの人々からの大きな支援を受けて小林秀樹の指揮下で実行された，日本のオープン・ビルディング・プロジェクトに関する総合的調査があります。また，澤田誠二によって編集された本が最近出版されました。これは，様々な論文を引用していますが，オランダでの最近の出版物『New Wave in Building』(Fassbinder・Proveniers, n.d 著)内の多くの内容を紹介しています。。

10.3 その他の国々

10.3.1 フィンランド

　ここ数年，フィンランドは，どちらかというと均一で固定的な集合住宅ストックと長屋建住宅ストックの扱いに苦慮しなければなりませんでした。より居住者のニーズを取り入れ，より多くのバリエーションを提供するための住宅供給アプローチに関する活発な活動が進行しています。この活動の一貫として，建築家である Esko Kahri（エスコ・カーリ），Juha Luoma（ユーア・ルオマ），Ulpu Tiuri （ウルプ・ティウリ）らの人々が，オープン・ビルディングの

考え方に基づく多くの再生プロジェクトや新築プロジェクトを始めました。フィンランド技術開発センター(TEKES)と共に活動しているヘルシンキ市役所開発部の Jussi Kautto(ユシ・カウット)は，オープン・ビルディング技術コンペティションを 1999 年に始めました。Milieu 2000，多くの新規構想，研究開発プロジェクトなどの住宅革新コンペティションは，公的機関，民間組織双方から大きな関心を集めています。

　スケルトン技術，新築・再生双方のためのインフィル・システム，ファイナンス，工事管理に関する高度な研究開発が，幾つかのグループで進行中です。具体的には，技術開発センター(TEKES)の Veli-Pekka Saarnivaara(ベリー・ペッカ・サールニバーラ)と Jukka Pekkanen(ユッカ・ペッカネン)，フィンランド技術研究センター(VTT)の Veijo Nykanen(ベイオ・ニカネン)と Pertti Lahdenpera(ペルッティ・ラーデンペラ)，ヘルシンキ技術大学のウルプ・ティウリと Juhani Kiiras(ユハニ・キーラス)，フィンランド住宅基金の Johanna Hankonen(ヨハンナ・ハンコネン)などです。多くの組織と個人がオープン・ビルディングの考え方の促進活動に関係しています。これらの組織が共同して，1998 年 6 月にヘルシンキで CIB Task Group 26 のミーティングを主催しました。

　フィンランドにおける近年のオープン・ビルディング関連の出版物は，ティウリとヘドマンによる『*Developments Towards Open Building in Finland*(フィンランドにおけるオープン・ビルディングへ向けた展開)(1998)』とラデンペラによる『*The inevitable Change*(不可避な変更)(1998)』です。

　オープン・ビルディングの実践を直接行っている建築関連会社としては，ウルプ・ティウリ建築事務所，Esko Kahri 社，LSV 建築事務所，Juha Luoma などが挙げられます。

10.3.2 イギリス

　現在オックスフォード・ブルック大学の CENDEP の責任者である Nabeel Hamdi(ナベール・ハムディ)と『*Open House International*』の編集者である Nicholas Wilkinson(ニコラス・ウィルキンソン)は，英国で最初のサポート・

インフィル・プロジェクト PSSHAK を 1968 年の建築協会の学生時代に提案しました。ハムディの『*Housing Without Houses*(住宅なき家)』(1992)は，住宅供給における「サポート主義者」と「供給者」との間の数々の議論を文章にしました。ウィルキンソンの下で，『*Open House International*』(University College London の Development Planning Unit 出版)は，何十年もの間，住宅供給とコミュニティの発展のための広い意味でのオープン・アーキテクチャの理論・方法論・実践に関する研究と論文の主要な情報源でした。*OHI* の Urban International Press は，ジョン・ハブラーケン著『*Supports*』(1961)の改訂英語版を近年出版しました。

　Richard Moseley(リチャード・モズレイ)は，Obuild Consultants と共同して，再生市場と新築市場双方に用いることができる高度なインフィル・システムを積極的に提案し続け，プロジェクトや工場の研究を行って，ヨーロッパ中のメーカーを導き続けています。モズレイは，サセックス大学の科学技術政策部長である David Gann(デイヴィッド・ギャン)と協力して，CIB TG 26 のミーティングを 1999 年 9 月にブライトンで主催しています。ギャンは，オフィスビルから住宅へのコンバージョンなどをテーマとしたオープン・ビルディングに関する多くの研究活動と実験プロジェクトを指揮しました。ギャンの仕事としては，オープン・ビルディングに関して最近著された『*Flexibility and Choice in Housing*(住宅の柔軟性と選択)』(1998)や，民間や政府によって資金提供された大規模な研究活動などが挙げられます。

10.3.3　フランス

　フランスでのオープン・ビルディングの動きと先駆的プロジェクトは，Georges Maurios(ジョルジュ・マウリ)による有名なサポート・インフィル・プロジェクトである「Les Marelles (レ・マレイユ)」(1975)と共に始まりました。何十年かの中断の後に，フランスにおけるオープン・ビルディング関連の新しいプロジェクトが，Georges Maurios の会社によって 1990 年代後半に複数実施されました。オランダにおけるオープン・ビルディングの開拓者であるフラン・ファン・デル・ベルフは，フランスで実施された Residence des

Chevreuils のオープン・ビルディング・プロジェクトでフランスの建築事務所 A.N.C.と協働しました。フランス国立建築技術研究所(CSTB)は，Jean-Luc Salagnac(ジャン・ルック・サラニャック)らのグループへ関与することによって，オープン・ビルディングに参加し続けています。

10.3.4　ベルギー

何十年もの間，ルシアン・クロール事務所は，如何にすればオープン・アーキテクチャが，中央集権化された官僚的制度に起因する堅苦しさからマス・ハウジングとその居住者を開放することができるのか，という問いに対する解答を提示するための仕事をベルギーと旧東ドイツ圏において行っています。「La Mémé」(SAR を採用した Kroll 初期のルヴェン・カトリック大学の学生寮プロジェクト)では，SAR のサポート・デザインの方法論が取り入れられています。このプロジェクトは，世界中で有名なプロジェクトであり，Kroll 最愛のオープン・アーキテクチャ・プロジェクトの内の一つです。

10.3.5　ドイツ

建築家 Gutbrod(グートブロッド)と Rolf Spille(ロルフ・スピレ)は，多くのオープン・ビルディングに類似したプロジェクトの設計を 1970 年代に行いました。また，1970 年代に行われた Elementa コンペティションは，オープン・ビルディングに関連する開発を促進しました。ベルリンの大規模住宅団地プロジェクトで使用するために，デベロッパーの George Steinke は，マトゥーラ・インフィル・システムがドイツの法律に沿った認定を得ることに成功しました。大型コンクリート・パネルを用いたマス・ハウジングの再生に対するオープン・ビルディング手法の適用について議論するワークショップが，1999 年 5 月にデッサウで開かれました。このワークショップは，Gerhart Seltmann(ゲルハルト・ゼルトマン)によって主催され，カレル・デッカーと澤田誠二の指導の下で，EXPO 2000 achsen-Anhalt GmbH，CIB TG 26 によって後援されました。

10.3.6 スイス

1960年代から，オープン・ビルディングとオープン・ビルディングに類似した住宅プロジェクトが，絶え間なく，また互いに独立して，チューリッヒ，バーゼル，レンズバーグ，トゥーンなどの建築家達によってデザインされました。これらの建築家とは，Metron Architects；Bureau ADP；M.Adler, G.Pfiffner, M.Erni；Erny,Gramelscacher；Scheneider；Malder und Partners, Architects；Architecture Design Plannning；などです。別々のグループではあっても，彼らは共通して，時間の経過を考慮した住戸の可変性，居住者を重視し居住者参加を可能とする順応性を強調しました。

スイスにおけるオープン・ビルディングに関する最近の出版物は，『Housing Adaptability Design 受容能力がある（住宅デザイン）』(1994)広く知られた Jia Baisei(賈倍思)のETH チューリッヒでの博士論文)などが挙げられます。多くのオープン・ビルディングに類似したプロジェクトが，Alexander Henz(アレグザンダー・ヘルツ)によって調査され，学術的文献『Anpassbare Wohnungen』(1995)の中で紹介されました。

10.3.7 中華人民共和国

中国における過去十年間の多くの出来事が，住宅生産手法の改革に対する政府の関心が増していることを示しています。政府の政策は，オープン・ビルディングを明らかに採用したり促進したりはしていませんが，政府には，これまでのやり方では期待される量と質を達成しながら住宅を供給し続けることが最早できない，という一般的な認識があります。結果として，住宅アプローチの革新にとっての状況は良くなってきています。多くの実験の中に含まれているものは，よりオープン建築の実現への様々なアプローチであり，居住者の役割を重視していこうという傾向です。

多くの人々による10年以上の活発な活動の結果として，中国のオープン・ビルディングは進展しました。オープン・ビルディングに関連する住宅供給スキームとプログラムが，無錫・上海・南京・北京などで開発されました。以

下の建築家達の熱心な仕事が直接的な成果に結びついたのです。

- 南東大学オープン・ビルディング研究開発センター(南京)で Bao Jia-sheng(鮑家声)は，幾つかのサポート・インフィルプロジェクトを実施しました。Bao（鮑）教授は，オープン・ビルディングに関する研究を組織し，著作を行い，教鞭をとっています
- 適応可能な住宅のためのユニバーサル・インフィル・システム研究チームのコーディネータである中国建築家協会 Zhang Qinnan(張欽楠)は，北京などで建築家 Ma Yun Yu(馬蘊玉)と協力して，幾つかのオープン・ビルディング・プロジェクトを実現しました。また，M & A Arhitects, Consultants International Co.Ltd へのコンサルティング活動を通じて，広範囲にわたるインフィル技術を中国へ導入するための活動を行っています。
- Li Daxia(李大夏)は，上海においてオープン・ビルディングを積極的に推進し，M & A コンサルタント・グループの一員として活動しています。
- 香港では，オープン・ビルディングに関する研究と出版は，Jia Beisei (賈倍思)(香港大学)と建築家 Chen Ke(陳柯)の両者が進めています。Jia Beisei (賈倍思)によって『Housing adaptability Design(順応性ある住宅デザイン設計)』(1998)が近年中国語で出版されました。

10.3.8 台湾

Ming-Hung Wang(王明衡)(国立成功大学建築学科)は，サポート構造のデザインに関する基本的な入門書『The Systematic Design of Supprts(サポートのシステマティック・デザイン)』[N.J.Habraken その他(1978)]を中国語に翻訳しました。博士論文としてサポートの技術的インタフェースを研究した建築家のLi-chu Lin（林麗珠)(高雄国立技術研究所建設工学部)との共同研究によって，Wang(ワング)教授は，台湾におけるオープン・ビルディングの実践を促進するためのシンポジウムを主催し，刊行物を出版し続けています。また，Ming-Hung Wang(王明衡)教授は，台北と台南などの主要都市で，1998年秋のCIB TG 26 ミーティングとオープン・ビルディングに関する国際

シンポジウムを主催しました。

10.3.9 北アメリカ

建物本体を建設した後に，テナントがインフィルを工事することは，北アメリカのオフィスビルと小売店舗においては極く一般的なやり方となっていますが，住宅用のオープン・ビルディングはまだ広まっていません。同様に，オープン・ビルディングという用語も一般に知られてはいません。旧式オフィスおよび倉庫建物から住宅へのコンバージョン，「職・住」ロフト・プロジェクトのコンバージョンの拡がりは，オープン・ビルディングの原則を包括的に適用する状態に至る前兆です。

まず高級分譲マンション市場において，オープン・ビルディングと類似した新しいプロジェクトが，ダラス(テキサス)とボカ・ラトン(フロリダ)などの大都市圏で実施されています。フロリダでは，Devosta Homesが，トンネル・フォーム・コンクリートの「four-plexes」(4つの住戸から構成された独立住棟)を建築しました。迅速な工事を行うために，Devostaは，高度なインフィル・システムや包括的なシステムではなく，従来型の既製インフィル部品を利用して，工場から標準的なインフィル部品を配び込みます。戸建注文住宅市場においては，『Timber Frame Construcion』(木構造の古典的テキスト)の有名な著者でありBensonwood Homesの社長であるTedd Benson(テッド・ベンソン)が，省エネルギー・フォーム・コア構造を試み，木造住宅のためのオープン・システム開発における先駆者となりました。

シアトルでは，賞を受けたBanner Buildingプロジェクトの実施の際に，デベロッパー兼設計コンサルタントであるKoryn Rolstad(コリン・ロルスタッド)がWeinstein Copeland社と共に仕事を行いました。このプロジェクトは，良質のオープン・ビルディング・プロジェクトは，米国では新しい技術に頼らなくとも成功し，採算も合うということを証明しました。

カナダでは，Green Building Challenge 1998の議長であるNatural Resources Canadaの建築家Nils Larsson(ニルス・ラーソン)が，サステイナブルな開発の重要性とオープン・ビルディングの原則とを積極的に関連付けよ

10.3 その他の国々

うとしています。ラーソンは，CIB TG 26 の主要な設立メンバーでした。Langelaan Architects の J.W.R.Langelaan(ランゲラーン)は，オープン・ビルディングの設計手法を直接用いることができる建築 CAD プログラム用のコンピュータ・ソフトウエア開発の分野で先頭に立っています。

11 オープン・ビルディングの未来

11.1 世界的な傾向

　重大な環境・文化の変化，経済的な側面の再編成が，前章で述べたように社会と建築組織に生じています。住宅生産は，専門家・公共機関・一般大衆の役割の変化を伴って，そのような変化に対応し続けています。40年前，サポートについてのアイデアが最初に考え出されたとき，今日では非常に明確になっている再編成は，ただぼんやりと提示されていました。サポートの概念は，第二次世界大戦の余波によって住宅生産を独占するようになったマス・ハウジング現象への対応として誕生しました。多くの国では，中央集権的コントロールこそが住宅を生産するための最も有効な方法であると，考えられていました。単調で均質な住宅地に住むことを強いられた人々の生存権と社会権が問題となりました。ニコラス・ウィルキンソンがジョン・ハブラーケンの『Support (サポート) (1999年)』の英語改訂版の序文で詳述したように，国際的なサポートに関する活動は，西洋における60年代の解放運動という背景に対応して，必ずしも穏やかな形ではなく定着したのでした。その後，急激な都市問題の拡大と，地平線に広がる完全に均一なマス・ハウジング・プロジェクトは，第三世界にも現出し始めました。

　エッジ・シティの進展と郊外のスプロール化は，何十年かの間に，多くの国における典型的な環境発展パターンとなりました。都心は時に，空洞の殻となり果てるか，都市への人口流入ではち切れそうになりました。自動車の

重要性は至る所で急速に増大しました。遠距離通信の革新と共に，自動車は，地域社会や住宅の中での私達の生活をつくり変えました。私達が従来の開発と建築に関する否定的な側面を学ぶにつれて，何十年間もの間，少数の孤独な声によって明確に述べられてきたサステイナビリティの概念が現在ますます重要になってきました。

住宅建築は，他の産業や他の建築分野を変化させた傾向に対して，長い間頑固に抵抗してきました。しかしながら，製造・技術・ファイナンス・情報管理・市場における発展が，現在の住宅の工事・維持・再生を基本的に再構築している，という確たる証拠があります。建築産業の他の部門，特にオフィスと医療・福祉施設の分野では，製造業が，複雑な建築プロセスの解決法を提供するための重要な力となりました。変化の関連プロセスは以前から加速していましたが，様々な学問分野の専門家だけが，住宅分野の新しい現実に気付き始めています。

住宅生産は，生産・投資・利益のすべての枠組が変化しつつある国家経済の中で重要な役割を担い続けています。これらの変化に沿って，60年代と70年代のサポート活動がオープン・ビルディングの方法論を生み出しました。居住者には，付加価値がある住宅部品の購入者としての新しい役割が与えられました。今では，住み手は，住宅用のインフィル部品を買うことによって，個々のニーズと好みを満たそうとする市場に加わります。高性能の工業部品が生まれたことで，住宅の共有部分の品質と耐久性が改良され，サポート・レベルが構成し直されています。

以下，重要な傾向と効果に関する要点を述べて本書の結語としたいと思います。

11.1.1　住宅用インフィルの消費者市場の拡大

消費者志向の住宅システムのための市場の拡大は，明確なインフィル・レベルの出現の兆しです。包括的で洗練されたインフィル製品は，住宅インテリア市場の大きな割合を未だ占めてはいませんが，インフィルに関する世界の状況は，オープン・ビルディングに向けた発展を示唆しています。

住宅用部品は今，より付加価値を高めるように設計・開発・製造されています。そのような部品は，利用・再利用のための技術性能・安全性・バリエーション受容能力の拡大がなされています。個人的好み・ブランド認知度・性能仕様・効率・便利さ・サステイナビリティ・価格・月賦の支払いなどがすべて主因となって生じる，ますます多様で複雑となりつつある要求を満たすために，住宅部品は消費者向け商品として小売市場で扱われます。

建築関連産業は，消費者インフィル市場の成長を刺激すべく努力を強めています。日本や多くのヨーロッパ・スカンジナビアの国家では，旅行・電子機器・自動車のオプションと付属品などの，娯楽と贅沢の範疇に入る消費と同じ支出を，自分好みのインフィルに行うことができる市場を確立しようとしています。市場に参入しようとする新しい消費者製品と物流・工事システムは，サステイナブルな計画原則との互換性をますます高めつつあります。

11.1.2 投資パターンの変化

建築現場から製造設備へ，新築から再生へ，サポートからインフィルへ，在庫材料から付加価値を与えられた工業化部品へと，投資の対象は移行しつつあります。

建築業は投資パターンの変更に合わせて変化しています。即ち，不動産開発，製造業などの経済分野との関係を深くしつつあるのです。

11.1.3 先進的情報システム

コンピュータ・ネットワークの発達，高度なスイッチングとソフトウェア，電子商取引に支援され，消費者と生産者の間の直接的な関係が深まりつつあります。消費者は今，インターネット上で，住宅用の消費者部品や，注文に応じてつくり上げる旅行パッケージ，自動車，CDを直接購入します。このような直接的小売市場の参入によって，設計と管理の業務内容を含めた工事プロセス・開発プロセス上のすべての主体間の関係もまた変化しつつありま

す。このプロセスでは，すべての者が消費者による任意の購買行動に対して競っています。

　高度な管理ソフトウェアは，工業生産などの現場外での生産を変化させました。ジャスト・イン・タイムの部品配達と工事といった供給物流の改良や，市場の多様性・効率性・品質管理・調整・速度を，新しい生産方式は提供します。

　包括的なインフィル・システム・ソフトウェアの開発は，リアルタイムの月々の支払いの見積もりとデザインの選択による長期的な経済的効果と共に，消費者重視のデザインを行うことを可能にします。

11.1.4　サポートの変化

　洗練された工業化部品の導入は，サポート・レベルをつくり変えつつあります。例えば，再生におけるエネルギー節減と廃棄物の削減という新しい要求に対応するためのエネルギー処理性能を備えたファサード・システムが，従来のファサードに取って代わりました。

　多様なテナント用の大規模建築物の機械設備(配線，配管，ダクト・システムなど)の精巧さは進歩しています。結果として，居住者が他の住戸へ音による影響を与えることなく設備の着脱を行うことを可能にし，より良い環境コントロール，監視・自動調節機能を提供しています。

11.1.5　製造業者の動向

　建築部品メーカーは，「需要に基づいた」短時間での製造方法で「時間を考慮した」生産を始めようとしています。アメリカ合衆国，ヨーロッパ，日本の大規模メーカーは，ほとんどが既に実行していますし，他国のメーカーは急いで後を追っています。

11.1.6 建築市場・投資・収入の傾向

　利益は，価値の連鎖に沿って「上向き」に移ろうとしています。工業化が最も進んだ国々では，プロジェクトの工事費からの収入は，専門工事業者を経由して，ゼネコンから部品メーカーへと移っています。このことによって，小さなプロジェクト・チームが，高度な工業生産がもつ受容能力を利用した「ワン・ストップ・ショッピング」方式で，個々のエンド・ユーザーの好みに応じたプロジェクトを運用することが可能になります。しかしながら，プロジェクトと投資のリスクや責任は，収入と同じ程には価値の連鎖の上方へ伝えられるとは必ずしも限りません。

　消費者とメーカー間の繋がりが建築産業をつくり変えていくにつれて，多くのステップ，サービス，組織がなくなっています。上方へと「徐々に移行する価値連鎖」は，複雑な工業化建築部品の生産に当たって建築産業の幾つかの分野に直接的な脅威を与えます。例えば，アメリカのオフィス・インテリア市場において，Steelcase は，代理店・インテリアデザイン事務所・専門工事業者と直接的競争を行うことになる，包括的なオフィス用インフィル・システムを売り出しています。その他複数の巨大規模の会社は，急速に変化するオフィス分野のより包括的なオープン・システムを提供するためのコンソーシアムを結成しつつあります。

　再生市場は急速に拡大しています。幾つかの国では，既存住宅ストックのリノベーション・グレードアップ・取替えへの投資は，現在，新築への投資と等しいかそれ以上になっています。近い将来，多くの地域で，再生市場は新築市場を上回るでしょう。

　産業が市場の変化に対応して仕事の重心を移していくにつれて，再生と新築の違いが構造の変化を促進します。再生は居住者にとってより複雑です。再生は自然の中では断片的で予測できない存在です。また，再生行為は新築

ではなかったような技術面・組織面での複雑性を有しています。

11.1.7 研究傾向の変化

　市場主導型経済の中で，中央政府は，建築研究やプロジェクトを誘導する方向と範囲を見直しています。アメリカ合衆国政府は，長い間，建築産業の再編成へ直接的には関与してきませんでした。民間産業は，研究を支援してきましたが，投資レベルは低いままでした。サステイナブルな（持続可能な）発展という旗の下で，政府が建築産業研究に長きに亘って興味を示し続けてきたヨーロッパよりも投資が少なかったのです。日本では，経済不況の中でさえも，政府は，過去半世紀の製品とは全く異なる将来の環境を確立するためのより良い方法を見つけようと，建築産業と住宅産業を支援してきました。

11.2 未来の構築

　来たる50年の内に，住宅供給における居住者ニーズと技術的システムの方向が変わる確率は小さくないでしょう。先進国における基本的な問題は，次の通りです。如何にすれば，既存の住宅ストックに対する継続的な再生と変更を準備すればよいのでしょうか。如何にして消費者の選択・責任・バリエーションの増加・技術的な改良と労働力（熟練工）不足，建物のライフ・サイクル後半におけるより多くの受容能力への要求に対して再生効率を上げることができるのでしょうか。以上のような疑問が，オープンビル・ディングに関する議論の核心です。住宅の建設は，もっと効率的で，もっと資源を大切にし，もっと敏感にならなくてはなりません。オープン・ビルディングは，建築における消費者選択とサステイナブルな発展との，より緊密な連携へ向けた大きな動向の中の一つの展開に過ぎないことは明らかです。情報技術，柔軟な生産，再利用のためのデザインなどの革新は，不特定多数を相手にする市場のために大量生産されるのではなく，エンド・ユーザの好みに合わせた注文生産を行なう工場生産によって高付加価値製品が生み出される方向へ向かうべきなのです。

労働と投資が現場からますます遠ざかるにつれて，レベル概念を秩序立てて利用することが，建築プロセスの変化を体系付けることに貢献します。レベルの概念と方法は，コミュニティーの利益を保護するために，建物と敷地の任意の空間を秩序立てなければならないことを本質的に認識しています。したがって，合意形成のために必要な時間を取る作業は，集合的な敷地を取り扱う上では重要な社会的意思決定プロセスなのです。家具などの個人的な動産や設備と同様に，建物内の個人的な内部スペースは，コミュニティーの利益よりも個々のユーザの責任に深く関係しています。インテリアは，外部条件とはほとんど無関係に構築することができます。インフィルは，自由に変化が可能でシステマティックなデザイン・生産・工事の対象となります。住宅用インフィルと業務用インフィル双方をターゲットとする現在の革新は，徐々に浸透してはいますが広く認識されるには至っていません。

11.2.1　環境上の多様性

輸送・情報・ファイナンスのネットワークと同時に，デザイン・製造・工事に関する世界市場は急速に統合しています。設計と施工の実施や，訓練と経験が，国際的になるにつれて，マーケティングと支援ネットワークを拡大しながら，専門知識と所有権の取り扱い技術が広まっています。この結果，世界中の環境の同質化やマクドナルド化を引き起こす恐れがあります。

実際には，どちらも起きるとは思えません。様々な国に影響を与えられた環境同志が，現実に外部空間・内部空間共に高い類似性を示しています。過去を振り返っても常に同様でした。しかしながら，この事実は，恐らく無力な市場の服従以上に，意思決定制度上の共通する特質の現れです。様々な領域で働いている設計の専門家・機関・クライアントにとって，統一的なコントロールと環境の標準化に関する要求と強制は不可避なことなのです。

しかし，世界に新たに登場した消費者主導の住宅市場は，人々の好みと，敷地と地域気候の特異性，その地域の法律と建築文化，国・地方・階級による慣習と伝統に従わなければなりません。何が一般的に適用可能で，何がそもそも地域特有なのか，を区別するという極めて地域性が現出するプロセスは，

建築産業においてしばしば起こる変化の根本的原因です。同様の選別は，国際的に類似した動きを示しているどのような地方や国の市場でも起こり得るでしょう。現代的で独特な日本の住宅型式に関する組織立った研究と，先進的なインフィル・システムを用いた高級木造の北アメリカでの急速な発展のどちらにもバランスへの探求が存在します。一方では，昔から累積してまた伝統と知識に頼りたいという建築業者の気持ちがあります。他方では，要求と好みの変化に応じて，最先端技術のサブ・システムを導入した住宅を実現したいという建築関係者の願望が存在しているのです。

オープンな市場で利用可能になる新製品の利用と，共有された建築文化への参加という選択肢を与えられた場合，居住者が両方を要求することは明らかです。

11.3 まとめ

住宅用のオープンビルディングの最先端技術を世界的に調査した結果，オープン・ビルディングの原則に基づいた住宅プロジェクトが，南京から大阪へ，シアトルからパリへ，アムステルダムからヘルシンキへと数を増やしながら拡大していることが明らかとなりました。住宅産業は，様々な形で，しかし常に自発的にではなく，プロセスの中で変化し続けています。オープン・ビルディングが経済的な理由や組織的な理由で未だ実行可能ではない場所では，政府機関と民間企業は，オープン・ビルディングへの動きが，有益な(そして恐らく不可避の)傾向であることを徐々に認識し始めています。したがって，複数の公的機関や企業が，オープン・ビルディングに関する研究・開発・実行に何十億ドルもの資金を長期に亘り投資してきました。

SARのティッシュ・メソッドとティッシュの原則といった都市レベルのオープン・ビルディング戦略は，様々な有益な研究とプロジェクトを生み出しました。現在まで，それらの方法論のほとんどについては広範囲での実践が始まってはいません。コントロールされていない都市の成長による世界的な悪い影響が次第に増大するに連れて状況が変わるかもしれません。時に非

常に熱がこもった政治的プロセスの中に巻き込まれてしまう都市デザインを扱うための有効な方法が必要であるという事実は，整然とした厳密性，歴史的な都市構造と結びつける能力，SAR のティッシュ・メソッド(SAR Tissue Methods)によって提供されるチームワークの確立へともう一度注目を集めさせるか理由となるもしれません。

スケルトン・レベルとインフィル・レベル，および，両者のインターフェイスにおいて，重要な技術・手続・ファイナンス・法律・社会・法規関連関連の障害を今後克服しれなければならない，ということを，各章で明らかにしています。オープン・ビルディングの基本原則を明確にし拡大するためには新しいイニシアティブが必要です。将来のオープン・ビルディングの方法論は以下の項目を提案しなければなりません。

- 異なるレベルの異なるグループにより，仕事をより効果的に組織し調整すること。
- 対立を減らし，部品の取替えと代用を簡単に行うために，技術的インターフェイスを再整理すること。
- より良く，より適応可能で，より耐久性があり，サステイナブルな(持続可能な)建築と近隣の実現を目指すこと。

その間にも，住宅用，住宅・業務併用，業務用のオープン・ビルディングで進行中の発展が，デザイン・工事・関連産業に従事しているグループの利益を世界中の至る場所で増やすことに結びつくのは明らかです。恐らく，オープン・ビルディングに向けた進展は，2 つの異なる状況の中で進行するでしょう。

以前は中央集権化され統一されていた，住宅供給に対するコントロールが，徐々に分散している中で，建築産業内の各主体は，次第に複雑化するプロジェクトとプロセスをコントロールするために，オープン・ビルディングを採用するようになっていくでしょう。建築プロセスが技術的な複雑さのために過度の負担を強いる場合や，急激な変化に直面してより良い長期的資産管

理への要求が増大する場合には，オープン・ビルディングへ向けた展開が最も明白になるでしょう。新しい対立と増加する危険に対処し，中央集権化した仕事とコントロール法から生じる問題を解決するために，上記のようなオープン・ビルディングの方法が必要になるでしょう。

　また，消費者選択への強い期待が，伝統的な建築の社会的不公平と，手続き上の制限，物理的な制限と対立する状況の中で，オープン・ビルディングは繁栄することになるかもしれません。同様に，人々が人生を営む住宅と仕事場で，個人の好みを実現しようとする試みは，絶え間ない変化に直面し，技術的な複雑さ・手続き上の障害・長期的価値への要求による制限を受けるでしょう。このような多種多様さ，公平さ，責任に対するボトム・アップの要求もまた，オープン・ビルディングを前進させることになるでしょう。

付録 A

国別のオープン・ビルディング・プロジェクト

Austria
1968 Saalwohnungen, Vienna Architect：Kratochwil
1972 Dwelling of Tomorrow, Hollabrunn Architect：Dirisamer, Kuzmich, Uhl, Voss and Weber

Belgium
1974 'La Mémé' Medical Student Housing, Catholic University of Louvain, Brussels Architect：Office of Lucien Kroll

China
1956 Housing Project, Tianjing Architect：Peng, Qu
1987 Support Housing, Wuxi Architect：Bao
1990 House #23 of the Huawei Residential Quarter, Beijing Architect：Beijing Building Engineering Design Co, Ltd.
1991 Huawei No. 23, Beijing Architect：Zhou, Zhang and Zhou
1992 Experimental House No. 13, Block 15, Kangjian Residential Quarter, Shanghai Architect：Liu, Wan, Ye of the Shanghai Light Industry Design Institute
1994 Pipe-Stairwell Adaptable Housing, Cuiwei Residential Quarter, Beijing Architect：Ma and Zhang, M & A Architects and Consultants International Co.
1994 Flexible Open Housing with Elastic Core Zones, Friendship Road, Tianjin Architect：Huang Jieran + Tianjin Housing Estate Development Holding Corporation
1995 Partial Flexible Housing in Taiyuan, Shanxi Province Architect：Ma and Zhang, M & A Architects and Consultants International Co.
1995 Beiyuan Residential Quarter in Zhengzhou, Henan Province Architect：Ma and Zhang, M & A Architects and Consultants International Co.
1998 Partial Flexible Housing in Beiyuan Residential Quarter, Zhengzhou, Henan Province Architect：Ma and Zhang, M & A Architects and Consultants International Co.
1998 Housing Tower, Pingdingshan, Henan Architect：Ma, Zhu, Sun of Section #7, China Building Standardization Research Institute

付録A

England
1975	PSSHAK : Stamford Hill, London	Architect : London GLC (Hamdi, Wilkinson)
1979	PSSHAK : Adelaide Road, London	Architect : London GLC (Hamdi, Wilkinson)

Finland
- **1995** VVO/Laivalahdenkaari 18, Helsinki Architect : Oy Kahri Architects
- **1997** Sato-Asumisoikeus Oy/Laivalahdenkaari 9, Helsinki Architect : Eriksson Arkketehdit Oy (Petri Viita)
- **1999** Tervasviita Apartment Block, Seinäjoki Architect : LSV Oy/Juha Luoma

France
- **1975** Les Marelles, Paris Architect : Maurios
- **1990** Residence des Chevreuils/Paris Architect : Architect Office ANC + Van der Werf

Germany
- **1903** Skalitzerstrasse 99, Berlin Architect : n. a.
- **1927** Häuser am Weissenhof, Stuttgart Architect : Mies Van der Rohe
- **1970** Haus am Opernplatz, Berlin Architect : Gutbrod
- **1972** Elementa '72, Bonn Architect : Offenbach, PAS Architects and Town Planners
- **1973** Project 'Steilshoop,' Hamburg Architect : Spille, Bortels
- **1973** MF-Hause 'Urbanes Wohnen,' Hamburg Architect : Spille UA
- **1979** Feilnerpassage Haus 9, Berlin-Kreuzberg Architect : Randt, Heisz, Liepe, Steigelmann

Japan
- **1980** KEP Maenocho Project, Itabashi-ku, Tokyo Architect : KEP Project Team, Housing and Urban Development corporation
- **1982** KEP Estate Tsurumaki, Tama New Town, Tokyo Architect : KEP Project Team, Housing and Urban Development corporation
- **1982** KEP Town Estate Tsurumaki, Tama New Town, Tokyo Architect : KEP Project Team, Housing and Urban Development corporation
- **1982** Senboku Momoyamadai Project Sakai-shi, Osaka Architect : Osaka Prefectural Housing Corporation + Tatsumi Laboratory and Seikatsu-kukan Keikaku Jimusho
- **1983** Estate Tsurumaki andTown Estate Tsurumaki, Tama New Town, Tokyo Architect : Housing and Urban Development corporation, Kan Sogo Design Office, Soken Architects, Alsed Architects
- **1983** C-I Heights, Machida, Machida-shi, Tokyo Architect : Takenaka Corporation
- **1984** Pastral Haim Eifuku, Suginami-ku, Tokyo Architect : Shimizu Corporation

1984	Cherry Heights Kengun, Kumamoto Architect：Kumamoto Prefecture Public Housing Corp + Ichiura Architects
1985	PIA Century 21, Kanagawa Architect：Shokusan Housing Corporation
1985	L-City, New Urayasu, Chiba Architect：Haseko Corporation Tsukuba Sakura Complex, Tsukuba Architect：Alsed Architects and Urban Designers
1986	'Free Plan Rental Project,' Hikarigaoka, Nerima-ku, Tokyo Architect：Housing and Urban Development corporation, Kan Sogo Architects
1986	CHS Project：Terada-machi Housing, Osaka Architect：Osaka City Public Housing Supply + Yasui Architects
1987	MMHK CHS Projects：Chiba Architects：Ohno Atelier, Kinoshita + Hosuda + Minowa Real Estate + Marumasu Ltd.
1987	Yao Minami Housing Osaka Architect：Osaka City Public Housing Corp. + Itagaki Architects
1987	Yodogawa Riverside Project #5 Osaka Architect：Osaka City Public Housing Corp. + Tohata Arch.
1988	Villa Nova Kengun, Kumamoto Architect：Kumamoto Public Housing + Ichiura Architects
1988	Rune Koiwa Garden House, Tokyo Architect：Haseko Corp.
1989	Senri Inokodani Housing Estate Two Step Housing Project, Osaka Architect：Osaka Prefecture Housing Agency + Tatsumi and Takada and Ichiura Architects
1989	Saison CHS Hamamatsu Model, Shizuoka Architect：Ichijo Construction
1989	Centurion 21, Toyama Architect：Taiyo Home
1993	Green Village Utsugidai coop project, Hachioji Architect：Housing and Urban Development corporation + Han Architects Office
1993-	House Japan Project, Tokyo Architect：Ministry of International Trade and Industry + Matsumura, Tanabe
1994	Next21, Osaka Architect：Osaka Gas + Next21 Project Team
1994	MIS Project/Shirakibaru Project, Fukuoka Architect：Daikuyo + Maeda Development Group
1994	Takenaka Matsuyama Dormitory Project, Osaka Architect：Takenaka Corporation
1995	Sashigamoi Interior Finishing Method, Tama New Town, Tokyo Architect：Fujimoto
1995-7	Action Program for Reduction of Housing Construction Costs, Hachioji-shi, Tokyo Architect：Housing and Urban Development corporation Design Section
1996	Block M1-2, Makuhari New Urban Housing District, Chiba Architect：Shimizu Design Department + RTKL
1996	Tsukuba Method Project #1 Two Step Housing Supply System, Tsukuba-shi, Ibaraki Architect：Building Research Institute, Ministry of Construction + Takenaka

Corporation
1996　Tsukuba Method Project #2, Two Step Housing Supply System. Tsukuba-shi, Ibaraki Architect : Building Research Institute Ministry of Construction + Ataka Corp. + Tokyu Koken Corp.
1997　Hyogo Century Housing Project, Hyogo Prefecture Architect : Hyogo Prefecture Housing Authority + Ichiura Consultants
1997　Elsa Tower Project, Daikyo Corporation, Tokyo Architect : Takenaka Corporation, Tokyo Design Department
1997　HOYA II Project, Tokyo Architect : Taisei Prefab Corporation Design Department
1998　Yoshida Next Generation Housing Project, Osaka Architect : Osaka Prefecture Housing Corporation and Construction Committee of the Next Generation Housing for Municipal Housing Corporation (Tatsumi, Takada, Yoshimura, Chikazumi)
1998　Matsubara Apartment/Tsukuba Method Project #3, Tokyo, Japan Architect : Building Research Institute, Ministry of Construction + Takaichi Architects + Sato Kogyo Corp.

Netherlands
1935　Complex 'De Eendracht,' Rotterdam Architect : Van der Broek
1969　Housing Complex, Horn Architect : Van Wijk and Gelderblom
1970　Six Experimental Houses, Deventer Architect : Van Tijen, Boom, Posno, Van Randen
1973　Rental Housing, Genderbeemd Architect : Van Tijen, Boom, Posno, Van Randen
1973　MF-Haus, Rotterdam Architect : Maaskant, Dommelen, Kroos
1974　Vlaardingen Holy-Noord Architect : Werkgroep KOKON
1974　Social Housing in Assen-Pittelo Architect : Van Tijen, Boom, Posno, Van Randen
1975　Social Housing, Stroinkslanden (Zuid Enschede)Architect : Van Tijen, Boom, Posno, Van Randen
1975　Social Housing, Zwijndrecht (Walburg II)Architect : Van Tijen, Boom, Posno, Van Randen
1975　Housing in Kraaijenstein Architect : Van Tijen, Boom, Posno, Van Randen
1975　Zutphen - Zwanevlot Architect : Van Tijen, Boom, Posno, Van Randen
1977　Sterrenburg III, Dordrecht Architects : De Jong, Van Olphen
1977　De Lobben, Houten Architect : Werkgroep KOKON
1977　Papendrecht, Molenvliet Architect : Van der Werf, Werkgroep KOKON
1979　Haeselderveld, Geleen Architect : Wauben
1980　Housing Project, Beverwaardseweg, Ijsselmonde Architect : Kapteijns + Interlevel
1980　Housing Project, Tristanweg, Ijsselmonde Architect : Kapteijns + Interlevel
1980　Tissue/Support Project, Leusden Center (Hamershof) Architect : Van der Werf

1982	Lunetten, Utrecht Architect : Van der Werf, Werkgroep KOKON
1982	Baanstraat, Schiedam Architect : Kuipers, Treffers and Polgar, ARO Consultants
1982	Dronten Zuid Architect : INBO, Woudenberg
1982	Niewegein Architect : Bureau Wissink and Krabbedam
1984	Keyenburg, Rotterdam Architect : Van der Werf, Werkgroep KOKON
1987	Tissue Project, Claeverenblad/Wildenburg Architect : Van der Werf
1988	Berkenkamp, Enschede Architect : Van der Werf, Werkgroep KOKON
1989	Housing Project, Zestienhovensekade, Rotterdam Architect : Kapteijns + Interlevel
1990	Support/Infill Project, Kempense Baan, Eindhoven Architect : De Jong, Van Olphen
1990-	Patrimoniums Woningen Renovation Project, Voorburg Architect : Reijenga, Postma, Haag, Smit and Scholman Architects + Matura Inbouw
1990	232 experimental houses, Zwolle Architect : Benraad
1991	Flexible Infill Project, Eindhoven Architect : De Jong and Van Olphen + Matura Inbouw
1991	Meerfase-Woningen, Almeer Architect : Teun Koolhaas Associates
1991	Schuifdeur-Woning, Amsterdam Architect : Duinker, Van der Torre
1992	Patrimoniums Woningen New Dwellings, Voorburg Architect : Reijenga, Postma, Haag, Smit and Scholman Architects + Matura Inbouw
1994	42 student apartments, former office building, Rotterdam Architect : Benraad
1994	Housing Project, De Raden, Den Haag Architect : Kapteijns and Bleeker + Interlevel
1995	53 'Houses that Grow,' Meppel Architect : Benraad
1995	Elderly Care Housing, Eijkenburg, The Hague Architect : Vroegindewei and ERA Bouw + ERA Infill
1995	Housing Project, De Bennekel, Eindhoven Architect : Kapteijns and Bleeker + Interlevel
1996	Gespleten Hendrik Noord, Amsterdam Architect : De Jager, Lette Architecten
1997	28 Open Building houses, Nieuwerkerk aan de Ijssel Architect : Benraad + Prowon/Interlevel
1997	Puntgale Adaptive Reuse Project, Rotterdam Architect : De Jong, Bokstijn
1997	6 Support/Infill Houses, Ureterp Architect : Buro voor Architectuur and Ruimtelijke Ordening Martini + Matura Infill
1998	The Pelgromhof, Zevenaar, Gelderland Architect : Van der Werf
1998	Support/Infill Project of 8 Houses, Sleeuwijk Architect : De Jong, Bokstijn + Matura Infill
1999	45 Three-room-houses in former office, Delft Architect : Benraad
1999	VZOS Housing Project, the Hague Architect : HTV Advisors BV + Huis in Eigen Hand Infill System

Sweden

1950	Wohnblock, Göteborg Architect : William-Olsson
1954	Flexibla Lägenheter, Göteborg Architect : Tage and William-Olsson
1955	Mäander-Seidlung, Orebro-Baronbackarna Architects : Ekholm, White, et al.
1959	Kallebäckshuset, Göteborg Architect : Friberger
1960	Apartment Block in Göteborg Architect : William-Olsson
1966	Diset Project, Uppsala Architect : Axel, Grape and Konvaljen
1967	Housing Project, Kalmar Architect : Magnusson, Marmorn-Porfyren
1967	Orminge, Stockholm Architect : Curman, Gillberg
1971	Housing Project, Kalmar Architect : Magnusson, Marmorn-Porfyren
1976	Öxnehaga, Husqvarna Architect : n. a.

Switzerland

1966	Überbauung Neuwil, Wohlen Architect : Metron Architect Group
1974	Überbauung Döbeligut, Oftringen Architect : Metron Architect Group
1986	Schauberg Huenenberg, Hünenberg Architect : Büro Z-Architects
1990	Hellmutstrasse, Zürich Architect : Architecture Design Planning
1990	Herti V, Zug Architect : Kuhn, Fischer, Hungerbühlere Architekten AG
1991	Hellmutstrasse, Zurich Architect : Büro ADP Architects
1991	Davidsboden, Basel Architect : Erny, Gramelsbacher and Schneider
1993	Luzernerring, Basel Architect : Malder und Partners, Architects
1994	Überbauung 'Im Sydefädeli,' Zürich Architect : Architecture Design Planning
1994	Wohnüberbauung Wehntalerstrasse-in-Böden, Zürich Architect : Architecture Design Planning
1995	Muracker, Lensburg Architect : Pfiffner, Kuhn

United States

1994	Banner Building, Seattle Architect : Weinstein Copeland Architects

付録 B

SAR のティッシュ・メソッド

　アーバン・ティッシュとは，公共スペース・建物・活動の配列に関する認識可能なパターンを組み合わせた，人々が納得し，一般に理解される近隣特性スケールのことです。ティッシュは，都市構造の中に存在する空隙を満たすために，無数に独立した建築による介在が道路や公共スペースと統合するスケールで，また，都市構造より小さく，一つの建物より大きいスケールで，相互関係を定義します。ティッシュの中では，バリエーションが，整理されたテーマと原則の存在を強調する役目をします。

SAR 73：多数のグループ間の合意の記録

　デザインに多数のグループが関与する場合，アイディア・提案・決定を記録するための方法論は重要です。SAR 65は，サポートと分離ユニット（インフィル）を独立して生産するための方法を提示しました。続いて，SAR 73(1974)は，都市レベルまでその原則を（住民は，複雑な計画プロセス中の明確に定義された役割を果たすべきだ，という確信と共に）拡張しました。歴史上の都市地域の自己生成の原則の観察に基づいて，SAR 73は新しい地域開発と再開発の双方に用いることができる一連のツールを提示しました（17 Living Tissues, 1975）。

　SAR 73は，形態と機能に関する合意文書に，グラフィクスを利用することを提案しています。この方法では，形態は，テーマに沿った建物・スペースと，テーマに沿わない建物・スペースとに分類されます。ある場所の主たる性格の認識は，テーマに沿った形と空間によって決定されます。一方，テーマに沿わない要素は，一般的ではないけれどもある規則的な方法でアーバン・ティッシュに現れます。そのような合意すべてを合わせて，近隣における形・空間・機能の配置と大きさに関する合意を伝える方法である，ティッシュ・モデルを構築します。

　建物とオープン・スペースの水平・垂直方向の配置と寸法計画は，テーマに沿って構築する地区と建築を行わない地区の形態を内容に含む「ゾーニング」計画の中に文書化されます。機能や活動は，形態論や物理的テーマ，空間テーマという枠組みの中で示すことができます。近隣に関する決定には，社会問題・経済・人々の好みなど多くの非物質的な要因が明らかに関係しています。従って，そのような重要な項目への考慮結果も組織的協定に反映されていなければなりません。

　ティッシュ・メソッドは，構築された環境に関する法的な合意記録の作成を，より明確

でより情報を集約したビジュアルな描写に変えます(Tufte, 1990)。Beverwaard(1977)などの実際のプロジェクトに，グラフィクス入りの協定による法律書類の作成が行われました。数十年後には，ニュー・アーバニスト達による多くのプロジェクトが，合意記録のために同様なグラフィックス・アプローチを利用することになるでしょう。

ティッシュ・メソッドは，要素(テーマに沿うスペースと，沿わない空間・形・活動)，ティッシュ・モデル(形・空間・活動に関するグラフィック形式の文書)，計画(場所の特性に適合するために変形が加えられた，その敷地のためのだけのティッシュ・モデル)によって都市デザインの中の建築群を決定します。

ティッシュは，住宅の型，空間配列の型(線形・中庭・中央集中など)，機能(住戸・商業・会合など)といった基本的要素を配置し，寸法計画をモデル化します。その後，モデルは実際の敷地に合うように調整されます。クリストファー・アレグザンダーによって別途主張された技術である，意思決定における合理性の最大化が続いて行われます。一般的なものから特別なものに至るまでの各段階では，様々な案が議論され，次の段階を議論する前に，確固とした合意が確立され記録されます。

	M M 形態	**F** F 機能
テーマに沿う建物	1	a 5 b
テーマに沿うオープンスペース	2	6
テーマに沿わない建物	3	7
テーマに沿わないオープンスペース	4	8

a：機能配置情報を記した文書
b：機能の範囲情報を記した文書

図 B.1 アーバン・ティッシュを規定する文書の類型(図面提供：Stephen Kendall)

付録

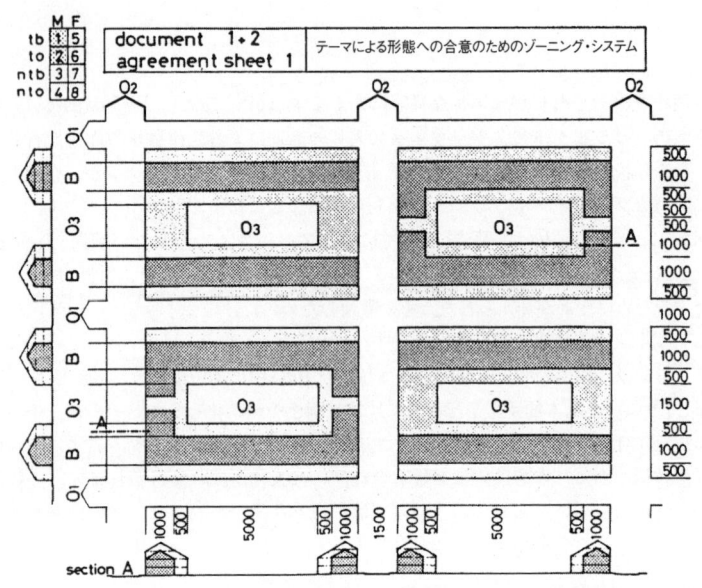

図 B.2 ティッシュ・モデルをつくるために結合された1と2（出典：SAR73）

―― SARのティッシュ・メソッドに関する参考文献 ――

・Habraken, N. J. (1964) The Tissue of the Town : Some Suggestions for further Scrutiny. *Forum*. XVII no. 1. pp. 22-37.
・Habraken, N. J. et al. (1981) *The Grunsfeld Variations : A Report on the Thematic Development of an Urban Tissue*. MIT Department of Architecture, Cambridge, Mass.
・Habraken, N. J. (1994) Cultivating the Field : About an Attitude when Making Architecture. *Places*. 9 no. 1. pp. 8-21.
・Kendall, S. (1984) Teaching with Tissues, *Open House International*. 9 no. 4. pp. 15-22.
・Reijenga, H. (1981) Town Planning Without Frills. *Open House*. 6 no. 4. pp. 10-20.
・Reijenga, H. (1977) Beverwaard. *Open House*. 2 no. 4. pp. 2-9.
・Stichting Architecten Research. (1975) *Living Tissues : An Investigation into the Tissue Characteristics of Twelve Residential Areas with the Aid of SAR 73*. SAR, Netherlands. Reprinted in Open House International.
・Stichting Architecten Research. (1977) *Deciding on Density : An Investigation into High Density Allotment with a View to the Waldeck Area, The Hague*. Eindhoven, Netherlands.
・Stichting Architecten Research. (n. d.) *Modellen en Plannen : de weefselmethode SAR 73 als hulpmiddel bij het stedebouwkundig ontwerpen*. Eindhoven, Netherlands.
・Stichting Architecten Research. (1980) Neighborhood Improvement : A Methodological Approach. *Open House*. 5 no. 2. pp. 2-17.
・Technische Hogeschool Delft. (1979) *Integratie van Deelplannen van Het Global Bestemmingsplan : Syllabus, van de M. M. V. de Stichting Architecten Research tot stand gekomen leergang*. September, Delft, Netherlands.

付録C

International Council for Research and Innovation in Building and Construction
（建築の研究・革新のための国際会議）（CIB）

　CIBは，建築の研究と革新に関する国際的な交流と協力を行うための世界的ネットワークを提供する国際組織です。CIBは，建築プロセスと，建築によって構築された環境の状態を改良するための支援を行います。CIBの活動は，ライフ・サイクルのすべての段階を対象にしており，構築された環境の技術・経済・環境状態・組織などの範囲に渡っています。CIBは，基礎的・応用的な研究・論文・結論の発表と，研究結果の実行と実務への適用という一連のプロセスの全段階を対象にしています。

　タスク・グループ26（TG26）Open Building Implementation「（オープン・ビルディングの実践）」は1996年11月に設立されました。私達のメンバーは，世界中の公的機関・民間組織に所属する建物の所有者，建築家，インテリア・デザイナー，エンジニア，建設会社，メーカー，建築経済学者，研究者達です。TG26は，21世紀に相応しいアダプタブルな（適応可能な）建築の発展に向けて研究し，主張しています。TG26の使命は，オープン・ビルディングの実践を文書化し，激励し，支援すること，そして，オープン・ビルディングの改良を目指した研究結果を広報することです。この使命を実現するためには，オープン・ビルディングに関係する数多くの分野のすべての専門家が参加する必要があります。タスク・グループは，コーディネータと連絡を取ったり，私達のウェブサイトwww.decco.nl/obi.を見ていただくことに興味を持っていただける方々がいらっしゃることを心から願っています。（訳注：海外のTG26（現：WG104）コーディネータと連絡を取ることが難しい日本の皆様に，TG26（現：WG104）の一員である訳者；email：shin@sugiyama-u.ac.jp；へご連絡いただいても構いません。）

── TASK GROUP (TG) 26 OPEN BUILDING IMPLEMENTATION ──

Coordinators

Dekker, Karel
TNO Building and Construction Research
Delft, Netherlands

Kendall, Stephen
Silver Spring, Maryland, USA

Members

Bao Jia-sheng
Southeast Univesity
Center for Open Building Research
and Development
Nanjing, China

Birtles, A. B.
The Steel Construction Institute
Ascot, UK

Boekholt, Jan Thijs
Eindhoven University of Technology
Eindhoven, Netherlands

Cuperus, Ype
Delft University of Technology
OBOM Research Group
Delft, Netherlands

Damen, A. A. J.
QD International BV
Rotterdam, Netherlands

深尾精一
東京都立大学(当時, 現首都大学東京)
財団法人 日本建築センター
東京都, 日本

Geraedts, Rob
Delft University of Technology
Delft, Netherlands

Hankonen, Johanna
ARA-Housing Fund of Finland
Helsinki, Finland

Hermans, Marleen
KPMG Consulting
De Meern, Netherlands

岩下繁昭
株式会社アティアス
東京都, 日本

Kahri, Esko
RTS - Building Information Institute
Helsinki, Finland

鎌田一夫
住宅都市整備公団技術研究所
八王子, 日本

Karni, Eyal
Technion-Israel Institute of
Technology
Haifa, Israel

Kiiras, J.
Helsinki University of Technology
Espoo, Finland

小畑晴治
住宅都市整備公団 設計部
東京都，日本

小林秀樹
建設省建築研究所
筑波，日本

Lahdenperä, Pertti
VTT Technology Research Center
of Finland
Tampere, Finland

Langelaan, J. W. R.
Langelaan Architects
Mississauga, Canada

Larsson, Nils
CANMET Natural Resources
Canada
Ottawa, Canada

Lee, T. K.
Architecture and Building Research Institute
Ministry of Interior
Taipei, Taiwan

Lin, Li chu
National Kaohsiung University of Science
and Technology
Kaohsiung, Taiwan

Moseley, Richard

OBuild Consulting
London, UK

村上心
椙山女学園大学
名古屋，日本

Norton, Brian
University of Ulster at Jordanstown
Northern Ireland, UK

岡本伸
財団法人 日本建築センター
CRICT-JARC
東京都，日本

Olsen, Ib Steen
Ministry of Housing and Building
Copenhagen, Denmark

Pekkanen, Jukka
TEKES-Technology Development Center
Helsinki, Finland

Salagnac, Jean-Luc
Centre Scientique et Technique du B?timent
(CSTB)
Paris, France

澤田誠二
明治大学
東京都，日本

Scheublin, Frits
HBG - Hollandsche Beton Group BV
Rijswijk, Netherlands

Slaughter, Sarah
Massachusetts Institute of Technology
Cambridge, Massachusetts, US

田中良寿
日本建設業経営協会
東京都,日本

Teicher, Jonathan
American Institute of Architects
Washington, D. C., US

Tiuri, Ulpu
Helsinki University of Technology
Helsinki, Finland

Wang, Ming-Hung
National Cheng-Kung University
Tainan, Taiwan

Westra, Jan
Eindhoven University of Technology
Eindhoven, Netherlands

野城智也
東京大学
東京都,日本

Guest members

Habraken, John
Emeritus Professor, MIT
Apeldoorn, Netherlands

巽和夫
名誉教授,京都大学
京都府,日本

内田祥哉
名誉教授,東京大学
東京都,日本

van Randen, Age
Emeritus Professor, Technical University of Delft
Rotterdam, Netherlands

用語解説

BCJ 財団法人 日本建築センターの略称。

BL 財団法人 ベターリビングの略称。

BRI 建設省建築研究所の略称。

base building（建物本体） すべての賃借居住者に直接的に貢献・影響する賃貸用建物の一部分。伝統的な北米の建築方法では，base buildingは，インフィル・フェーズは建物の残りの部分に対する選択と責任をテナントに任せることを前提に，オフィス・ビル・デベロッパーによって建設されます。通常の base building は，建物の基本的構造となる，建物の外皮（屋根とファサード）の全体または一部，共用通路と非常出口（ロビー，廊下，エレベータ，共用階段），主要な機械システムと供給システム（電気，暖房・空調，電話，給水，排水，ガス）などの個人が占有するスペース以外の要素を含んでいます。base building は，占有のためのサービスが供給されたスペースを提供します。サポートは住宅用の base building です。

building knot（建築の結び目） 伝統的な建築プロセスに本来備わっている物理的なもつれ，意思決定上のもつれ，手続き的なもつれを表現するために OBOM によって造られた用語。

Buyrent（バイ・レント） インフィルの所有権に法律上・ファイナンス上・管理上のツールを提供する，オランダの新しいファイナンス方式に基づく所有権の呼称。自分の住戸のインフィルを購入する際に，居住者は住宅所有者と同様の特典と税法上の利点を享受できます。

CHS Century Housing System（センチュリー・ハウジング・システム）を参照。

CIB the International Council for Research and Innovation in Building and Construction の略。ロッテルダムに本部を置き，建築プロセスと建築によって構築された環境状態の改善を支援する国際交流・協力のための世界的ネットワークを供給する国際会議。

capacity（受容能力） サポート／インフィル建築において，base building の制約内での間取りと機能のバリエーションの範囲を表します。言い換えると，capacity とはより高いレベルがより低いレベルへ提供するオープン・ビルディング上の自由度のことです。

Century Housing System（センチュリー・ハウジング・システム） 内田教授によって日本で開発された，建築の工事とデザインに関するオープン・ビルディング・アプローチ。CHS は，モデュラー・コーディネーションと個々の部品グループごとの耐用年数の概念に基づいた建築部品システムの分類と整理を行っています。耐用

— 296 —

年数が小さい部品群は，より長い耐用年数を備えた部品群の後に取り付けられます。

comprehensive infill system（包括的なインフィル・システム） インフィル・システム参照。

DIY Do-It-Yourself の略称。

decision bundle（決定の束） 建物の設計，工事，維持管理が一つのグループのコントロール下で行われる場合の，決定の全体に対する表現。

disentangling（もつれを解くこと） 一つのシステムの変更が他のシステムを妨害しない（または妨害を最小にする）ために，技術的システムと，システムをコントロールするグループとを整理するプロセス。

durable years（耐用年数） ライフ・サイクルを考慮した建築設計，工事，維持管理に対するアプローチ概念。各サブ・システムは，予想される最適の寿命の長さを割り当てられ，それに従った順番で取り付けられます。比較的長い寿命が予想される部品群は先に取り付けられ，より短い耐用性しかないと予想される部品群は後に取り付けられます。

decision cluster（決定クラスタ） ある一つの環境レベルや実体に対する適切な一連の設計，開発，工事などの決定や責任。サポートはインフィルと同様に決定クラスタです。

detachable unit（分離可能なユニット） インフィルを説明するために第一に使用される用語。個人の住戸の要素を個々の居住者が決定しコントロールする集合住宅の一部分。この用語は，SAR 65（サポート・デザインに関する報告書）で最初に用いられました。

environmental levels（環境上のレベル） levels を参照。

fit-out（tenant work）（フィット・アウト（居住者の仕事）） 建築インフィルを取り付けるプロセスや活動。または，base building の中で居住に適した空間をつくり上げるために使用される物理的な部品。そのようなプロセスや部品を修飾的に表現したり，直接指すこともあります。infill を参照。

fixed plan（fixed layout）（固定された間取り） 居住者の好みに応じた後々の変更を可能にするための準備を特に行ってはいない住戸内計画。

HUDc 住宅都市整備公団（現 独立行政法人 都市再生機構）。

infill（fit-out, tenant work, detachable unit）（インフィル） より高いレベルの配列やサポートの状況を踏まえて，個々の居住者の占有（例えば，住戸，オフィス空間などの借用）のために決定された物理的な一群の部品配置。

infill system（インフィル・システム） 標準化されたインターフェースと体系的な物

流が用意された(その結果，広範囲の内部空間条件と要求に適するように整理されます。)物理的な部品の特定の選択。インフィル・システムは理想的な形でサポートへ取り付けることができます。包括的なインフィル・システムは，サポートへの取り付け作業を完成するために必要なデザイン・積算・物流をコントロールするソフトウェアを用い，サブ・システムと仕上げを含んでいます。

Intervention(介入)　建築家などの設計と施工の専門家の仕事。これらの専門家は，環境の創造者としてではなく，環境プロセスに関係する多くのグループの要求と好みの実現を支援する専門的な実現者や進行係として考えられています。

levels(レベル)　より大きな従属階層内に生じる物理的な部品と決定クラスタによる相互関係のある構成。オープン・ビルディングの用語では，サポートはより高いレベルを，一方でインフィルはより低く従属するレベルを意味します。インフィルは，より高いレベルであるサポートに工事を強いることなく変更できますが，サポート・レベルを変更する場合には，インフィルは必ず影響を受けることになります。環境レベルは，都市(ティッシュ)レベル，サポート(建物本体または建物)レベル，インフィル(fit-out)レベル・家具レベルで構成されます。

MITI　通商産業省(日本)の略称。

MOC　建設省(日本)の略称。

margin(マージン)　出窓・玄関・通路によって，オープン・スペースへ建物のボリュームやファサードが拡張される場合などの，2つの空間の計画ゾーンが重なるエリア。マージンの大きさと特徴は，より高いレベル(より低いレベルでは大・小いずれのバリエーションも可能です。)によって，決定されます。

OB　Open Building(オープン・ビルディング)の略称。

OBOM　オランダ・デルフト工科大学内のthe Open Building Simulation Model research and documentation group。この名称は，高度な技術的解決に関する研究へ，産業界からの参加者を取り込む手段として，シミュレーション・プロセスを組織設立初期に行っていたことに由来しています。「オープン・ビルディング」という言葉はOBOMが起源です。

open architecture(オープン・アーキテクチュア)　変更に対するcapacity(受容能力)を創り出す建築設計・施工を実行する行為の総称。

open, openness(オープン)　選択・コントロール・責任を分配し，変化のプロセスにおける対立を削減しながら，変更への受容能力を最大化するためにレベルごとに整理された建物(通常は不特定多数への賃貸用建物)の特徴。

Open Building(OB)(オープン・ビルディング)　レベルの概念に基づいて，建物自体と技術上・意思決定上のプロセスを整理す

るための国際的な動向。西洋では，オープン・ビルディングがサポート運動の部分的な後継者でした。また，オープン・ビルディングは，秩序の原則を支援するプロジェクト，信念，方法，製品について述べるための言葉でもあります。

ordering principles（秩序の法則）　3次元配置ルール。オープン・ビルディングでは，この原則がサブ・システム間の干渉を最小限にし，サブ・システム間のインターフェースを定義する役目をします。結果として，責任の分離と混乱の回避が実現します。

PSSHAK　Primary Support System and Housing Assembly Kit（基本的なサポート・システムと住宅組立キット）の略。

parcellation（分配）　サポート内での利用可能な床面の分配や分割。

plug-and-play（プラグ・アンド・プレイ）　消費者電気製品のように，専門家の手を借りずに安全に取り付けることが可能で，取り付け後直ちに使用可能な製品を指す電子工学用語。このような製品は，取り付け後に簡単にプラグを抜いたり，動かしたり，設置位置を変更したりすることができます。オープン・ビルディングでは，プラグ・アンド・プレイは，サポート内で自由に位置を決めることができる消費者指向のインフィル製品を意味します。

plumbing tether（配管領域）　垂直方向の排出・廃棄スタックから離れた配管備品の配置を効果的に制限する排水性能の要求条件。

quality certified installer（QCI）（公認設置士）　オープン・ビルディングの実施を可能にする目的で，オランダにおいてすべての公共サービス業界に認められた公式の資格名称。QCI認定によって，設置士が多数の職種の仕事を完了するためにたった一つの証明書を提出するだけで済むようになります。QCIとして認定されるためには，会社及び対象となる職人が，認証された仕事範囲内の任意のインフィル「製品」を取り付ける資格を実証しなければなりません。

residential Open Building（居住用オープン・ビルディング）　建物のデザイン，ファイナンス，工事，インフィル，長期的維持管理のための多くの学問領域に跨るアプローチ。サポートとインフィルの分離の原則に基づいています。

resource systems（供給システム）　供給用システム，機械/電気/排管システム，ユーティリィティ。

reverberation　ある建物のシステム・部位・レベルに対する工事や混乱が他のシステム・部位・レベルに及ぼす波及効果や影響。

SAR（Stichting Architecten Research（建築家研究財団））　SARは，「住宅産業を活気付ける」ために1965年にオランダで設立されました。SARは，建築の専門家と住宅産業の関係についての問題を研究し，建築家のための住宅デザインの新しい方

用語解説

向性を提示するために活動しました。

S/I Support/Infill(サポート/インフィル)を参照。

shell(殻) 建物外周の外皮を表すために一般的に使用される用語。場合によっては，建物の構造的骨組みを含むこともあります。

social overhead capital(社会共通資本) 日本の二段階住宅供給方式に関連したオープン・ビルディング手法で使用する用語。特に，公共の共有資産としてデザインされた，高品質で長い耐久性を特徴とするサポートを指します。

spaghetti effect(スパゲッティ効果) 品質管理上の調整の不調と欠如が頻繁に生じることになる予測不能の依存が，関係グループ間で生じている，もつれた建物の状態について述べるためにファン・ランデンによって使用された用語。

Support(Support structure)(サポート(サポート構造)) ジョン・ハブラーケンの著書 Supports : An Alternative to Mass Housing で最初に用いられた用語。賃貸用建物の共通部分を構成する住宅の建物本体を意味します。

Support/Infill(サポート/インフィル) base building と fit-out の分離というオープン・ビルディング概念に従って建築される住宅生産方式。

Skeleton/Infill(スケルトン/インフィル) インフィルとスケルトン(外皮及びほとんどすべてのユーティリィティ・システムを含む)を区分した，サブ・システム・アプローチに従った建築システムと決定の分離を表現するために日本で使用される用語。

Supports(サポート) ハブラーケンとSARによるサポート運動，サポート住宅，サポートの原則などの初期の仕事から生まれた，様々な活動に関するアイディア，原則，方法，技術の全体，あるいは大部分について表現する言葉。

supply systems(供給システム) resource system または utilities を参照。

tartan band grid(タータン・バンド・グリッド) SAR によって最初に提案された10/20cmの2方向の帯状グリッド。建築インテリアのモデュラー・コーディネーションの基準として，後にヨーロッパ中で採用されました。このグリッドのバリエーションは，他の多くの国々で用いられました。

theme(テーマ) 音楽やデザインなどの分野に共通する用語。「テーマとバリエーション」といったように，繰り返され容易に認識される秩序ある変化のパターンを表現しています。

thematic design (テーマに沿ったデザイン) 整理され秩序ある原則に従った，任意の環境レベルで変化しながら繰り返される要素のデザイン。

Tsukuba Method（つくば方式） 二段階住宅供給方式を採用し，フリー・ホールド（土地の根的所有）に似た資産所有権と居住者のコントロールにより新しいシステムを確立した日本におけるオープン・ビルディング・アプローチ。

Two Step Housing Supply System（二段階住宅供給方式） 京都大学の高田による長期の研究と，巽による提案を基にした日本のオープン・ビルディング・アプローチ。住宅プロセスにおける公共と個人間での主導権のバランスの重要性を強調し，コミュニティーと個々の家族の責任範囲を明白に区分する，住宅の設計・施工・長期的維持管理の方法を提示しています。

unbunbling（分配） 物理的システムの利用と配置に関する決定のための適切なレベルとグループを区別し，分離し，分配すること。

urban tissue（アーバン・ティッシュ） 都市デザインに関連する環境レベル。ティッシュは，首尾一貫した近隣形態論（オープン・スペース，建物群）と機能（人間の活動）で構成されます。近隣は，秩序のための原則の範囲内で，建物，空間機能（テーマ）の配列に関する認識可能なパターンを提示します。

utilities（ユーティリィティ） resourse systemを参照。機械設備/電気/配管/供給システム。

variants（変形） 類型やテーマに関する，特定のテーマに沿ったバリエーション。

サポート内で与えられた住戸スペースの間取りを変更することを特に指します。

vertical real estate（垂直不動産）「敷地」の評価。あるいは，サポート内にインフィルを設置することができる空間の割り当て。

zero-slope drain line（無傾斜排水管） 水平面上に取り付けられる混合排水配管。排水のための傾斜は必要としませんが，備品から排水用接続部までの長さ，管直径，ひじ管に取り付く部品数に関する注意深い計算が必要です。試験の結果として証明された性能に基づき，無傾斜排水管は，幾つかの国でインフィル製品の一部として設置することが承認されました。

日本語索引

◆ア行

アーバン・ティッシュ　Urban tissue　12,
　14, 39, 79, 84, 186, 255, 256
アメリカ合衆国　United States　61, 270–
　272, 276
安藤正雄　Audo, Masao　262

イギリス　United Kingdom　197, 265
意思決定　Decision-making　5, 6, 12, 29,
　30, 31, 36, 45, 47, 52, 79, 84, 138, 177, 179,
　181, 187, 234, 248, 277
インフィル・システム　infill systems　195,
　196, 214, 217, 221, 224, 221
インフィル・レベル　infill level　194

内田祥哉　Utida, Yositika　18, 24, 127, 261,
　263

大阪　Osaka　20, 24, 25, 47, 111, 127, 148,
　179, 261, 262, 263, 279
オーストリア　Austria　13, 15, 74
大林組　Ohbayashi　127
オープン・アーキテクチャ　Open architec-
　ture　7, 16, 41, 46, 246, 253, 256, 267, 268
オープン・ビルディング　Open Building
　41, 42, 43, 180, 181, 201, 256, 257, 260
オープン・ビルディング・プロジェクト年表
　Open Building project chronology　168
オープン・ビルディングに類似したプロ
　ジェクト　OB-like projects　13, 25, 32,
　67
オープンな建築プロセス　Open construc-
tion　152
岡本伸　Okamoto, Shin　260
オランダ　Netherlands　9, 11, 12, 13, 14,
　16, 17, 21, 46, 79, 81, 82, 84, 90.93, 101, 102,
　114, 137, 151, 178, 179, 184, 190, 192, 196,
　235, 237, 239, 253

◆カ行

「カチッと嵌める」部品　Click-together
　components,　34, 41, 220
カナダ　Canada　270
金子勇次郎　Kaneko, Yujiro　22
鎌田一夫　Kamata, Kazuo　260
環総合設計　Kan Sogo Architects　105156
管理　Management　4, 8, 30, 36, 37, 42, 56,
　59, 69, 76, 108, 114, 117, 152, 178, 213, 234,
　238, 239, 265, 273, 274, 275, 280

機械設備システム　Mechanical systems
　194
企業と団体　corporate and institutioual
　involvement　263
逆梁床システム　Inverted slab structural
　design　25, 150, 191
協会　Japan Cooperative Housing
　Association　20
供給システム　Supply systems　5, 35,
　176, 245, 263
京都大学　Kyoto University　24, 148, 178,
　261

日本語索引

業務用建物　Construction, commercial 244
業務用のオープン・ビルディング　Open building, commercial　17, 255, 256, 278, 280
共用スペース　Public space　33118196
許可プロセス　Permit process　244
居住者　Inhabitants　8, 9, 10, 11, 27, 32, 47, 32, 57, 58, 69, 71, 85, 94, 115, 124, 129141, 144
居住者参加　User participation　24, 76, 81, 85, 108, 134, 135
居住者による決定　Inhabitants as decisionmakers　5, 29, 48,
居住者の好み　Inhabitant preference　154

国別のオープン・ビルディング活動　Open Building activities by nation　253,
組立　Assembly　82

建築業者　Contractors　4, 5, 12, 16, 36, 60, 120122, 128, 138, 212, 214, 220, 223, 224, 264, 275
建設産業　Construction industry, see Building industry　建築産業　参照
建設省(MOC)　Ministry of Construction (MOC)　18, 19, 21, 22, 25, 26, 141, 179, 235, 259, 260, 261, 263, 264
建築環境研究所　Kentiku Kankyo Kenkyujo　148
建築産業　Building industry　244, 274, 276, 278, 279, 280
建築上の実践　Architectural practice　262
建築ストック　Building stock　5, 187
建築法規　Building codes　22, 23, 196, 207, 234, 244, 279
現場組立　Site-assembled building elements　197
交換可能性　Interchangeability　23, 52
公共住宅　Public housing　43, 111, 238
工事・現場　On-site activity　5, 28, 36, 42, 54, 55, 59, 60, 204, 212, 234
構造の骨組　Structural frameworks　189
小畑晴治　Kobata, Seiji　260
小林秀樹　Kobayashi, Hideki　26, 260, 264
コミュニティ　Community　41244248
コントロール　Control　8, 10, 31, 32, 44, 46, 47, 52, 54, 59, 76, 77, 192, 192, 214, 246, 248, 272, 275, 278, 279, 280

◆サ行

財団法人ベターリビング（ＢＬ）　Center for Better Living (BL)　19, 99, 261
細分化　Subdivision　33, 145
先送り　deferring of　55
差鴨居　Sashigamoi　217, 218
サステイナビリティ　Sustainability　4, 26, 30, 40, 41, 44, 54, 57, 58, 180, 256, 273, , 274, 276, 280
サブ・システム　Subsystems　5, 8, 18, 23, 30, 47, 48, 50, 51, 52, 54, 58, 59, 128, 151, 157, 176, 180, 184, 197, 204, 213, 221, 232, 233, 254
サポート　Supports　9, 11, 12, 219
サポート/インフィル　Support/infill　22, 105, 132, 152, 179, 208
サポート・レベル　Support level　187, 19, 273, 275
サポート技術　Support technologies　46, 48, 180

— 303 —

澤田誠二　Sawada, Seiji　22, 263, 264, 267
参加　Participation　5, 10, 20, 22, 29, 30, 71, 75, 105, 118, 176, 177, 254, 262, 263, 267, 268, 279,

自己表現　Self-expression, environmental　177180
資産管理　Asset management　235, 280
自然な関係　Natural relation　9, 18
実行者　implementers　262
清水建設　Shimizu Corporation　183, 190, 263
社会構造　Social structure　20, 179
社会資本　Social overhead capital　24, 111
ジャスト・イン・タイム　Just-in-time logistics　202、208, 220, 275
集工舎建築都市デザイン研究所　Shu-Koh-Sha Architecture and Urban Design Studio　127148262
集合住宅　Multi-family housing　7, 18, 20, 30, 40, 47, 52, 55, 57, 58, 59, 85, 114, 127, 128, 141, 142, 152, 176, 179, 254, 262, 263, 267, 268, 279
住宅　introduction of industrialized housing　18, 19
住宅用インフィル・システム　Residential infill systems　35, 49, 194, 197, 203, 212, 223
住宅用オープン・ビルディング　Residential Open Building　60, 231, 242, 257, 259
自由な組立てのためのデザイン　Design for free assembly　53
出版物　publications　264
寿命　Life span　5, 27.59
受容能力　Capacity　4, 38, 42, 55
障子　Shoji screens　18, 217
消費者　Consumer-orientation　136, 52, 57, 177, 178, 181, 194, 203234, , 242, 273
消費者市場　Consumer market　208, 210, 247, 273
消費者選択　Consumer choice　3, 177, 179, 180, 195203, 277, 280,
所有権　Ownership　18, 26, 28, 32, 55, 142, 177, 178, 180, 235, 238, 240, 259
スイス　Switzerland　13, 15, 68, 117, 197, 198, 297
隙間　Interstitial spaces　59175
スケルトン　Skeleton structures　48, 127, 128, 146, 149, 150, 176, 178, 190, 211, 219, 260, 263
スパゲッティ効果　Spaghetti effect　195
生活の安全　Life-safety　176
製造業　Manufacturing　244, 272, 277, 278
性能基準　Standards of performance　54, 247,
政府　governmental involvement　259
政府機関と財団　agencies and foundations　258
責任　Responsibility　5, 40, 41, 50, 106, 193, 213, 235, 240, 241
Z梁　Z-beam（Support）　48, 156-157
戦後の建設　Postwar construction　10, 18, 21, 17
千里猪子谷　Senri Inokodani　24, 111-113

倉庫　Warehouses　27, 34, 196, 270
相互依存　Interdependency　53, 243
ソフトウェア　Software　48, 202, 203, 271, 274, 275

◆タ行

10/20 cm タータン・チェック・グリッド　Tartan (10 /20 cm) band gril　13, 47, 72, 203, 211
大学　Universities　261
大工　Carpenters　18, 20, 213
第3セクター　Third Sector　21
タイポロジー　Typology　19, 243
対立　Conflict　8, 37, 44, 50, 56, 233, 246, 248, 279, 280
台湾　Taiwan　269
タウンエステート鶴牧　Town Estate Tsurumaki　97-100
高田光雄　Takada, Mitsuo　24, 111, 127, 148, 261
畳　Tatami　18, 21, 27, 182
巽和夫　Tatsumi, Kazuo　24, 111, 127, 148, 261
建物の構造部　Building structure　33, 47, 176
建物本体　Base building,　サポート参照
多摩ニュータウン　Tama New Town　97, 105, 106, 217

近角真一　Chikazumi, Shinichi　127, 263, 264
秩序の原則　Ordering principles　51
着脱可能　Demountable systems　11, 27, 71, 258
着脱可能な間仕切り壁　Demountable partitioning　68, 132, 135, 148, 206, 208, 223
中国　China　29, 108, 132-133, 192, 202, 267, 268
調整　Coordination　4, 25, 43, 55, 82, 132, 181, 188, 197, 212, 231, 238, 275

通商産業省(MITI)　Ministry of International Trade and Industry(MITI)　21, 260
つくば方式　Tsukuba Method　26, 55, 144-145, 179, 180, 183, 235, 236
鶴牧　Tsurumaki　97

ティッシュ　Tissue, see Urban tissue アーバン・ティッシュ参照
ティッシュ・メソッド　Tissue Method　48, 279, 287, 290
ティッシュ・レベル　Tissue level 186
テーマでない　Non-thematic form　79
天井　Ceilings　184

東京　Tokyo　20, 23, 25, 105, 143, 183, 215, 217, 261, 263
東京大学　University of Tokyo, The　18, 178, 261, 262
投資　Investment　5, 15, 20, 33, 40, 43, 54, 55, 56, 58, 82, 231, 232, 233, 234, 241, 242, 273, 275, 276, 277
都市化　Urbanization　18, 29
都市計画　Urban design　8, 42, 79, 84, 186, 262, 279
都市構造　Urban fabric　29, 51, 78, 83, 279,
都市住宅　Toshi-jutaku　12, 22
都市パターン　Urban patterns　6
都市レベル　Urban level　6, 42
トンネル・フォーム　Tunnel form construction　85, 189, 211

◆ナ行

中林由行　Nakabayashi, Yoshiyuki　261

長屋建住宅　Row houses　34, 81, 264

二重床　Raised floors　25, 49, 97, 111, 112, 122, 128, 141, 145, 146, 157, 182, 183, 207, 208, 211, 218, 222, 223
二段階供給方式　Two Step Housing Supply System　24-26, 111, 142, 145, 148, 178, 235, 237, 260, 261
日本　Japan　11-15, 18-26, 46, 49, 55, 176, 177, 180, 181, 182, 183, 184, 190, 196, 198, 202, 224, 235, 237, 259, 274, 275, 276, 278
日本住宅公団　Japan Housing Corporation　18, 20
日本住宅パネル工業協同組合　Panekyo　49, 148215263
ニュー・アーバニズム　New Urbanism　42
ネットワーク　Networks　6, 28, 29, 175, 183, 194, 274, 278

◆ハ行

バイ・レント　Buyrent　49, 179, 237-241, 258
配線　Raceways　49, 82, 101, 175, 202, 208, 211, 222
配線　Wiring　20, 25, 35, 49, 53, 82, 146, 149, 157, 195, 202, 208, 211, 212, 220, 222
バス・ユニット　Bath unit　90, 182, 183, 223
バスタブ　Bathtub　182, 214
パターン　Patterns　5, 31, 50, 84, 93, 183, 272, 274, 280
パターンの変化　Changing patterns　274

バナキュラー　Vernacular　27, 248
バリエーション　Variants, Variation　9, 24, 39, 79, 190, 192, 218
バリュー・エンジニアリング　Value engineering　232

品質管理　Quality control　5, 43.195, 202, 243, 277

付加価値　Value-added (components)　5, 183, 202, 273, 274, 275
物流　Logistics　36, 37, 59, 209, 275
不動産　Real estate　32, 233, 257, 274
部品キット　Kit-of-parts　52, 82, 90, 197
部品設計　Product design　42215
プレファブリケーション　Prefabrication　19, 30, 42
プロセス改良　Process reformation　179
分割　Parcellation　33, 85
分譲マンション　Condominiums　20, 91, 124, 156, 192, 215, 219, 227, 237, 239, 259

ベース・プロファイル　Base Profile　201
ベルギー　Belgium　14, 74, 267
変化　Changes in　246

法規　Regulation　8, 28, 56, 87, 193, 244, 247, 248
方法論　Methodology　13

◆マ行

マス・カスタマイゼーション　Mass customization　51
マス・ハウジング　Mass housing　10, 12,

20, 28, 29, 30, 40, 248, 267, 272
松下電工　Matsushita, Electric　148, 157
松村秀一　Matsumura, Shuich　261

無傾斜（排水）　Zero-slope (drainage)
　157, 196, 202, 205
村上心　Murakami, Shin　262

メタボリスト　Metabolists　11

木造　Timber　18, 21, 27, 270, 278
モデュラー・コーディネーション　Modular coordination　13, 25, 178, 212, 258

リース　Leasing　35, 36, 101, 118, 142, 188, 217, 237, 240
領域　Territory　178, 193
利用権　Right-of-use　26, 142, 235, 236, 237

老朽化　Obsolescence　30.40, 57, 196, 259

◆ワ行

ワン・ストップ・ショッピング　One-stop-shopping　173, 276

◆ヤ行

野城智也　Yashiro, Tomonari　261

有機的建築　Organic architecture　152
床から天井までのインフィル　Slab-to-slab fit-out　35
ユニット・サポート　Unit Support　109

浴室　Bathroom　7, 8, 9, 20, 24, 68, 81, 97, 101, 117, 124, 131, 132, 135, 138, 180, 181, 182, 183, 184, 208, 211, 221, 224, 233
吉田次世代住宅プロジェクト　Yoshida, Next Generation Housing Project　148-150、183

◆ラ行

ライフ・サイクル　Life cycle　43, 277

英語索引

4DEE　101-102.211

Adelaide Road（PSSHAK project）　14, 89, 90, 182, 210
Alexander, Christopher　14, 84, 256
Architecture Review　12
Armstrong　35

Banner Building　123, 270,
Bao, Jia - sheng　（?家声）　102, 258
Bax, Thijs　13, 25, 42, 55, 256
Beijing　131, 224, 269
Beisi, Jia　46, 269
Beverwaard　79, 80, 186
Bosma, Koos　62, 255
Bruynzeel　182, 210, 258

Carp, John　14, 17, 210, 255
Center for Open Building Research and Development（COBRD）　108
Century Housing System（CHS）　25, 26, 105, 111-112, 128, 178, 183, 194, 263
CIB　255, 256, 260, 261, 262, 263, 265, 266, 267, 270, 271, 291
Cuperus, Ype　193, 254

Davidsboden　117-119, 181
De jager, Lette Architects　137, 257
De Jong, Fokke　13, 15, 81, 255
Dekker, karel　16, 256, 267
Delta-Plast　49

Interlevel　49, 206, 207

Kahri, Esko　134, 265
Kapteijnsn, Joop　254
KD Consultants　14
Keyenburg　101, 102, 182, 190, 193, 197
Kodan Experimental Project（KEP）　23-24, 97, 260
Kroll, Lucien　14, 71, 267
KSI　24, 49, 266
KSI Infill　220-221

Lahdenpera, Pertti　265
Laivalahdenkaari　134
Leal Housing Technology Development Center　131
Leidingsystematiek　196
Lunetten　197

Maison Medicale（La Meme）　14, 71, 180, 181
Mansion Industry System（MIS）　219, 220
Marelles, Les　183, 266
Matrix Tile　201, 202
Matura　49, 114, 115, 157196, 201, 202, 203, 204, 205, 224, 234, 256, 267
Maurios, Georges　183, 266
Metron Architects　68, 268
My flat is my castle　69

Neimeyer　114
Neuwil　68-70, 161
Next21　26, 47, 127-130, 179, 180, 183, 193, 197, 262, 263

Nijihuis 102, 211, 212, 258

OBOM 16, 21, 46, 179, 183, 193, 196, 253, 254, 255, 256

Open House International 12, 265, 266

Papendrecht 14, 84, 180, 182, 190, 197
PATIS 215
Patrimoniums Woningen 214, 203, 205
Pekkanen, Jukka 265
Pelgromhof, The 151–155
Pompeii 93
PSSHAK 14, 89, 210

Qinnan, Zhang (??楠) 132, 269
Quality Certified Installer (QCI) 246

Reijenga, Henk 256
Reijenga, Postma, Haag, Smit and Scholman (RPHS) Architects 79, 114, 256
Rietzschel, Karel 206, 258
Rolstad, Koryn 123, 270

SAR 12, 13, 22, 46, 71, 75, 255, 263
SAR 65 13
SAR 73 13, 287
Seattle 123, 279
Spille, Rolf 267
Stamford Hill (PSSHAK project) 89

Technical University of Delft 14, 16, 254–255, 258
TG 26 (CIB) 256, 260, 262, 263, 265, 266, 267, 270, 271
Tiuri, Ulpu 45, 223, 265
Trapman, Jan 11

UHI, Ottokar 75

Van der Werf, Frans 13, 15, 84, 101, 102, 137, 151, 256, 267
Van Randen , Age 196, 201, 255
Variations: the systematic design of Supports 61, 187–188
Ventre, Francis 5
Vreedenburgh, Eric 190, 204, 246, 256
VVO/Laivalahdenkaari 134–136

Wang, Ming-Hung 269
Wauben, Bert 93
Weber, Jos 75
Weinstein Copeland Architects 123, 270
Werkgroep Kokon 13, 15, 84, 101,
Westra, Jan 254
Wieland 49, 197
Wilkinson, Nicholas 14, 89, 266, 272
Woertz 49, 197
Wuxi Support Housing (無錫) 108–110, 269

Yunyue, Ma (??玉) 132

Zwijindrecht 81

■訳者紹介■

村上 心　Shin MURAKAMI
1960年大阪生まれ。1992年東京大学大学院工学系研究科博士課程満了。同年椙山女学園大学講師。
1997年オランダ・デルフト工科大学OBOM研究所客員研究員。1999年椙山女学園大学生活科学部
助教授。現在に至る。博士（工学）。建築構法計画・生産システム，建築経済を研究上の専門とし，
住宅などの設計活動も行っている。著書に「集合住宅のリノベーション」（共著）など。

■原著者紹介■

Stephen Kendall
Ball State大学（アメリカ合衆国）建築学部教授，the Building Futures Institute所長。設計理論・方法
論をテーマとしてMITでPhDを取得。建築家。CIB W104：Open Building Implementation
（TG26：Open Building Implementationが発展してCIB内に結成されたワーキング・グループ）の
共同コーディネータ。

Jonathan Teicher
アメリカ合衆国内外の世界各国で，教授，講演者，コンサルタントなどの立場で建築教育・建築実
務活動を行っている。元AIA（American Institute of Architects：アメリカ合衆国建築家協会）教育担
当委員長。MIT建築学修士。これまでに建築関連の著書4冊を編集・執筆。

サステイナブル集合住宅
―オープン・ビルディングに向けて―

定価はカバーに表示してあります。

2006年5月20日　1版1刷発行　　　　　　　　ISBN4-7655-2495-7 C3052

著　者　STEPHEN KENDALL
　　　　JONATHAN TEICHER

訳　者　村　上　　心

発行者　長　　滋　彦

発行所　技　報　堂　出　版　株　式　会　社

〒101-0051　東京都千代田区神田神保町1-2-5
　　　　　　　　　　　（和栗ハトヤビル）
日本書籍出版協会会員
自然科学書協会会員　　電　話　営　業（03）（5217）0885
工学書協会会員　　　　　　　　編　集（03）（5217）0881
土木・建築書協会会員　FAX　　　　　（03）（5217）0886
　　　　　　　　　　　振替口座　00140-4-10
Printed in Japan　　　http://www.gihodoshuppan.co.jp/

ⓒShin Murakami, 2006　　　　　　　　装幀　ジンキッズ　印刷・製本　技報堂

落丁・乱丁はお取り替えいたします。
本書の無断複写は，著作権法上での例外を除き，禁じられています。